實相經宗通

——第八輯

——平實導師　述

ISBN:978-986-5655-31-0

本經古來並未分品，是故此書亦無目次。

佛法是具體可證的，三乘菩提也都是可以親證的義學，並非不可證的思想、玄學或哲學。而三乘菩提的實證，都要依第八識如來藏的實存及常住不壞性，才能成立；否則二乘無學聖者所證的無餘涅槃即不免成爲斷滅空，而大乘菩薩所證的佛菩提道即成爲不可實證之戲論。如來藏心常住於一切有情五蘊之中，光明顯耀而不曾有絲毫遮隱；但因無明遮障的緣故，所以無法證得；只要親隨眞善知識建立正知正見，並且習得參禪功夫以及努力修集福德以後，親證如來藏而發起實相般若勝妙智慧，是指日可待的事。古來中國禪宗祖師的勝妙智慧，全都藉由參禪證得第八識如來藏而發起；佛世迴心大乘的阿羅漢們能成爲實義菩薩，也都是緣於實證如來藏才能發起實相般若勝妙智慧。如今這種勝妙智慧的實證法門，已經重現於台灣寶地，有大心的學佛人，當思自身是否願意空來人間一世而學無所成？或應奮起求證而成爲實義菩薩，頓超二乘無學及大乘凡夫之位？然後行所當爲，亦行於所不當爲，則不唐生一世也。

——平實導師

如聖教所言，成佛之道以親證阿賴耶識心體（如來藏）為因，《華嚴經》亦說**證得阿賴耶識者獲得本覺智**，則可證實：證得阿賴耶識者方是大乘宗門之開悟者，方是大乘佛菩提之眞見道者。經中、論中又說：證得阿賴耶識而轉依**識上所顯眞實性、如如性**，能安忍而不退失者即是**證眞如**，即是大乘賢聖，在二乘法解脫道中至少為初果聖人。由此聖教，當知親證阿賴耶識而確認不疑時即是開悟眞見道也；除此以外，別無大乘宗門之眞見道。若別以他法作為大乘見道者，或堅執**離念靈知**亦是實相心者（堅持意識覺知心離念時亦可作為明心見道者），則成為實相般若之見道內涵有多種，則成為實相有多種，則違**實相絕待**之聖教也！故知宗門之悟唯有一種：親證第八識如來藏而轉依如來藏所顯眞如性，除此別無悟處。此理正眞，放諸往世、後世亦皆準，無人能否定之，則堅持離念靈知意識心是眞心者，其言誠屬妄語也。

——平實導師

自序

大乘法之般若實證即是親證法界之實相，由於親證法界實相而了知萬法之本源，所見一切法不離**中道**而不墮二邊，如是現觀之智慧即名實相般若。一切已證實相法界而住於中道者，悉皆有此實相智慧，亦皆能親見實相法界之本來眞實與如如境界，即名**證眞如**者，是故一切證眞如者亦皆是親證實相而有實相般若之賢聖。如是賢聖亦皆同觀一切有情各各都有之眞實心性如金剛，永不可壞，名之爲親證**金剛般若**之賢聖。又親證實相者，必定得見涅槃之本際，洞見不迴心阿羅漢所入無餘涅槃中之本際，亦見定性聲聞聖者阿羅漢不知不見如是**涅槃本際**之事實。如是四理，一切有心修證大乘佛菩提道者皆應知悉；如是正理亦是亙古亙今永遠不變之理，故名如是覺悟者爲無上正等正覺。

關於眞實心之體性猶如金剛而永不可壞之正理，於拙著《金剛經宗通》中所說已多，於此即不贅述。**實相**者，謂宇宙萬有之本源，山河大地、無窮時空之所從來；亦謂一切有情身心之所從來，即是禪宗祖師所說父母未生前之自己本來面目，或謂本地風光、莫邪劍、眞如、佛性——成佛之性……等無量名所指涉之眞實體；以要言之，舉凡親見宇宙萬有之本源而能反復驗證眞實者，即名親證實相。

眞如者，謂此眞實心出生萬法而佐助萬法運作之時，能使所生之蘊處界內法及山河大地、宇宙星辰等外法運爲不絕，永無止盡，如是顯示自身之眞實性，而其自身之體性復如金剛永不可壞，合此二者故名爲眞；此眞實心於無始劫來如是生滅萬法之時，卻是如如不動，從來不於萬法起念而生厭惡或貪愛，乃至於未來無盡時空之中亦復如是絕無絲毫愛厭，永遠如如不動，故名爲如。合此**眞**與**如**等二法，故名**眞如**。

中道者，謂此實相心如來藏恆處中道，不墮二邊。世間人每執識陰六識覺知心自己爲常，不知前世覺知心是生滅法，唯能一世而住，捨壽入胎後即告永滅，不至今世；此世之識陰覺知心則是依此世五色根爲緣而生，非從前世往生而來此世，故有隔陰之迷，不憶前世。故說此世覺知心並非常住不變之本來面目，不論有念或離念之覺知心，捨壽入胎後永滅，不至後世，故此覺知心生滅有爲無常無我；而世間人不知，執此覺知心爲常，即墮常見外道所執之常，不離常邊。有一分外道經由觀行發現覺知心自己有如是過失，不能來往三世亙久永存，於是轉生一切有情死後斷滅之邪見，因此撥無因果，成就邪見，名爲斷見外道。然而親證此眞實心第八識如來藏者，現見一切有情之實際理地本是此心，不墮於覺知心與五陰境界中故離常見，亦因已見此心而知五陰永滅之後並非斷滅空故離斷見，亦見此實相心從來不住於六塵境界中，是故永遠不墮常斷二邊，亦復永遠不墮善惡、美醜、生滅、來去、一異、俱不俱、生死……等二邊。一切賢聖如是親證之後，轉依於如是實相法界境界，永遠不墮二邊而亦不離二邊，常住於三界之中自度度他，是名親證中道之賢聖。

涅槃者，無生無死、不生不滅之謂。阿羅漢以斷除我見、斷盡我所執及我執，捨壽之後永遠不受後有，永無後世五陰故不再流轉於三界生死之中，名爲入無餘涅槃。然而親證實相之賢聖菩薩，親見阿羅漢捨壽後不再受生，滅盡後有永無未來世之蘊處界時，如是無餘涅槃實即第八識如來藏獨存之境界。於其第八識獨存之際，無五蘊、十八界，迥無六塵及能知者，絕對寂靜亦絕對無我，故名無我，亦名涅槃寂靜，即是證得無生。而此絕對寂靜之涅槃中仍係如來藏獨存之境界，外於第八識如來藏即無涅槃之實證與存在；親證實相之菩薩於發願世世受生人間而世世陪同有緣眾生流轉生死之中，親見阿羅漢捨壽後所入之無餘涅槃境界，於阿羅漢未捨壽前即已存在，親見其捨壽後第八識獨存之無生無死、不生不滅而絕對寂靜之境界，無待捨壽滅盡蘊處界之後方見，故名實證無餘涅槃本際，名為本來自性清淨涅槃。能如是現觀者，能知萬法背後之實相境界，方名親證實相之賢聖，必有實相般若。

而此眞如心、涅槃心、中道心、金剛心，實即第八識如來藏也，是萬法生滅之實相，故名實相心。此實相心於因地名為阿賴耶識，通名如來藏、異熟識，即是求證實相智慧、求證中道智慧之佛弟子所應殷勤求證者。凡證此心而能轉依成功者，皆入菩薩五十二果位中之第七住位，已入三賢位之菩薩數中，其實相般若已非阿羅漢之所能知。若外於此眞實心如來藏而求佛法，皆無眞如可證，亦皆不見中道、涅槃，即無實相般若可言，名為無知無證般若之凡夫。舉凡否定此第八識眞如心如來藏者，即無眞正佛法可知可證；故說否定第八識心而竟勤心求證佛法者，即屬心外求法者，是名佛門外道。當代、後代一切禪宗大師與學人，於此皆應留心；以此緣故，平實特請《實相般若波羅蜜經》為大眾宣演；於宣演實相義理之時，益之以宗通之法，欲令眞求佛菩提道之眞實修行佛子得有入處，眞實生起實相般若，是故宣講《實相經宗通》。而今宣演圓滿整理成文，總有八輯，欲益今世、後世眞學佛法之有緣人；若世世代代皆有佛子因此實證者，非唯大乘佛法得以久住，亦令二乘正法得因諸菩薩之親證實相，亦得復興同能住世，即能廣利人天。茲以此書整理成文欲予出版流通天下，即述上理提醒學人，即以爲序。

佛子 平實 謹序

公元二〇一三年驚蟄 誌於竹桂山居

第八輯：

實相般若波羅蜜經

（上承第七輯未完內容）這一個過程說完了，世尊想要提出證悟者通達般若後的本質或表現來告訴大家，就先爲大家提問說：「何以故？」代替大家提問：爲什麼是這樣說的？然後 世尊講了下面的偈頌，我們就分段來解說實相。頌曰：

「有最勝智者，常在生死中；廣度諸群生，而不入涅槃。」

我們先不全部一起講，要把這二十句的偈頌分成幾個段落來講解。世尊說：「有最殊勝智慧的人，總是常在生死中流轉而不入無餘涅槃；」爲什麼有最殊勝智慧的菩薩會經常在生死大海中流轉呢？世尊說：「因爲要廣度諸群生，所以他永遠都不入無餘涅槃。」那一些不懂佛法的人們，只是學一些佛法名詞皮毛，就覺得自己全都懂了，心裡面又認為自己已經成佛了，幻想自己跟 佛陀一樣有智慧了，只是不敢公開講出來而已；當他們看見菩薩又來人間受生、學習、長大、弘法時，他輕蔑地想：「**你懂什麼？你不過是跟我一樣的層次。**」

更好笑的是，某一些外道有特殊的因緣證得四禪八定具足了，當他有了四禪功夫而可以坐脫立亡了，他就嘲笑菩薩說：「**我比你厲害，我若想要走的時候隨時都可以走，你想要走人時還是走不了。**」他不曉得有最殊勝智慧的人都是常在生死中的人，根本不畏懼生死輪迴之苦，他在人間有很多法樂可以享受，何必急著走人？人間也還有很多眾生等待他幫助得度，又怎麼可以急著走人？這就是菩薩。所以就算是真的有人能夠坐脫立亡，死後還是免不掉菩薩種性的禪師們對他一陣嘲笑：「**坐脫立亡有什麼用？你連先師的悟境都還不懂呢！**」菩薩即使沒空修證禪定而沒有能力坐脫立亡，但是對於自己死後該怎麼捨報的過程，接著該到哪裡去，卻很清楚。可是能坐脫立亡的人能知道嗎？不知道。所以這種人為了爭一口氣就說：「**香煙起處，如果我還沒有坐脫立亡，那我就是悟錯了。**」於是有人把香取來點了，點香的火剛剛息滅，煙正好生起的時候，他已經走掉了；沒想到同樣是石霜禪師弟子的九峰道虔禪師，就向坐脫立亡的首座撫背說道：「坐脫立亡則不無，先師意未夢見在。」人家當場捨報了，九峰禪師沒悼念，還嘲笑他說：「不能說你沒有坐脫立亡的功夫，然而石霜先師的禪意你連作夢都還不知道呢。」

像首座那樣坐脫立亡的功夫其實只是禪定境界，並沒有實相般若的智慧，那在佛法的實證上面有什麼用？所以石霜禪師座下的首座，只不過是一隻鈍鳥；石霜禪師的侍者九峰道虔無法坐脫立亡，卻是一隻靈龜。靈龜在地上慢慢地爬，這沒關係，牠的方向是正確的，也有智慧可以找到方便水流，乘著河水順流而至。鈍鳥沒有智慧，只能逆風而飛；牠不斷地飛，風勢這麼強，牠依舊只能用飛的方式想要去到目的地；最後牠根本飛不到無生無死的彼岸就已經力盡而亡了，根本到不了無生死的彼岸；因為無生死的彼岸在這邊，不在那邊。牠不懂得順風飛，逆風強飛之後力氣用盡，死了也到不了，所以叫作鈍鳥。鈍鳥首座太遲鈍了，宛不如九峰靈龜；所以眞正有智慧的人是在生死中度眾生的，不會輕易就說要入涅槃，有願力的緣故根本就不可能入涅槃。所以像這樣有智慧的人將來捨報了以後，弟子們也不會爲他立一個涅槃塔，只會爲他立一個紀念塔。因爲他不入涅槃嘛！爲什麼要立涅槃塔！

以前那個元音老人死了，他的徒弟們欺騙大眾說：「他是坐脫立亡的，死後也示現大神通。」這個謊話既然說得很大，所以又在雲南幫他立了一個涅槃塔，聽說是把他的骨灰送去那裡安放。這就好像《佛藏經》中講的：「不得言得道，死言入涅槃；眾人信起塔，」而他自己將會入什麼地方呢？「而自入地獄」啊！那麼他到底聰明不聰明呢？在醫院中依偎在弟子懷裡吐血而亡的人，死後可以講成坐脫立亡；生前絕無絲毫神通的人，死後可以渲染成有大神通的人，眞離譜呵！但這就是學密者自古以來的作法。喇嘛教大神通的祖師們都是如此被渲染出來的。元音死前強忍著，後來有個音樂家徒弟覺得不忍，就告訴他說：「師父！這樣忍著很痛苦，既要命終了，可以死得痛快一點，不要那麼痛苦的死啊！」他才終於沒有再忍，然後「噗！」就吐出血來，把那位音樂家弟子的上衣也沾上了很多血。

密宗的大神通、大成就祖師都有一個特性：生前根本就沒有什麼神通，一點點都沒有；都是死後才說成有大神通，從蓮花生以來一直都是這樣子。他們活著時都沒有看見什麼通，因爲貪求淫欲的人都是與神通的發起背道而馳的；越是修雙身法，神通的發起就越來越沒希望。西藏密宗一貫的伎倆就是這樣子，所有大師們的大神通都是死後才有的，生前都沒有，這就是不信因果的愚癡人所作的欺世手段！所以他們死後能立什麼涅槃塔呢？而證得殊勝智慧的菩薩們捨報後，大家爲他立個紀念塔倒是對的；譬如玄奘菩薩死後就有一個紀念塔，但不叫作涅槃塔，因爲他不入無餘涅槃。玄奘本是大阿羅漢迴心成爲菩薩，永遠不入涅槃。所以當菩薩的弟子也要有智慧，可別上師走了以後蓋個塔就寫上某某涅槃塔；如果他的菩薩師父回頭一見：「怎麼把我蓋成涅槃塔？」一定會在夢裡來把弟子用力敲三杖，因爲菩薩不入涅槃。

「般若波羅蜜，究竟方便智，能成清淨業，普淨於諸有。」

「般若」是智慧，「波羅蜜」是去到生死的彼岸，也就是到達不生不死的另一岸去。這種智慧是究竟的智慧，但也是有方便的智慧；二乘菩提的智慧只是解脫慧，不知實相法界，也沒有方便善巧智慧。我想這一點諸位不會有懷疑啦！因爲這個般若波羅蜜是不是究竟，諸位從我身上已經看到了。以前咱們剛弘法的時候，沒有人願意正眼瞧一下蕭平實；當時台灣佛教界沒有人願意正眼瞧一下，不論誰拿了我的書去送什麼大師，他們都是以輕蔑的眼神一看就丟到桌子上：「我有空再看。」都是這樣，然後私底下就開始罵了。可是他們罵了六、七年，罵了八、九年以後，開始有些後悔了，因爲：沒料到這傢伙，書一本一本印出來，越寫越妙、越寫就是越深越廣。眞的沒料到嘛！這意思代表什麼？代表說，法如果眞正的話，而且是佛菩提勝妙法，那麼繼續深入演繹出來的結果，就是越來越深廣、越來越勝妙。

可是法如果一開始就錯了，越演繹就敗闕越多，只有更多的把柄流通在外。所以落到離念靈知裡的人，書寫得越多，他的把柄就外流越多；每出一本書就是把一些把柄送到人家手裡去，到後來是悔不當初。所以如果悟錯了，最好是宗門下的任何一句話都不要講，就誰都抓不到把柄了。可是如果不信邪，還要寫書，並且一本又一本流通出去，那他的把柄就更多。你所證的智慧如果不只是二乘菩提，你所證的實相般若如果是正確的，一定活著就能到達不生不死的彼岸，因爲這個實相法界的智慧足夠你現觀：眼前蘊處界正在生死的當下，這個生死卻是在不生不死之中來生死的。換句話說，生死的當下就是不生不死，生死的當下就已經到達不生不死的彼岸了。

你們已證如來藏的人，何妨現觀一下：蘊處界的自己有生有死，可是蘊處界何曾外於如來藏？從來不曾外於如來藏喔！你這個生死的蘊處界是在你不生不死的如來藏中，所以有生死的五蘊自己已經在如來藏裡面；而那如來藏不生不死，請問你五蘊生死的當下是不是已經「波羅蜜」了？是嘛！已經到達不生不死的彼岸了。人家問你說：「那不生不死的彼岸多麼遙遠？」你說：「遠在天邊，近在眼前。」因爲不離當下。好啦！那些悟錯的大師聽到我這麼說，他們就說：「好極了！原來不離當下，那我現在清清楚楚明明白白當下，就是不生不死了。」你就說：「錯了！原來你不是智慧大師，而是『誤會大師』。」因爲他專門會誤會你的說法，你對他也無可奈何；因爲你明明講得夠清楚了，他還是誤會了。那他專門要誤會，你也拿他沒辦法。

所以「般若波羅蜜」這個「究竟」智，可以這樣「方便」而通達，通達了不就是「究竟」法嗎？悟了實相般若時，橫說豎說都由著你說；當別人講錯了，你把它拿過來重新演繹時又變成對的了，別人也不能抗議。雖然他剛剛被你反駁，你剛剛確實指稱說他錯了；可是後來你把他所講的拿來演繹的結果，你又能把他的錯誤說法圓滿起來變成沒有錯誤；都由著你來說，他也無法反駁。所以你把他錯的說法拿來講成對的，他也只能夠認同，他沒有說話的餘地；這是因爲你所證的法是究竟法，也是具足各種方便的實相境界。

這是因爲十方三世一切法界無有一法能究竟於祂，祂才是最究竟法。當你證得究竟法的時候，從這個究竟法來反觀三界一切法，甚至於來反觀二乘菩提，你都可以有各種方便來爲大眾說明，來利樂一切有情，你一定會有這個方便智。有這一種方便智了，就能夠成辦淨業了。因爲以前所謂的修清淨行，都是用克制的方法、對治的方法，只是用壓制的方法而沒有辦法眞的斷除染污。現在不是用壓制的，而是用修除的方法，經過一番現觀就把某一部分的污垢修除掉。以前只能用意識的層面來壓制它，那樣的清淨業不是眞實的清淨；所以縱使證得初禪生色界天，將來還是要回到欲界中；可是菩薩雖住欲界，終究不受欲界繫縛了——梵行已立，這才叫作眞正的「清淨業」，因爲他是以智慧來斷除而不是用修定的方法來壓制的；由於這樣修行的緣故，才能「普淨於諸有」。

所以地上菩薩與三賢位的解脫德差別很大，初地與二地之間的解脫德與般若德的差別一樣也是很大，地地之間差別都很大。所以初地菩薩見了二地菩薩恭敬得不得了，何曾敢斜眼視伊？這樣一地一地類推，乃至一切等覺、妙覺菩薩覲見諸佛時，不管是見哪一尊佛，全都是畢恭畢敬，因為每一地之間的差異都非常大。因此，假使有一個人自稱他入地了，而他還在罵說：「這蕭平實如何如何惡劣。」那就知道這個人根本不懂佛法，連見道都沒有。假使他真的入地了，一定能夠說出深妙法來。當他能講出深妙法的時候，他會發覺自己所講的法都跟蕭平實的完全一樣，只是還有許多不如之處，那他還要怎麼罵下去呢？他如果真的罵蕭平實，就等於是罵自己了，因為雙方所證的法全都一樣啊！哪有可能繼續罵得下去？

所以當他繼續罵的時候，就表示他的「清淨業」還沒有成就，一定是悟錯了。一地又一地的「清淨業」層次都不相同，因為從初地要進入二地時，有他所必須斷除的習氣種子，並不是單靠無生法忍智慧。那初地滿心現觀的完成，是配合著一些習氣種子的斷除才能完成的，不是單靠無生法忍的智慧。二地入三地、三地入四地，乃至十地入等覺、等覺入妙覺，莫不如是，地地都有應斷的煩惱以及對治的愚癡。這就是說，「清淨業」的成就有不同的層次差別，像這樣子如實去清淨的人，當然能夠「普淨於諸有」。

有一句話說見賢思齊，只有一闡提人才不會見賢思齊。一闡提人是見賢生氣、見善起瞋。眞正學佛的人並不是這樣的，只要看見有誰的法勝妙於自己，他得要趕快去隨學、吸收，怎麼可能還去否定、甚至於加以毀謗呢？如果看見說法勝妙而不離第一義諦的人，竟會加以否定或者毀謗，表示這個人不是眞正在學佛的人，因爲他只顧慮自己的名聞與利養，都不考慮自己的道業。這種人就是一闡提人，不在菩薩「普淨於諸有」的被清淨者行列之中。所以般若波羅蜜一定是究竟智、方便智，有這種「究竟」智與「方便」智的人，當然可以成就「清淨業」，因此他就能夠「普淨於諸有」，不論誰，只要是眞正想要學佛，一定會被他所利益，只是利益的程度深淺差別而已。

「又以於貪等，調伏諸世間；乃至有頂天，清淨無違暴。」

這是說菩薩有最上大安樂法門，有了究竟方便智，還能夠以貪瞋癡等法來調伏諸世間：有貪的以貪對治，有瞋的以瞋對治，有愚癡的也用愚癡對治，也行得通。有貪的人怎麼樣用貪心對治他？當然可以啊！誰說貪心的人一定要用清淨法對治呢？如果一個人很貪，那菩薩自然有方便智來告訴他：**「你貪的這個法太小了，如果眞正要貪應該要大貪才對，你爲什麼貪這麼小的利益呢？」**他一聽：「喔！還有更大的利益呵！」眼睛亮了，好了，菩薩就告訴他：「你貪的這個利益最多不過一世而已，就算是全世界都給你賺到手了，你也不過擁有幾十年，請問你此世結束走人的時候要不要交出去？」還是要交出去啊！因爲連轉輪聖王的大位也都不得不交出去啊！轉輪聖王如果是金輪王，可以擁有四天下，他死時也得要交出去；何況賺得全世界，只不過是當地球王，未免也太小了！但一樣是要交出去，只能擁有一世。

這個貪心很重的人說：「請你告訴我，怎麼樣可以保有億萬世？」現在他想要億萬世擁有了，這時萬萬歲已經不夠瞧了，要億萬世了。菩薩說：「可以啊！有一種法可以把你所有的福報都帶在自己身上，生生世世永不消失。」他一聽，眼睛亮起來了，你就告訴他證悟以後有什麼福德，他說：「證悟有什麼福德？我看你也沒有多少福德。」你說：「不然！我只是不想要，我如果想要，可以有很多啊！」你就告訴他：「你看，我沒有想要什麼世間福德，人家要供養我也都不接受，我就已經這麼好過了；如果我要開放給大家供養，那還得了？」他想一想：「也對啦！」既然想一想也對嘛！不就信了嗎？你就告訴他：「這個種子在你心中生生世世都在，那你想，你每一世如果都悟了，爲了眾生而出來弘法時，那可不得了。」「啊！你是要叫我出家呵！」

你告訴他：「不一定要出家，誰告訴你說一定要出家的？我們蕭老師也沒有出家。」因爲他還不懂什麼叫出三界家，他只看表相的身出家，這時你就說：「那你爲什麼不貪這個大法呢？這個大法證悟以後就會有大福德，而且是生生世世都在的。如果眞的想要接受供養，那可眞是不得了。那你爲什麼不要這個呢？」他想一想：「那我只貪這一世幹什麼？我要億萬世都擁有大福德。」如果他眞的聰明，就從這邊去貪；他該貪什麼呢？該貪法。起了法貪，不也是貪嗎？菩薩就用這個法貪來對治他那個世間貪，那不就是成功了嗎？所以你用貪也能調伏諸世間。

請問：如何用瞋調伏世間？用瞋調伏世間，怎麼可能？不可能欸！因爲你越瞋，人家越生氣，越生氣就越不信你。然而，誰說你對某某人起瞋是要他信你？只要你對某某人起瞋時可以攝受調伏很多眾生就行了。那個人很生氣，何妨讓他去生氣，就讓他很氣而與你結下未來世再接觸的緣就夠了，當他爲了想要瞭解你是如何破斥他的法義時，不得不勉強讀你的書，想要寫文章來罵你，雖然他一定會越讀越生氣；你就讓他氣到未來世不得不來當你徒孫的徒孫就行了，那你也是調伏了他，只是調伏的時間拉很長而已。

所以有時候菩薩處置人時，會先處置什麼人？處置位置最高的人。俗話不是也說擒賊須擒王嗎？擒龍也要擒首啊！假使這一些大師們都不改正錯誤，偏要繼續誤導眾生、戕害眾生的法身慧命，絕不休止，那你就拿他開刀。於是大家都會懼怕：「那位大師名氣那麼大，徒眾那麼多，在佛教界裡的地位那麼崇高，都被他處置而無法回應，我還是別惹他。」有時一般人看見某個大師很強勢，動不動要告人，心想：「我還是別惹他。」是不是這樣想？一般人都這樣想。但菩薩才不管這個，對方越強勢，越是大師，越要殺掉他；得要從法上去殺，才能救得了他座下的廣大徒眾啊！這就是以瞋調伏諸世間。

大家都會看，眼睛都很雪亮。所以經過一段時間，你顯現出瞋的手段來；雖然你心中沒有瞋意，但從表面上看起來是有瞋：「他竟然拿大師開刀，他是不是很生氣？」所以外界對我的印象大約是說：「這蕭平實一定很兇，講經說法評破別人時一定很生氣、很大聲。」很多人都這樣想，都不知道我講經時破斥大師的口氣，一向都是很平和而且很溫柔的。（大眾笑⋯）他們往往這樣說：「蕭平實一定很兇，那些徒弟們一定都很怕他。」但我至今都不知道有誰怕我，因爲我看你們每一個人都笑呵呵的，誰要是接到我的電話，總是說：「原來是老師！」都是很歡喜的聲音，我都沒看見誰怕我。可是外面的人們都說我很兇，因爲他們覺得我寫了一本又一本的書出去評破別人，一定是很生氣，所以才破斥他們。

可是不論他們是否誤會我很兇，我以破斥大師的方法來救護眾生，終究有許多人被調伏了，不是嗎？是啊！很多眾生因此被調伏了，因爲他們眼睛都在看著：「某位大師被蕭平實出了專書評論了以後，他有沒有寫文章反駁？」結論是都沒有寫文章出來反駁。一年過去了沒有，二年也沒有，三年也沒有，結果過去十年了還是沒有寫出片語隻字來，「那我知道了，他沒辦法回應啦！」不管大師們私底下怎麼說：「我們有氣度一點，我們不跟他計較；蕭平實的程度太差了，我們才不理他。」不管大師怎麼說，人家聽了都會說：「大師！你也只是一家之言，你有……」不要說「有種」，這不好聽，就說：「你如果有智慧，就回應一下蕭平實的書嘛！」有沒有辦法回應呢？沒辦法！佛教界眞正用功修行的人，大家照子都很亮，全都在看；時間久了，大家就被我似乎有瞋的行爲調伏了。這就是瞋的表相，也是「調伏諸世間」。

也有禪師是惡口大罵，徒弟就這樣悟入的啊！慈明楚圓禪師的悟入以及悟後接人，都是現成的例子，這不正是以瞋來調伏眾生的嗎？

如果用癡來調伏，行不行？也行啊！這一招才高啊！你看，好多禪和子，越江跨湖，江西湖南到處參訪叫作走江湖；他見了老趙州請問，老趙州竟然說：「我亦不知。」說他不知道。好多禪師都說不知，不管誰來問，都說不知；不但如此，還規定弟子們：每天第一次遇見和尚時，都得問訊，口中要說「不審」，不審就是不知，這不是用最愚癡的方式來調伏世間嗎？甚至說「不知最親切」，那清涼文益禪師不就這樣被羅漢桂琛度了嗎？正是以癡來調伏眾生，而這些禪師們所調伏的竟還是最聰明而想求智慧的人。可是禪師們這一種智慧要從哪裡來呢？要從「般若波羅蜜」來，因爲只有證得「般若波羅蜜」的人，才會有「究竟」智與「方便」智。有這種究竟智與方便智的人，乃至有頂天的天人化現來見的時候，也都能加以調伏，並且都是用清淨智慧去調伏。

「清淨無違暴」，什麼樣的眾生會有違暴呢？只有五濁惡世的人間眾生，才會對實證的菩薩有違背與暴烈的行爲。只要生在天界，都不會有違背或暴烈的行爲；因爲他們不必聽聞你所開示的佛法對或錯就能判斷了，凡是生到天界的人都有天眼，一看這個人放出什麼光芒，就想：「**啊！這個人有實相智慧，不要去招惹他，免得因果上的大麻煩。**」因爲他看到菩薩的清淨光明。這叫作明哲保身。諸天都有用天眼通來判斷的表相智慧，他們用天眼一看，只要看菩薩的光明就知道了，都還不必聽菩薩講話，就知道某人有實相或解脫智慧；對方有沒有智慧，由各人的身光中都看得出來，所以菩薩是可以「**調伏諸世間**」的。「**乃至有頂天**」也能調伏，因爲諸天如果不是菩薩往生過去，他們連有上菩提聲聞解脫道都還不懂，何況是佛菩提道這個無上大菩提呢！所以菩薩只要有這樣的智慧，就有能力「**調伏諸世間**」；乃至有頂天對你也是起清淨心，而不會有違逆之心，更不會有殘暴之心。

今年天氣有些奇怪，梅雨季節沒有雨，如今端午節都過了，天氣竟然還涼。以前老人家都說：「**未呷五月粽，破裘仔毋甘放。**（台語）」有沒有聽過？（眾答：有。）對嘛！五月的粽子還沒有吃過，破棉襖都還是捨不得收起來的。沒想到現在，你如果住在郊區，晚上八、九點出門散步時還得要加穿一件薄外套。五月粽子都下肚了，還這麼涼，這叫作「**歹年冬**」，其實應該叫作「歹年當」，這是台灣的俗語。不過我要學祝枝山仿效王羲之說的兩句話，他喜歡捉弄人，誰要是得罪了他，他就會捉弄人。有一天除夕夜，他跑到一個土財主家，就在人家的左右門聯上題了字，上款題的是「禍不單行」，下款題的是「福無雙至」。財主家隔天早上起來一瞧：「誰這麼惡心捉弄人？」可是祝枝山的毛筆是出了名的，很多人認得的，一看就說：「這是老祝寫的。」於是上門興師問罪，老祝說：「因爲你沒有給我潤筆，我當然寫不好聽的話。你如果給了我潤筆，我這兩句話可就是好話了。」這土財主不信，要弄窘他，於是包了一包銀子去，祝枝山隨即要書僮帶了筆墨過去，補寫上去：「禍不單行昨夜行」，禍事都已經過去了；接著是「福無雙至今日至」。我說，這個不好的經濟光景，希望趕快過去，要在昨天全都過去了，別再留到今天來；接下來希望的是一片光明，民眾都有好收入，就在這裡祝福大家：「福無雙至，今天全部都至。」繼續回到我們的《實相經宗通》來，今天要從三十七頁「在於生死世」這一句開始講：

「在於生死世，世法不能染，如蓮華妙色，塵垢所不污。」

這四句是說，得到最上安樂法門，也就是得到「大安樂金剛不空無礙決定入法性、無初中後、最第一實相般若波羅蜜法門」，得到這個法門的菩薩們處在有生有死的世間裡；不論這個世間是指欲界、色界或無色界的世間，也不論這個世間是指欲界中的人間、欲界天或者三惡道；不論處在什麼樣的生死世間，一切世間法都無法染污這個人，這個人就稱爲實證般若的菩薩。這就是說，一個菩薩證悟了如來藏之後，有了「**無初中後**」的「**大安樂金剛不空**」實相智慧到彼岸的法門，並且得要通達了，於是「**世法不能染**」。

換句話說，證悟後還沒有通達時是沒辦法像這二句所說的，得要通達了才行。意思是說，明心之後還要繼續修行，到了通達位，也就是進入初地心了，這時才能夠說：「**在於生死世，世法不能染**」。悟後還沒有到入地之前，有時還會被染污；所以一不小心就犯了戒，一不小心就因強出頭而虧損如來，一不小心便起了瞋心，就是被世法所染了。所以「**在於生死世，世法不能染**」，這是要到通達位；因爲在還沒有通達以前，或者被貪所影響而違犯了戒律，或者被瞋所影響，一時不忍就犯了戒律；乃至一時被愚癡所籠罩，作了不符合菩薩戒的事，這都還有可能。得要完成了三賢位的修證，永伏性障如阿羅漢，這時才是眞的到了世法不能染的地步。

菩薩修行到這個時節，雖始終都在三界生死之中，卻如蓮華妙色一般，一切塵垢所不能染污。換句話說，你想要看到他在世間法上面生起貪著等現行是不可能的，所以這一位菩薩不會在世間法上貪人家的錢財，或者貪求名聲、貪求眷屬、貪求其他一切的世間法；他對世間法並沒有所樂，所以顯現出來就好像清淨的蓮華一樣。蓮華從來沒有在清淨的土地上生長過，都在爛泥巴裡面生長；可是它從泥巴裡冒出來而開了花，卻是一點點染污都沒有；菩薩正是這樣子，就叫作「**如蓮華妙色，塵垢所不污**」，是人間的塵垢所不能染污的。爲什麼他有這樣的狀態？因爲他已經開始在斷除習氣種子了，而聲聞阿羅漢只是斷除現行，不準備斷除習氣種子，所以說菩薩「**在於生死世……塵垢所不污**」。阿羅漢是盡此一生就要離開三界的，菩薩卻要生生世世都在三界中自度度他，這是要繼續處於人間的五欲淤泥中，所以必須要如同蓮華妙色，而塵垢不能染污他。接下來說：

「**大欲清淨人，大施安樂人，於三界自在，作堅固利益。**」

請問諸位，你們最大的欲是什麼？（有人回答，聲音不清晰。）大聲一點！不必心慌，要踏實一點，要有把握地說出來：最大的欲望就是成佛。有很多人三歸依的時候跟著唱誦，他心裡很歡喜，也眞的發心來誦著：佛道無上誓願成。他是眞的發心，可是開始學法以後，學到後來越學越沒有信心。問他說：「你想不想成佛？」「想啊！」「有沒有把握？」「一點把握都沒有。」結果是後來根本不敢想。假使有聽到誰說：「我一定要求開悟，然後一步一步邁向佛地。」別人聽了就會說：「哇！這個人好狂妄！竟然敢說他想要成佛。」所以，一般人是不敢妄想如何成佛的。在有正覺同修會以前或者前幾年，每當有人自稱說他已經成佛了，那一定是悟錯了。當年如果有人說他想要成佛，就被認爲是精神有問題，不然就是學佛以後腦袋壞掉了，或是被假名大師誤導而未得言得了，才會說他想要成佛。

這種人多不多呢？很多啊！例如正統佛教裡面出了個釋印順法師，他認爲自己成佛了，同意把他的傳記取名爲《看見佛陀在人間》。這是台灣佛教界第一個腦袋壞掉的法師。後來他的徒眾之中也有人自稱或默認是「宇宙大覺者」，也是自認爲成佛了，這是正統佛教中第二個腦袋壞掉的法師。這在密宗裡面，可就漫山遍野了，到處都是活佛；都不肯承認　佛陀是過去世才有，目前人間已經沒有佛；因此他們都說自己是活著的佛，不然就自稱法王。

正統佛教中，法王至少得要十地滿心欸！一般說來，法王是用來尊稱究竟佛的。他們密宗喇嘛教裡的法王有四大派，都各有法王，意思是說他們已經成佛了；可是這一些號稱成佛或者同意人家尊稱他爲法王的密宗人士，都是還沒有斷我見的凡夫。這可好了，竟然有沒斷我見的佛，眞的很有趣啦！正是寫作《佛門內史》的好題材。可是他們下輩子就不好玩了，到時眞的沒趣了！

所以，眞正敢打包票說：「我一定要求開悟，要在未來劫中成佛。」以現在來講，是正覺同修會出來弘法以後，才有人敢這麼想。爲什麼敢這麼想？因爲明心了以後，把《華嚴經》請出來比對看看，或者把律部的《菩薩瓔珞本業經》請出來比對看看：「原來我現在是第七住位的不退菩薩。」好了！現在定位很清楚了，知道自己在什麼階位中，接下去呢：「我要修到哪裡去？」心中也知道了，「我現在要幹什麼？」也知道了。這樣子，不就敢對自己保證說「我正在一步一步邁向佛地」了嗎？對啊！因爲自己都很清楚了，所以這時候敢起心動念說：「我將來不必再進修三大阿僧祇劫全部的時間，因爲我已經把第一大阿僧祇劫快要過完三分之一了，所以將來一定可以成佛。」自己有把握了，這樣就說有大欲了。有這個大欲才是好啊！爲什麼還要像那些小根器的人妄說大欲不好呢？

如果是世間人，他們說：「我希望下一輩子當皇帝，皇帝後宮裡有一后、二妃、三宮、六院、七十二嬪妃，每天晚上可以修雙身法。」這能叫作大欲嗎？不！這叫作小欲，小得不得了。因爲就算是給他一萬二千個天女好了，那也不過是一世的享用而已；欲望這麼小，他就滿足了，可見他的心量太小了。然而成佛了以後，是生生世世利樂有情，一直都是究竟佛，永遠都是人天至尊，諸天天主來到人間看見了你，或者到了色究竟天見了你，總是要讚歎、禮拜、問訊、供養。不論去到哪個世界，諸天天主都這樣讚歎、禮拜、歸依、供養；想求得這種境界，才能說是大欲。

請問：皇帝的別號叫作什麼？（有人答話，聽不清楚。）還有一個名字叫作什麼？就是天子，皇帝只是天的兒子；可是天父見了諸佛下至見了阿羅漢時，可得要禮拜、問訊、供養，還得要歸依諸佛，請問：你是要當佛還是要當天子？對嘛！連天主都不想當了——天主就是天父；而皇帝只是天父的兒子，所以才叫作天子，所以那個欲太小了，不值一提。當你心中伴隨著成佛的大欲，一心想要證悟以及未來世可以成佛，這時還要不要心心念念想著「我要賺盡天下的財富」？再也不會這樣想了！也不必想著說：「我一定要三宮、六院、七十二嬪妃。」根本都不想了，這不就是「大欲清淨人」嗎？

好了！天魔波旬說：「阿羅漢啊！我供養你一萬二千位天女好了。」天女們是個個都長得很漂亮，但是阿羅漢怕死了，而且推也推不掉，因爲天魔硬要送給他，那一萬二千位天女就故意不走，全都要跟著他，看阿羅漢怎麼辦？阿羅漢沒轍。菩薩可就有轍了，維摩詰菩薩施施然而來，他來得很輕鬆，就說：「波旬啊！我是個居士，我這個居士應接受你供養這一萬二千位天女。」一般學佛人聽了都會說：「你腦袋壞掉了，一萬二千位天女，你拿什麼養她們？」其實不必養，讓她們自己養自己就行了；你只要把佛菩提教導給她們，當她們證悟了，她們再自己觀察：「他化自在天宮雖然那麼勝妙，終究是無常敗壞之法。」從那個時刻開始，她們不再愛樂天界，於是個個都說：「我們跟著居士您，不跟著天魔老爸回去他化自在天宮。」可是維摩詰大士有一招，叫作無盡燈，因爲他講得很有道理：「妳們不必始終跟隨著我，波旬老爸要妳們回去，妳們就回天宮去；但是回去以後要幹什麼呢？要把不可思議的解脫法門——大乘佛法，一個天女又一個天女傳授下去，每一個人至少要傳十個人，被妳們傳授的天子、天女們，也要像妳們一樣繼續再傳下去，這個稱爲無盡燈。」那麼不久之後，他化自在天宮裡還會有魔女、魔子嗎？傳到後來，他化自在天宮的有情全都變佛弟子了。等到 彌勒菩薩來人間成佛時，大家就一起生來人間共同護持 彌勒佛。

當 彌勒菩薩成佛的時候，天魔是要來人間護持正法的，不是像現在的波旬是來搗蛋的，因爲 維摩詰菩薩已經種了一萬二千顆佛菩提種子在他化自在天宮裡。五億七千六百萬年之中，就讓她們去傳授正法，傳到 彌勒菩薩來人間成佛的時候，那些人正好用得著。所以說，想要證得這樣的實相般若法門的人，都是心中有大欲之人。哪一天如果天魔波旬來了說：「我要供養你一萬二千位天女。」不管你是比丘尼、比丘，或者優婆夷、優婆塞都可以，你就說：「收啦！」收了下來就學 維摩詰大士那一招，爲她們說法；說完法以後，讓她們回去天上繼續傳遞這個法門，你就告訴她們：「這個叫無盡燈妙法，妳們都應該受持無盡燈法門。」她們如果問說：「我們受持有什麼好處？」你就告訴她：「彌勒菩薩來人間成佛時，保證妳成爲阿羅漢，將來成佛都會很快。」這個保證，你可以開支票，因爲 佛早就講過了，凡是世尊的遺法弟子，將來彌勒菩薩下生人間成佛時都會成爲阿羅漢。你這個支票是世尊早就開好的，你只要轉交給她們就行了，她們一聽：「將來可以成爲阿羅漢，那眞是不錯啊！」她們願意回去轉傳，可就太好了。這樣子，你就成爲一個有大欲的人，心中有想要成佛的大欲，然而卻是「清淨人」。

換一個角度，從世間法來說吧！當你發願成佛而不是發願成阿羅漢，那麼你把悟後成佛以及成佛之後的盡未來際，用來跟阿羅漢的一世作比較：阿羅漢如果遊行於人間，縱使他福德非常好，每天受到的食噉含消供養都是無上勝妙的，也只不過一世。請問：你成佛以後，以及成佛之前的入地以後，每一世行菩薩道時，爲了增長眾生的大福德，你得要接受多少供養？無量無邊呵！因爲入地以後還有二大阿僧祇劫要受眾生供養，而且成佛之後是盡未來際利樂有情，要受眾生無窮無盡的供養，請問這是不是大欲？也算是大欲嘛！因爲單從成佛的現象上來看，就必然如此啊！

成佛以後不可能沒有諸天的天主來供養；連天主都來供養了，那些天子們還不來供養嗎？當然也要來啊！那你將會收受多少供養？可是受了以後心中還是無所受，所以價値百千萬兩金的僧伽梨也可以受。爲什麼可以受呢？因爲你的福德無量無邊啊！所以這樣說來，立志成佛也是個「大欲人」。我們這部經典講完以後，也就是再不久就要宣講《法華經》了，經中說無盡意菩薩供養 觀世音菩薩價值百千兩金的瓔珞，觀世音菩薩不受供養；因爲法主還在，菩薩們受什麼供養呢？即使祂是 正法明如來倒駕慈航來示現爲菩薩身，道理還是一樣的，所有供養都歸法主。我也是這個觀念，所以我往世收到的僧衣供養非常、非常多，每一次受了就上去供佛。供完了，撤下來就送到和尚房裡去供養和尚；所以 克勤大師房裡總是有一堆僧衣，然後他就發下去給大家穿。當年我穿的僧衣也都是他再賜下來的，這已經變成我的習慣了。

話說回來，觀世音菩薩不受供養，世尊就說：「爲了憐愍眾生，所以你應該接受他的供養。」觀世音菩薩因爲這句話就接受了那無比寶貴的瓔珞，然後轉而供佛，還是供佛，於是分成二份，供養了 釋迦世尊與 多寶如來。觀世音菩薩供養了 佛陀以後，佛陀沒有拒絕啊！當場就接受了。如果有人供養了寶衣，佛陀當場就穿上身，成就對方供養的功德。如果穿不完，年紀大了，覺得法座太硬時，就摺起來當作坐墊也可以；雖然那一件寶衣值得百千兩金，照樣還是接受，才能成就施主的大福德。那麼，每一次示現成佛時（因爲成佛以後要每一個星球都去示現成佛、度化有緣眾生），都會有天主們來供養，受不受供呢？當然得要受啊！這是爲了憐愍天主，或者憐愍長者、居士等等，那麼想要成佛的欲望，請問是不是大欲？每一世都有很多供養而用不完，那也是大欲啊！可是心中有沒有一絲一毫染著呢？完全沒有！所以這叫作「大欲清淨人」。

菩薩入地以後就是要這樣子，心中有大欲：我決定是要成佛的，所以不斷地利樂眾生，可是我對眾生無所貪求，能夠這樣的人就可以作「大施安樂人」。最大的布施是布施安樂，如果你家有錢，每到週末就去布施給窮苦人。如果這一家布施個五千元，那一家布施個一萬元，你是不是完全布施了安樂？是不是？不一定喔！可不能隨便點頭喔！因爲你布施給他的時候，往往有安樂也有懷憂。安樂是說那受施者，他心裡面就很篤定說：「至少我這半個月可以活下去，不怕斷糧。」可是到了晚上，他開始懷憂了：「糟糕！我這一萬元要放在哪裡？小偷來了怎麼辦？我這可是半個月的資糧欸！」因爲他已經很久不曾擁有這麼多錢了，而這些錢對他而言是很重要的資產；他心中想來想去都不安心，最後只有一個辦法，塞在內衣裡面，而且是要在內衣縫個口袋才放進去；可是又怕睡覺中翻身以後被人家摸走了，那該怎麼辦？所以晚上睡覺有時也會睡得不安生，怕那一萬塊錢被小偷摸走了，所以這筆錢也成爲他的不安樂因由。這是相對法，安樂的是這一個月糧餉沒問題了，不安樂的是擔心被人家摸走了，所以那個安樂並不是究竟的安樂。眞正的安樂是解脫，或者成佛之道的實證；作這樣的安樂布施才是大施。所以想要成爲可以大施安樂的人，眞是不容易，因爲自古以來這種人本來就難找。這表示說，想要作一個大布施，要布施究竟安樂的人，必須在三乘菩提中有所實證。然而　佛陀入滅之後，想要作一個有所實證的人，機會就越來越渺茫。

所以，佛陀在世時，在路上走著，隨便遇見了個出家人，往往不是阿羅漢就是阿那含，若不是阿那含就是斯陀含、就是須陀洹。往往遇見了某一個居士，至少也是個初果人，那時眞是聖人滿街走。可是到了像法時期已經改觀了，正法才過五百年，剛進入像法時期，在人間要找到一個阿羅漢，就得要靠運氣了，已經很少了。如果到了末法時期的現代，阿羅漢一大堆，卻都是假的。不信的話，你們也可以瞧一瞧，一千五百年前所謂的覺音尊者，那南傳佛法最有名的大修行人不就是覺音論師嗎？他還寫了《清淨道論》呢。現在南傳佛教都用《清淨道論》作教材來教導學人，反而不讀四阿含諸經了。南傳阿含《尼柯耶》，他們不太閱讀，專讀《清淨道論》；可是覺音自己有沒有證悟聲聞菩提呢？答案是沒有，因爲我見俱在。那已經是一千五百年前的人，是被南傳佛法奉爲阿羅漢的人，結果是個我見俱在的凡夫論師；連如何證初果的內容，他都還講不出來。

再來看看泰國或是哪一國的佛教，他們說幾十年前或者一百年前，有一個很有名的聖者，叫作阿迦曼尊者；你們把他的開示、他的傳記拿來看看，他有什麼地方可以證明已經斷了我見？也看不出來。南洋佛教說他證得阿羅漢果了，因爲他們都推崇他是阿羅漢；如果他已經證了阿羅漢果，請問：他的徒弟阿姜查，或是阿姜通的師父隆波田等人，至少應該是初果人吧？那你們把他們的開示拿來讀一讀，結果全都看不到什麼地方可以證明他們已經斷了我見。這眞是沒道理啊！如果師父是阿羅漢，座下最成功的徒弟不可能沒斷我見啊！不能證得三果還情有可原，竟然連斷我見的證據都找不到，這眞的講不過去。

所以，到了末法時代想要遇到一個初果人都難呵！你們看台灣四大山頭，大陸的山頭可就更多了，以前大陸還有號稱八大修行人，但不論台灣或大陸的大山頭，他們有哪一個人是斷了我見的呢？答案是統統沒有。如果要講開悟證得實相般若，那就更難了！他們更是沒分。所以佛經裡才會有末法時期魚子的譬喻，說有一種魚能生好多好多的卵，結果一萬顆之中難得有一顆能孵化出來；譬喻末法時期的修行人很多，就像這種魚所生的卵一般難以計算，但是千萬人修行才能有一人實證。你來到同修會，如果我見斷了、三縛結斷了，檢查證明沒有錯了；並且又明心了，依據經論檢查下來也沒有錯，那麼請問：可貴不可貴？當然可貴了！因爲這種盛況在中國佛教中已經很久沒見到了。老實說，自從正法期過後，就沒再看見有這種盛況了。

接著說，大家在護持正法上面努力去作，把正法的書本流通出去，一方面是把那些被誤導的眾生救回來正道中，一方面也是把被密宗外道引入邪道的眾生救回來，另一方面是提升正統佛法中很多修行人的正知正見，讓他們在這一世或未來世可以和正法的開悟相應；能夠這樣子作，你就是「**大施安樂人**」。這樣的布施才是眞正的大施，這樣大布施才眞是布施究竟安樂給眾生的人。當眾生被引入邪道，而你知道邪道之所以邪，其原因是什麼，你能夠把他們救回來，導歸於正道，這就是「大施安樂人」。如果能夠這樣，你就對自己有把握了：「我最多不過七次人天往返，也可以出離三界生死。」因爲斷三縛結的特性就是如此，何況你還有法界實相的親證作爲斷三縛結而不退轉的保證。請問：你這時候心中有沒有很安心？正是不求安心、已經自安了。會外的大法師在講安心、安心、安心，其實永遠都安不了。我們只求智慧而不求安心，可是自從有了智慧，心自安，根本不必求安。

「於三界自在，作堅固利益。」這樣對自己有把握了以後，就能夠於三界中得自在，因爲已經了知了：自己縱使發了願去地獄，幫助地藏王菩薩度眾生，也是自在的。這就是你的善業異熟果報，但卻肯發願下去地獄而不會受什麼苦，因爲你沒有那個惡業的異熟果，而是乘願去地獄救有緣人。這時連地獄都不怕而去了，何況是天界。然後不管是上天下地，上窮碧落下黃泉也都一樣，看來看去都是如來藏；永遠是這位老兄，再也沒有別的，自然能於三界得自在。

假使因爲發願而且你有禪定的功夫，然後生到某一個天界時，天主問你說：「你為什麼來到這裡？」你就說：「我為你而來。」天主說：「我過得很快活，為什麼你還要為我而來？」你說：「你那個寶座下面大火正在燒，你還坐在那裡不知不覺，要等到火燒透了、燒到屁股了，你才知道痛嗎？」他一想：「有道理喔！我總不可能永遠坐住這個天主寶座上吧！」所以他得要跟你請法了，你就從解脫道開始跟他講，但是實相般若可就不隨便傳給他了。你先講一些解脫道的正理給他聽，讓他心中生起愛樂之心；可是當他問你說：「請問如來藏在哪裡？」你就說：「不告訴你。」「那我要怎麼證呢？」「你生到人間去正覺修學就行了。」他如果眞的求道心切，還眞會捨了寶座下生人間。你看，你遇見了諸天天主都不膽怯；儘管他當他的天主，可是你一點點都不膽怯，這樣就是「於三界自在」。只有這樣的人，才能夠為自己也為眾生「作堅固利益」，因為這種利益是堅固不壞的，是生生世世都隨身而有的。

我一定要吩咐諸位的，就是明心以後眞的不要小看自己。要了知如何能夠完成對眞如的轉依，於生死無恐懼。一定要能夠於生死無恐懼，那麼捨報的時候，不管 佛陀交代你什麼任務，你就都敢承接了。如果怕生死，就不敢無條件承接任務了：不是怕來世早死而是這一世怕死，那麼來世那個任務你就不敢承接。如果要勞動祂老人家來交代你什麼任務，我告訴你：那個任務一定是很艱鉅的，簡單的任務不會勞動祂來吩咐你的。得要動到祂老人家來親自吩咐你，那絕對不是小任務。可是爲什麼祂會看重你？因爲知道你不怕死嘛！要常常把心往死地裡放，這樣才敢承接任何任務。至於能力呢？你不必考慮說：「**哎呀！世尊！我的能力太差了，我行嗎？**」我跟諸位講一個祕密：**如果祂交代你作那個你作不到的任務，祂就會把你拉上去，讓你有那個能力**。所以你根本不必擔心自己有沒有能力，只要讓老人家看上了就一定行，因爲祂一定會幫助你具備那個能力。爲了作那一件事情，你不怕死，願意去作，你在這一世就會跳過好幾個階位去。這就讓我想起陳雷那一首歌「**吃虧就是佔便宜**」，在佛菩提道中眞的是如此。

所以，我常常強調說要具足菩薩種性，道理就在這裡。只要菩薩種性具足發起了，根本無所謂死或生的問題。世尊看清楚了你這一點，你的決心是這樣的，就認爲你可用；假使你的能力不是差太多，如果還欠缺個三分之一，祂就幫你拉拔上去了。請問：三分之一是要跳過幾個階位、幾劫時間去了？

你想一想，如果憑自己的力量要度過那幾個階位，那是用一大阿僧祇劫的幾分之幾來算的，請問那是幾劫的時光？可是在你接下那個任務以後，在下輩子，只要一世就超越了。所以發起菩薩性眞的很重要，爲了這一世以及未來世的道業，願意不計較自己的利、害，能把自己的利與害都放在一邊，只要世尊吩咐了就去作，其他什麼都不管，喪身捨命也在所不惜，要眞的有這個決心。

所以將來捨報的時候，你看見 佛來了，應該歡喜；不管 佛要給你什麼樣艱鉅的任務，你都不要推辭，接了就是。先不必清楚是什麼任務，先接了再說，因爲祂自然會幫助你有那個能力去完成。如果被殺了，比如說，在中陰身階段接了那個任務而去投胎，下一輩子可能活不到三十歲就死了，那也沒關係，你下一世在三十年中就跳過好幾個階位去了。死一次可以跳過好幾劫的修行時間，請問，換成一般學人，要死多少次才能到達那個階位？且不說幾劫，只算是十劫就好了，十劫之中要生死多少次才能到達你那個階位？而你下一世才死一次就過去了，這有什麼不好？所以這個算盤要會打，這個算盤要常常揹在背上，不要丟了，也別忘了。從世間法的表面上看起來，你是吃大虧的，實際上你卻是佔了大便宜。所以不必去計較利、害，世尊吩咐後，你只要去作就對了。

為什麼要這樣作？因為這是「作堅固利益」。計較世間的利與害，那都不是「堅固利益」，因為那都帶不到未來世去，都只有一世的利益啊！一世過了也就沒了。如果要貪財的話，那還不容易？譬如我，到了今天這樣的名聲，我如果開放給一切人來供養，那我會收到的錢財可就多了，因為不但你們會來供養，會外還會有很多人聞名而來：「聽說他開放供養了，我就去種個福田，未來世可就財富滿倉。」很多初機學人很喜歡種福田，他們都是這樣想的。可是我就算今生收得一百億元吧，能擁有多久？以我這個歲數來講，再怎麼長壽也不會超過五十年，因為我已經六十好幾了，餘命絕對不會超過五十年。可是收了那麼多錢財供養以後，下一輩子要當什麼呢？當窮光蛋，因為把自己的福德都拿來這一輩子用掉了。福德用掉了，這一世就算我拿到一百億元，能帶去下輩子用嗎？也帶不去啊！然後下輩子去當窮光蛋，因為已經沒有福報可用了，這就是天下最愚癡的人。

所以求利益很好，學佛一樣要求利益，但學佛時更要求財——求聖財，就是很堅固的七聖財，這才是我們所應該求的。如果把很不容易修集來的功德，轉換成世間福德，只能持有幾十年，下輩子既無功德、亦無福德。那不是天下最愚癡的人嗎？今天跟諸位講了，你們都要作天下最有智慧的人，不要像那些大師們一樣去當天下最愚癡的人。若是要貪世間財，我也懂，但是我從來不要。我爲什麼不要？因爲那是在損害自己未來世的世間財與法財。我可不想當這種愚人，我想諸位也不會想要當，因爲那種世間財不但有限，而且不堅固。佛在經中告訴我們，說祂過去世供養了辟支佛，死後連著好幾劫的每一世都當轉輪聖王；可是到後來行菩薩道的時候，就說那轉輪聖王根本就沒有用，因爲那種福德都不堅固，所以整個都捨了，然後才悟入實相般若，才終於被　然燈佛授記將來會成佛。我們修學眞正覺悟的法門，所要的是「堅固利益」，要使修得的利益永遠伴隨著自己不會失去。我們自己如此，同樣要教導眾生去追求「堅固利益」，不要自己「作堅固利益」，卻不管眾生而讓眾生去求世間的不堅固利益。如果能夠這樣子，才是眞正「作堅固利益」的人。

所以悟後不是沒事了喔！悟後事情更多了，因爲想要當「大欲清淨人」，也要當「**大施安樂人**」，又想要「**於三界自在**」，那可要好好努力了。所以明心證悟如來藏只是眞見道，後面還有相見道位好長一段路要走。以前既然認爲說：「**那開悟根本是不可能的，所以聽一聽就算了。**」因此，星期天去寺院中努力打坐學禪，一回到家裡就四處拉人圍城之戰，或者遊山玩水，因爲心想：「**反正學佛歸學佛，可是實證是不可能的。**」這也無可厚非，我同意他們這樣作，我從來都不反對他們這樣子。可是進了正覺同修會就不同了，因爲這已經是可以實證的，就不該再像以前那樣，就要好好投入正法中，爲自己的「**堅固利益**」去設想、去實行，一步一步把究竟的利益堅固起來，這樣才是「**大欲清淨人**」，也能夠作「**大施安樂人**」。

請問，能夠像這樣子，你於三界還不能得自在嗎？假使你將來成佛了，一個三千大千世界裡面有好多個太陽系，所以你要一個又一個地方去示現成佛。你在這些世界中示現成佛，在每一個星球只要留下一個初地菩薩就夠了，正法就不會滅絕。只要他一直在那個星球上不斷地生死而沒有離開，正法就不會滅絕，一直到像法、末法時期都過完了才會滅絕。因爲只要有一個人入地了，就可以繼續把正法血脈綿延不絕，直到末法期結束。這意思是什麼？是說你只要入地了就「於三界自在」了，沒有任何外道可以來挑戰你，天上也沒有任何一天的天主可以下來挑戰你。而諸天的天主之中，有一些是地上菩薩受命去擔任的，他們更不可能來挑戰你，因為你弘揚的是如來藏，他證的也是如來藏，他如何否定你？諸佛更不會否定你，因為期待你繼續住持正法；像這樣，你住在三界中當然得自在，還有誰能讓你不自在呢？沒有！所以你就「於三界自在」。至於你要不要當這樣的菩薩，那就完全看你自己了。

這一段經文就這樣講完了，再來看看補充資料。在貪瞋癡之中不離煩惱而證菩提，不離煩惱而自在於煩惱，廣度眾生而不畏懼生生世世住於生死煩惱之中，所以才說菩薩不可思議，這樣的菩薩才能夠說是得到了大安樂的人。這跟聲聞道的修行是完全不同的，所以《永嘉證道歌》裡面有二句話這麼說：「在欲行禪知見力，火中生蓮終不壞。」

菩薩不會執著說，一定要示現什麼樣的身相，菩薩總是隨遇而安，隨順於因緣；那個因緣該如何示現，他就如何示現。所以菩薩有時候示現當妓女，《華嚴經》中那個婆須蜜多不正是高級妓女嗎？這就是說，菩薩主要是在人間行道，原則上不在天上行道，因爲天上難度眾。天人日子過得太快活了，大家只顧著享受，哪有時間來聽你演說佛法呢？如果到了色界天去，大部分的天人是追求禪定的境界，沒有很多的天人願意跟著你學佛。所以天界只剩下二個處所是學佛人很多的地方，這兩個地方，距離人間最近的是兜率天的彌勒內院，另外一個就是色究竟天宮，報身佛盧舍那在那邊說一切種智的妙法。所以去天界度眾生也不容易，因此菩薩原則上是在人間行道。請問人間是不是五欲具足？人間生活是沒有辦法離開五塵境界的。即使你身爲菩薩，也是不能離開財色名食睡，請問是不是因爲有五欲，你就沒辦法證得四禪八定、四無量心、五神通？不然！你還是要證啊！特別是菩薩以在家身居多，眷屬一籮筐，事情多如牛毛；可是在五欲之中，還是得要行禪：就是要證悟般若，也要修證禪定，這叫作在欲行禪。像這樣的環境下，要修證禪定容不容易？眞的不容易喔！因爲你處於五欲之中，外在環境是五欲具足的；如果心不夠堅定而無法離欲，想要證得禪定一定不可能，可是菩薩們偏偏是在欲行禪。

這跟聲聞人不同，聲聞人出家而在空閒處樹下草葉坐，曠野中就這樣子過日子，外在環境是沒有五欲的，除非去托缽的時候。可是托缽的時候眼珠子可不許咕嚕咕嚕亂轉呵！咕嚕嚕地轉，是要挨罵的。所以，聲聞人托缽的時候只看眼前地上，人家主人送飯菜出來，只能看著缽，不許看著人家——特別是在送飯出來的是女人時。缽填滿了就要跟人家祝願，然後轉頭就走。假使缽裡面人家布施的是食噉含消，表示說那是很好吃的或是非常好的入口即化的美食，眼睛不可以就亮了起來。聲聞人是要離開五欲的，不可以貪味，因為他們怕落到五塵境界的貪欲之中，禪定就會退失了。菩薩們可不是這樣修行的，菩薩們不管五欲多麼勝妙，來了就來了，去了就去了，心中了無罣礙，禪定照樣實證，心中是離欲的。證了禪定以後也照樣在五欲中生活，五欲於他不得自在，他可以自在於五欲而不受繫縛。換句話說，身處於五欲之中，五欲卻繫縛不了他，所以他於五欲中得自在。為什麼得自在？因為不論他想要什麼五欲，全都有了，可是他根本不覺得稀罕，視如蔽屣一樣，那聲聞人就不一樣了。

接著咱們來看蘇州靈巖妙空和尚對永嘉大師這二句話的註解：「不見可欲，便心不亂，此正小乘根器。見其可欲，而心不亂，此則沒量大人，如火

內生蓮也。」沒量或者讀作無量；意思是說，如果沒有看見可以愛樂的五欲時，心就不會亂，一旦看見了心就亂了，這叫作小乘的根器，所以他們要遠離五欲來保持清淨。可是菩薩們不一樣，雖然「**見其可欲**」，他家裡身邊什麼五欲都有，可是心不亂，這個就是沒有量——不可限量，是心量廣大而不可限量的大人，這叫作「**火中生蓮終不壞**」。所以菩薩居家證得禪定的時候，他的禪定是不會退失的。可是聲聞人證得禪定以後，把他拉到五欲境界中來安住，他的禪定很有可能就壞散了，因為他是在不見可欲的環境才能心不亂，一旦見到可欲的境界時，欲心往往就起了，於是心就亂了。這就是說，他的心量是不夠廣大的，無法容下五欲的境界而不受拘束。菩薩心量大，可以容下五欲的境界，五欲來來去去，他都不會有任何罣礙，所以心得自在而住於離欲境界發起初禪。由於這個緣故才叫作「**火中出生的紅蓮**」。

「欲」字下面常常會加哪一個字呢？火啦！叫作慾火嘛！所以五欲生起的時候，心中是火熱的，譬如一個人如果貪財的時候，他心中很火熱，見了某甲就說：「**你得趕快買，這個東西多麼好、多麼好，等一下就會被人買走了。**」他施設種種方法去說服對方買他的貨，讓他賺錢；如果對方不買，他就很急了。請問他心中有沒有火熱？有啊！火熱啊！求名、求眷屬等等也都一樣，也都是火熱，所以欲心在進行過程中，下面就是火在燒著。然而菩薩跟聲聞人不一樣，處於慾火之中，火儘管燒，他就在慾火之中出生了一棵清淨的蓮華，慾火燒不到他，這叫作「**火內生蓮**」。這朵蓮華如果火燒不著它，還會因為火燒而枯萎嗎？枯不掉啊！因為連火都燒不了它。它本來就在爛泥巴裡面，淫欲爛泥巴染污不了它——慾火燒不了它；既然五欲污水也染污不了它，還有什麼能動得了菩薩呢？如果是聲聞人，他們的清淨蓮華—禪定之華—開起來，旁邊有水時都是沒問題的，一旦移入五欲火中也就燒壞了，這就是菩薩與二乘人面對五欲時的根本差異。

所以大乘菩薩是現在家相而行出家法，處於五欲淤泥中而不被染污，這是凡夫及聲聞聖人所不能思議的。最具體的代表，譬如 文殊、觀世音、維摩詰，都是佛教史上眞實存在的例子。你看 文殊、觀世音、維摩詰有沒有剃光頭、穿壞色衣呢？沒有欸！而且頭戴寶冠，還胸佩瓔珞，手臂上還有黃金做的臂釧，然後天衣飄飄，但卻是道道地地的出家人。普賢菩薩來娑婆示現時又何嘗不是如此？然後再看 維摩詰菩薩，他都還有老婆、還有子女，宅院又那麼大，並且他還當官。《維摩詰經》不是講「入治政法」嗎？也就是當官，可是他們無妨都是菩薩僧。而且文殊菩薩結夏安居，竟然三個月住在三處王宮裡，與國王後宮裡的皇后、嬪妃等人同住在一起，爲她們說法引入佛菩提道中；但他才是眞正的出家人，雖然身相仍是在家的模樣。這樣看起來，我應該把頭髮留起來，梳個西裝頭也上了髮油，西裝穿起來，去買皮鞋來穿，讓諸位瞧一瞧，怎麼樣？哪一天如果這樣子坐上法座來，你們可能會說：「不倫不類！」（大眾笑…）因爲你們見慣了我現在這個模樣，一時要改可就難了！所以我就多一事不如少一事，維持現狀就好；而且往世出家的模樣我還是有些喜歡，不想改變這個模樣。也因爲這樣諸位會比較習慣一點，不然諸位還要對我的表相重新適應一段時間，那可就麻煩了。

維摩詰菩薩住於家中行出家法，示現的是在家相。文殊與 觀世音菩薩都是出家人，可也是示現在家相。只有 彌勒菩薩在 佛陀的年代，是同時也受聲聞戒的菩薩，所以他示現聲聞相；但他雖是出家人，一樣是菩薩，因爲他得要代替 佛陀率領僧眾、處理僧務。文殊、觀世音大士那時是不率領聲聞眾的，他們只率領菩薩眾，最主要的任務就是配合 佛陀演說正法；聲聞

眾就由 彌勒菩薩代替 佛陀來理事，這樣 佛陀可以省掉很多事，就由 彌勒菩薩服其勞。但是不管 維摩詰、文殊、觀世音、普賢、彌勒菩薩，是示現聲聞相或示現菩薩相，統統是菩薩僧，本質並沒有差別。他們只是隨順因緣幫 世尊作事而已，本質都一樣是菩薩僧，因爲他們的心境是相同的，智慧也是相同的，不因爲身現出家相或在家相而有不同，也不因爲住在世俗家中或住在僧團中而有差別。

我們希望將來正覺寺裡有二種人，一種人是根本就沒有結婚，發了願來出家，但是以什麼身相來出家？要以童子相、童女相來出家。原來留長頭髮的人就繼續留，不必剃了，也不必去受什麼三壇大戒，但是要在正覺同修會裡受菩薩戒；菩薩戒中的不邪淫戒就改爲不淫戒，這樣就可以在正覺寺出家了。然後希望有第二種人，將來若有自然而不勉強的因緣離了婚來出家；不要去受聲聞戒（因爲我怕他們被聲聞僧教壞了，好好一個人受了聲聞戒回來以後變成慢心很重的聲聞人，那可不行呵！因爲我們以前有這種慘痛的經驗），可是我說的離婚，不是你自己去跟配偶要求離婚說：「**我要去出家了。**」對不起！這個我不接受。可是如果你的配偶主動說：「**你去出家，我把你捐出去，布**

施給眾生了。」而你也有意願出家，那就可以，並不是由你自己開口去求。若是開口跟配偶去求出家，人家心裡其實不願意；那麼就對不起了！我不接受。因爲這叫作自了漢，只顧自己，把家業交給對方一個人去承擔，那還叫作菩薩嗎？

那種心態是聲聞人，只顧自己。你既然娶了人家、嫁了人家，家庭重擔已經在那邊了，現在突然要把它丟給對方，一走了之，那就不是菩薩，我們不接受這樣。不過如果你的另一半說要把你捐出去，不要你了——把你捐給眾生了；他（她）是行大布施，你可以成就他（她）的大布施，應該這樣啊！如果對方不捨，不能夠一天到晚都看不見你，就是要你每天在他（她）眼前晃啊晃的，讓他（她）每天都能看見你，就心滿意足，當然不讓你走，那你就不能走。不可以去跟人家要求說：「你放我走啦！一天到晚纏著我幹嘛呢。」那可不行，因爲這叫作自了漢，自私自利，我們就不接受了。所以前提是，不是由你一天到晚去給人家臭臉看，讓對方受不了才把你捐了（大眾笑…）。一定要人家心甘情願才可以；並且要把家庭重擔作了妥善的安排，讓人家挑起來很輕鬆，這才可以出家。

如果能夠這樣，雖然示現在家相而不受聲聞戒，改持不淫戒而依止菩薩戒，住於寺中修行，乃至將來弘法，都叫作出家菩薩，這樣才是身出家心也出家的出家菩薩。另外有一種就是受了正覺傳授的菩薩戒以後，以前也曾受了聲聞戒，在正覺寺裡面共同出家，同樣也是咱們正覺的常住菩薩僧；然後還有住在家裡，智得出家、心得出家的在家菩薩僧，共同住持正法於人間，這樣才是回復到 佛陀時代第二轉法輪、第三轉法輪時期的大乘佛教門庭，這才是我們正覺所想要的。

我們並不想要現在各大山頭的那種聲聞精神的門庭。爲什麼我要說他們是聲聞門庭？雖然他們都自稱菩薩、都自稱是大乘法，可是他們所修的法是小乘法，而且是錯誤的小乘法，都只在解脫道上面用心，而他們的心態也是聲聞僧的心態。譬如各大道場，你們去問他們：「**請問比丘戒是別解脫戒，或者菩薩戒是別解脫戒？**」你們可以先問這一點，他們一定告訴你：「**比丘戒是正解脫戒，菩薩戒是別解脫戒。**」然而，別解脫是什麼意思呢？是說正解脫戒以外的**另一種能引生解脫的戒律**。也就是說，他們認爲菩薩戒是另一種邁向解脫的戒法，不是正解脫戒。可是 佛陀講的不是這樣，佛陀說菩薩戒才是正解脫戒，因爲只有菩薩戒才是可以使人成佛的戒，成佛才是正解脫；受持聲聞戒只能使人成爲阿羅漢，阿羅漢不是正解脫，而是別解脫，所以比丘戒、比丘尼戒等出家戒都是別解脫戒。但是他們的知見都顛倒過來，認定聲聞戒是正解脫戒，認定菩薩戒是別解脫戒；他們所修的法又是誤會了眞正解脫道的聲聞法，那麼請問大家：他們是聲聞道場還是菩薩道場？（眾答：聲聞道場。）是聲聞道場嘛！在菩薩戒中有遮止：不許依止聲聞律，不許依止聲聞法。你們在正覺受過戒，拿到菩薩戒本時都看到是這麼寫的。你們如果去到別的地方受菩薩戒，他們聲聞道場發給你的菩薩戒本也還是這麼寫的，可是他們並不遵守。那表示他們都屬於聲聞道場。

話說回頭，我們接著來講講看，大乘道場的這個出家常住僧，可以分成二種：第一種是兼受聲聞戒與菩薩戒，而他以菩薩戒爲正解脫戒，以聲聞戒爲副戒——別解脫戒。受聲聞戒的人當然得要剃髮著染衣——要穿壞色衣，所以受聲聞戒的時候，所穿的僧服一定是壞色衣。也就是說，那個顏色是不好看的，不美觀的，不光鮮的，不會招引人家特別注意的；所以縫製時的布料要先用什麼去染色呢？有二種，一種是用樹汁來染色，一種是用泥土來染色，要先染成壞色——不美觀的顏色。如果受了聲聞戒以後，僧服是大紅大綠、花花綠綠的，那就不允許。可是傳到中國來以後，爲了敬老尊賢，所以菩薩縵衣後來就變成九條大紅祖衣。然而那只是中國僧人的想法，不是佛教裡的眞正法式。

譬如台灣的習俗，如果是九十歲或是一百歲的老人死了，他的祭壇上可以用紅花來莊嚴，對不對？因爲年高；至於是不是德劭可就先不管了，只管年高。所以，你如果看人家告別式的式場有擺上紅色的花來莊嚴，你就知道這個人最少活九十歲才死，這是中國人的古老習慣。中國大乘的佛門裡受了這種習俗的影響，後來因爲某法師年高德劭，應該要推崇起來，就特地推定說：他的那件菩薩縵衣，不但要九條的，而且還要大紅色的。接著認爲大紅色的九條衣還不足以推崇他，還得要加上金襴，於是用黃金細線織縷，用來縫成一格一格的莊嚴模樣，便叫作金襴袈裟。金襴袈裟在 佛陀住世的年代有誰穿過？只有一個人可以穿。是誰穿的？（有人說：彌勒菩薩。）彌勒菩薩有穿過嗎？我怎麼沒看見過？接受供養時是可以的，但不許自己穿，得要轉供 世尊。所以中國佛教在這些事相上，可以看到的是後來都變質了，對正解脫、別解脫、正解脫戒、別解脫戒的意涵，都已經弄混了。

這意思就是說，大乘佛教的門庭是從第二轉法輪開始時才建立的，但那時候菩薩們一個一個全都來報到了，文殊、觀世音、維摩詰也都到位了，他們示現的是什麼模樣？諸位想想看就知道了；咱們既然是要恢復大乘佛教的門庭，不是聲聞佛教的門庭，當然也得要這樣作。你可別說：「以前我又沒受過文殊、觀世音菩薩的照顧，我為什麼要支持你的說法？」可是我倒要問你：「難道你們學佛以來只有二劫、三劫嗎？」可以明心的人是往世只學佛二劫、三劫的人嗎？怎能說你往世都沒有受過照顧？單單是相信《金剛經》裡面不可思議的某一章某一句，都已經是「不於一佛、二佛、三四五佛而」怎麼樣？（有人答：而種善根。）而且「已於無量千萬佛所」怎麼樣？（有人答：種諸善根。）對嘛！而這二種人還只是相信《金剛經》「以此為實」，不是相信「以此為虛」的一切法空，都還無法實證《金剛經》中說的「此經」如來藏眞如心；再深入一些來探究，如果現在已經明心了，那已經是很多、很多劫中都和文殊、觀世音菩薩同在一起過了，怎麼全部都忘光了呢？話說回來，文殊、普賢、觀世音菩薩當年是怎麼樣示現的？至少還有二千五百年前畫的模樣或記載在那邊。過去劫也就不談，至少在 釋迦佛的年代，你們也都曾見過他們，否則你們還能信受八識妙法而走入正覺講堂來？走不進來啦！可是你們全都忘光了，所以我們得要把它回復過來，加深大家的記憶。我們往昔無量劫來也都受過 文殊菩薩的照顧，至於是怎麼照顧的，也就不談它，我只說我們的觀念應該改正過來，所以我們還得要把大乘門庭回復過來，別再隨順聲聞僧們所建立的聲聞門庭。所以將來正覺寺蓋好的時候，大殿上要供奉華嚴三聖，將來在 釋迦佛兩旁就是供奉 文殊與 普賢。

話說回頭，猶如 彌勒菩薩是兼受聲聞戒與菩薩戒，但以菩薩戒為正戒，以聲聞戒為副戒，而他是示現聲聞相，將來我們正覺寺中的第一種菩薩僧就是這種模樣。第二種人是單受菩薩戒，原來在家菩薩戒中的不邪淫戒就改為不淫戒，這樣住在出家僧團中，這就是最正式的菩薩僧；第二種菩薩僧都不穿壞色衣，不過避免穿得太美觀而惹來老虎的麻煩，所以我們也提供不同種類的制服，叫作正覺菩薩衣。當今佛門中穿的這一件縵衣可不能叫作菩薩衣，因為這只是外衣而已，但現在演變成用來莊嚴法會的外衣了。如今這個年代已經不像古時那樣，現在都有寺院可以安單了，不是像 佛陀初轉法輪的弘法時期那樣都住在空閒處：若不是住在樹林中或者曠野中，就是住在山洞中，沒有精舍可住，所以古時出家人都得隨身帶著一張毛毯。這個海青外面披著的這件縵衣是怎麼來的，知道嗎？本來是一大張毛毯，摺起來成爲一長條，橫掛在左肩，出門時就這樣橫掛在左肩，以備萬一需要時可以使用；遠行時也是這樣，冷的時候就把它披在雙肩裹住身子保暖；如果遇到大菩薩來了，或是遇見 佛陀來了，就得要偏袒右肩示敬，於是把右手伸出來，就像搭衣這個樣子。我們說法時在海青外面搭著縵衣，這樣的穿法叫作什麼呢？就叫作偏袒右肩，就是對 佛陀或諸大菩薩示敬的意思。這個道理懂了喔？很奇怪，這個道理以前怎麼都沒有人講過？但佛世本來就是這樣子的。

所以菩薩衣正統的穿法是什麼？這件縵衣正統的穿法本來就是一件毛毯摺成一個長條，離開道場時就披在左肩，就這樣以左手壓在胸前，讓它不會掉下來，就以這個模樣托缽去了，這縵衣本來就是這樣子搭的。天氣冷的時候或者晚上打坐，或者睡眠時就拿來作被子；打坐的時候若是怕冷，就把兩肩都蓋起來，再把膝蓋也蓋住，就這樣打坐。如果大菩薩來了、佛陀來了，爲表示恭敬就偏袒右肩，把右手臂伸出來，兩手合掌表示恭敬，這才是菩薩衣的穿法。現代佛門為了講經誦戒，也得要偏袒右肩，但是天氣眞的很冷，還是得穿著足夠保暖的衣服，所以就把右手伸在縵衣外面，等同偏袒右肩示敬，所以成為現在海青外面披著縵衣這個模樣。

這是因為中國地處寒帶，不能一年到頭都偏袒著右肩，而且中國人重禮教，不喜歡露出右肩，通權達變以後就繼續穿著原來的衣服，而縵衣就不遮蓋右肩，來代表偏袒右肩、表示恭敬。密宗喇嘛們就是笨，不懂得通權達變；所以冰天雪地中也要偏袒右肩，然後冷得發抖時再加上衣物來遮覆右肩。他們不知道那件縵衣偏袒右肩的意思，所以只看到表相。話說回來，我們回復大乘門庭時，就是要這兩種出家人；但我們不是要一天到晚披著縵衣，我們另外設計幾種菩薩衣；而正覺寺中的菩薩僧，不必一定把頭髮剪掉，想要光頭或繼續留著頭髮出家都行；留著頭髮的出家菩薩並不是沙彌，也不是式叉摩那，而是眞正的菩薩僧。

這就是說，在佛法中不論是哪一乘菩提，三乘菩提都如此，只要證果了就是僧；三乘菩提中都是這樣講的，在《阿含經》中的許多經典裡也是這樣講的，就叫作沙門——在家人證得聲聞果時也被稱為沙門；初果到四果都稱爲沙門果，所以在家人修解脫道而證得聲聞果時也稱爲沙門果。最近有一本小冊子《導師的眞實義》，扉頁是寫著什麼？所援引的經文中說的，是把什麼人稱爲導師？是「持如來藏者」。如果不持如來藏，他就沒有資格被叫作導師。這一句經文已經預先把釋印順被門徒尊稱的「導師」兩個字剝除掉了，因爲他公然否定第八識如來藏，還有什麼資格可以被叫作導師呢？他的一切法空思想是要將導眾生往何處去？往斷滅空。當然他在眞正的佛法中沒資格被稱爲導師。然後釋印順又發覺一切法空是斷滅空，心中恐懼了，又回頭抓取意識心作爲常住不壞心，於是他又變成常見外道，這樣的人怎能叫作「導師」？

所以 世尊在經中說，只有持如來藏的人才能被稱爲導師。這是經文裡說的，不是我個人編造的；而我們就是要這樣的人來正覺寺裡出家，大家一起投入正覺教團中共同利益有緣人。所以將來想要進正覺寺裡面當菩薩僧的人，前提是「持如來藏」。如果沒有證得如來藏，我們就不讓他住進去。還有一個前提是，住進去以後，一定是菩薩的心態；若是聲聞的心態，那就對不起！即使住進去了，他遲早還得要走人；因爲我們不依照聲聞道場的聲聞心態以及作事方法來作，我們是依大乘佛教的門庭來要求常住的菩薩僧。這就是說，這兩種人都是出家常住於大乘寺院中，不受聲聞法。縱使受了聲聞戒，也不依止聲聞法；像這樣來受持大乘法，來為佛教正法與眾生作事，都叫作出家菩薩。有經文是這麼說的，我唸給諸位聽，這是《大聖文殊師利菩薩佛刹功德莊嚴經》卷中：

【菩薩成就二法不退大願，隨其意樂淨佛刹土，云何為二？所謂菩薩不樂求聲聞，不樂求聲聞乘，不愛樂聲聞所說法，不樂親近聲聞乘者，不學聲聞律儀戒，不樂宣說共聲聞乘相應之法，亦不勸他行聲聞乘。於緣覺乘亦復如是，唯為勸發有情成就最上阿耨多羅三藐三菩提，是名為二。】

這說得夠明白了，簡單的說，就是菩薩要成就二個法，使他不會退轉於所發的大願，以後可以隨於這樣的不退法和大願而成就他將來成佛時的佛刹淨土。是哪二個法呢？第一個法是說，菩薩不樂求聲聞道的各種法，不樂求聲聞道的修行方法，不愛樂聲聞人所說的法，不樂於親近修聲聞乘的人；同時也不學聲聞乘的戒律，不愛樂宣說與聲聞乘相共的法——凡是與聲聞乘相應的法都不愛樂宣說，也不勸別人修學聲聞乘，這是學佛人應該成就的第一種法。第二個法是，對於緣覺乘也是要這樣看待。意思是說，菩薩雖然也具足聲聞乘、緣覺乘的法，但不看重聲聞乘、緣覺乘的法門與境界，只想要勸發有情成就最上第一的無上正等正覺。這就是菩薩們應該成就的二個很重要的法，你若是想要成就自己成佛時的清淨佛國淨土，將來成佛的時候會是佛淨土而不是聲聞淨土（其實聲聞法中沒有淨土），那你得要修行這二個法。也就是說，聲聞法、緣覺法你都會，但你不看重它們，你看重的是菩薩法。

所以到正覺同修會來學法時要有這個正知見，否則進得正覺來，你如果穿著僧衣在正覺學菩薩法時，你會很難過。也就是說，你雖然穿著僧衣，只是因緣如此，而你要修證的是菩薩法。你若是眞的修證了菩薩法，就函蓋了聲聞法，也函蓋了緣覺法，可是你都不看重聲聞法，不看重聲聞律儀，不看重與聲聞乘相應的種種事相，只看重菩薩的法以及與菩薩道——成佛之道——相應的種種法，這才是你所應該相應的。如果能夠這樣子，你在正覺學法時就很快樂了，因爲你將無所罣礙：當人家說聲聞乘、緣覺乘有什麼過失時，你心裡面一點都不會難過；因爲你覺得：「那是聲聞乘、緣覺乘的事，我是菩薩，那跟我有什麼相干？」對不對？

如果你聽到人家說聲聞乘等如何如何，又說某個聲聞道場如何如何時，心裡就難過，這就表示你自己是個聲聞人。但你既不是聲聞人，難過什麼呢？你本來就應該說：「**對啊！我們是菩薩乘。**」而且你所證的也是菩薩法，你的心態也是菩薩，你要走的路是成佛之道——菩薩道，不是成羅漢之道，那你在正覺所有同修之間當然是與大眾猶如水乳交融一樣，那你還有什麼可以顧忌的呢？你本來就是個菩薩，心想：「**我本來就是菩薩啊！那些聲聞人的心態本來就不對啊！**」那麼你去到哪裡都沒有問題，這就是眞正的大乘門庭，我們就是要在這個年代把大乘佛教的門庭恢復起來。當你努力把大乘的門庭恢復了，那可有人很高興了；而那個人不是人，是 佛陀。還會有很多人歡喜，就是 文殊、觀世音大菩薩。然後呢，兜率天宮的 彌勒菩薩看到了就說：「**好極了！這些人爲我努力鋪路，將來我下來人間示現成佛時，眾生就容易度了。**」也就是說，大乘門庭才是根本，二乘菩提不足爲憑。

我記得在《金剛經宗通》裡面爲大家講過：假使人間沒有菩薩，那麼二乘菩提也會隨之失傳；如果人間有菩薩，不但大乘菩提不會失傳，二乘菩提也可以復興。我們現在也爲這樣的經文作了證明，所以我們現在把《阿含正義》、《識蘊眞義》寫了出去，我很篤定的說，再過十年，台灣、大陸的佛教一定會有人讀了我的書以後，自己把無相念佛功夫作起來，然後去觀行而斷三縛結，十年之內就可以看到。如果再有人把它翻譯成泰文、緬甸文等等，或者翻譯成斯里蘭卡文等，如果將來有人翻譯，那邊的二乘菩提也會跟著復興。所以諸佛菩薩看重的不是阿羅漢，只看重菩薩們，因爲只要你把大乘門庭復興了，二乘菩提也會跟著復興。可是如果人間沒有菩薩而只有二乘人，這二乘聖者縱使在世，不必幾代以後，二乘菩提的實證意涵與方法也就會滅絕；而二乘聖者縱使迴心成爲通教菩薩，乘願再來、永遠在世，也無法復興大乘門庭。所以如何復興大乘佛教的門庭，才是最重要的事；因爲大乘佛教門庭復興了，二乘菩提就會跟著復興，這就是我們所要作的事。

《實相經宗通》這個題目大概下一週或下下週就可能講完，接著就要演講《法華經》了。上一週我們講到復興大乘佛教的門庭，但是我還沒有講完它，還有一小段要跟諸位講一下。我接著要說的是，悟後住在自己的世俗家裡面，不出家、不住入寺院中，這是什麼人？是不是菩薩僧？一定是嘛！住於自家而不出家，心卻是出三界家了，一定是菩薩僧。這是說，只要是證悟了，不管是悟得二乘菩提或者大乘菩提，只要檢驗確定這個證悟是眞正的，不是誤會，那麼他就算是佛法中的沙門。在二乘菩提法中也是這樣，所以有些優婆塞、優婆夷斷三縛結以後，世尊也說他們是證得沙門果。既然所證的是沙門果，「沙門」是出家人或是在家人呢？（有人答：出家人。）是出家嘛！他所證的就是出家果。所以這位優婆塞即使每天戴著寶冠，瓔珞佩在胸前，穿得很華麗，他依舊是沙門，因爲他得的是沙門果。爲什麼稱爲沙門果？因爲這是出三界家，所以他無妨家裡有個漂亮的妻子，還有女兒初長成，大家都來追求，門庭若市，幾乎要踏破戶限，但他仍然是沙門，因爲他證的是沙門果——是出世間果，不是世間果。

所以那個玷牟留梵志是個外道修行者，有一天他來見佛，「不請空閑」，硬要請佛爲他說法，佛說：「我要去托缽了，現在沒有空閑。」因爲他不懂佛門請法規矩，要來問佛法之前應該要先請問有無空閑。有的外道很懂規矩，來見了佛，會先請問說：「未審世尊空閑可以讓我請益否？」如果佛有空，就說：「隨汝意問，我當爲汝解答。」然後外道問了，佛就說法。這個玷牟留外道「不請空閑」，急著要證解脫果，就纏著佛陀。佛說：「我要托缽了。」他不肯放 佛走，就纏著 佛；經過三次強請，佛陀看他也該是有因緣證果，所以就放棄托缽而爲他講法。當然 佛陀因此就得再挨餓二十四小時了，因爲昨天是日中一食，到今天中午同樣是日中一食；爲玷牟留說法而過了中午時分，就不能再去托缽用齋了，那只好等到明天中午才能進食了。不過也是有一些值得，因爲這個玷牟留外道聽聞 佛陀說法以後，馬上就得法眼淨；佛陀繼續演說下去，他不久成爲阿羅漢了。這是以在家身而且是外道身，聞 佛說法而證得阿羅漢果的例子，身是在家而果是出家。

還有一個外道也是一樣，他是阿支羅迦葉，但這個人可能是佛教史上第二短命的阿羅漢；因爲他也是「不請空閑」纏著 佛陀，要 佛陀爲他說法，不理會 佛陀正要去城裡托缽；佛陀只好爲他說法，先得法眼淨——得初果；然後自己當下觀察以後就當場證得阿羅漢，就自稱三歸，成爲優婆塞。他證得沙門果而離去以後，看見一隻小牛被母牛用角牴觸，可能生命會有危險，就上前制止母牛的惡行，沒想到就因此而被母牛以尖角觸殺了。大眾聽到了，前來請問 佛陀，佛說他已經入無餘涅槃，要僧眾們去爲他荼毗。佛教史中最短命的阿羅漢是須跋陀羅，他在 佛陀即將入滅的那個晚上才來見 佛求法，一樣是「不請空閑」；他聞法之後當場成為阿羅漢，然後請求要在 佛陀之前先入滅；這是因為他不忍見 佛涅槃，立刻要求先入涅槃。佛陀心量大，往往說：「汝自知時。」意思是說，你自己懂得什麼時候可以入涅槃，自己決定吧！此時 佛說「善哉！」於是他就在 佛陀之前先入涅槃了。我心量可沒那麼大，若是我在場，就要責備他：「你不肯好好留下來為眾生作一點事，竟然還要在佛前入涅槃？」但 佛陀准他了，所以他當下就入涅槃，所以他是第一短命的阿羅漢。而這個阿支羅迦葉是第二短命的阿羅漢。

凡是有人證得沙門果——出家果，一旦死了，佛弟子們都會去請問 佛陀，請 佛陀觀看以後為那個亡者授記：這個人死後到哪裡去了。比如某某優婆塞生到忉利天，生到兜率天，或生到某一天去；或者有佛門中喜歡造惡業的凡夫，或是下墮地獄，下墮餓鬼道等等，佛陀被問時都會一個一個加以授記，不像外道完全無法授記。大家去請問 世尊，世尊就說：「外道阿支羅迦葉來聞法得果以後死了，可是他沒有去處。」佛弟子們問：「為什麼沒有去處？」因為外道或者居士們死了大概都有去處，沒想到 佛陀說他沒有去處，說他什麼地方都不去，四維上下都沒有去處，因為他已經入涅槃，就為阿支羅迦葉授第一記。

這就是解脫道的第一記，就是阿羅漢的授記。然後就吩咐僧眾們：「你們大家都去幫他闍維。」就是幫他荼毘。你看，不論僧眾所證的解脫果高低，還要那些僧眾們都去幫他荼毘；這表示什麼呢？是說阿支羅迦葉雖然只是一個住在自己家中的優婆塞，但他的實質已是一個出家人，是因爲他證得沙門果了；不但是證沙門果，而且是解脫道沙門果中最頂級的阿羅漢果。大乘法中更是如此，只論階位、不論身分，所以我說的是住於自家而不出家，但他已經證悟實相般若了，這便叫作菩薩僧。如果還沒有證悟，住於自家不出家，那就是凡夫俗子，不能叫作菩薩僧。如果已證得二乘菩提，住於自家而不出家，他已得沙門果，可以稱爲聲聞僧，雖然他並沒有出家。但他不許稱爲菩薩僧，因爲無菩薩法的實證。

現在出家眞義的前提講過了，我們拉回來說，住於自家而不出家的菩薩僧，是以在欲而不染欲的證境發起不退的初禪了，才能像這一段經文所說名爲大安樂者，因爲他已經無懼於失去一切人間的五欲境界。反過來說，他也已經無懼於繼續處身人間五欲境界中，這意思跟一般人所知道的完全不一樣喔！這二個狀況完全不一樣：在解脫道聲聞法中，他是梵行已立而遠離欲界愛，所以發起了初禪；可是他們聲聞人都恐懼繼續住於五欲境界中，因爲恐怕會被五欲影響而退轉於沙門解脫果。如果他退轉於離欲的境界——初禪退失了，就表示他不但已經不是阿羅漢，乃至連三果人都不是，最多只是一個二果人；因爲又返墮欲界、還來欲界了，已經不是不還果了，所以聲聞聖者恐懼繼續住於人間一切五欲境界中。如果要像菩薩們那樣無懼於住在人間五欲境界中，他們就作不到了；所以聲聞法中是離欲而行禪，菩薩們則是在欲而行禪。

你們看那些大菩薩們事業好大，家眷成群，但他們照樣是個離欲者，身有禪定爲證。近代佛門中有一些人出家後每天都持不倒單，在家人之中也有人是如此，獨居一房，妻、妾都不許靠近他的房間；他的規定好嚴格，誰都不許靠近，可是心中始終不能離欲，因此他們永遠沒有辦法離開欲界境界，始終住在未到地定裡面，初禪永遠都發不起來。但菩薩可不是這樣的，錢財啊？錢財沒有關係。家裡金銀珠寶充滿庫房？那也沒有關係，因爲金銀珠寶不會燙到他的心。如果阿羅漢，你說：「**我供養您一個寶物，我這一顆很大**

的珍珠，價值連城，供養您。」放在桌子上就走了。他一時沒有看到，等你轉身走了，他才一看到就想：「世間還眞的有這種價值連城的特大珍珠。」可是轉念一想，不能留在身邊；因爲這太稀有了，可能日久以後會引生貪心，於是他一下子就把它丟到地上去，不想要；明天一定會設法去歸還，爲什麼呢？因爲聲聞人視金銀珠寶如毒蛇，恐怕返墮欲界之中。

菩薩們可就不一樣了！家裡一大堆財寶都看慣了。而且菩薩一世又一世修行下來，本來福報就很多，生來家裡就有一堆，正好拿來布施。因爲看慣了，所以菩薩不覺得這有什麼了不得的，雖然眞是價值連城。這意思是什麼呢？是說菩薩已能夠於欲法之中得自在：可以自在於五欲，而五欲不能自在於菩薩，這才是眞正的菩薩，就稱爲火中生紅蓮，菩薩僧是應當如此的。如果明心以後轉依不是很成功，每一次打坐總是在想：「我什麼時候可以再賺個一億元？」或者總是在想：「我能不能再討個小老婆？」等等，表示他轉依眞如並沒有成功，轉依不成功就意味著五欲於他得自在，他不能於五欲得自在；他是被五欲所影響、所掌控，無法對五欲自由地取捨轉用於行菩薩道。這就是說，菩薩要能眞實不受五欲掌控：五欲在時猶如平常，就跟一碗白米飯一樣；五欲不在時就等於布施出去那一碗白米飯一樣，心中都不當一回事，這才是菩薩僧應該有的心態。

所以，如果打坐或者讀經典等等，常常想著說：「**我上個月在某某路某某店，看見祖母綠的項鍊墜子很難得，反正我家裡有的是錢，應該可以買回來戴在身上莊嚴、莊嚴。**」其實本來是可以的，因為如果家裡已經好幾億元或二、三十億元，想買就買也沒有關係，可是心中不許有著，純粹是莊嚴自身以便攝受只看表相的學人。因為他家裡多的是錢，無處花；好啊！那就買了來，也無所謂。你們看，文殊、普賢不都是無價的瓔珞著身莊嚴嗎？可是如果家裡就只有這麼三、五千萬元，心裡卻一直想著：「**那件珍寶要一千來萬元，但眞是漂亮稀有，不買可惜，可是我先生一定會反對。**」那怎麼辦？就要想辦法去說服，那就叫作貪，就應該要自我慚愧了。可是，如果家裡好幾億元，不必動心思，想買就買，根本不必思索。有一天突然間遇見一件緊急的事情需要錢，手邊剛好沒有錢，立刻就脫下來說：「**來！誰出價高，我就賣給誰。我現在急著要作一件善事。**」就說明是想要救濟緊急性的貧苦人或者救濟急難等。當下就賣出去了，心中也沒有絲毫罣礙；絕對不會晚上睡覺時還一面想著說：「好可惜喔！那一塊寶玉。」要這樣才能夠說他已經於五欲得自在。

要能夠這樣得自在，也斷了我見，又證了眞如法界而且轉依成功了，並且已經心離欲界了，才是得大安樂法的人。這種人，天魔波旬對他無可奈何，因爲再勝妙的五欲，他都不瞧在眼裡。而且他每天就住在五欲中，卻因離欲而證得初禪了，天魔波旬還能夠用什麼五欲來引誘他呢？根本沒辦法！因爲他已經住在五欲中，你天魔再送更多的五欲來，也還是這樣而已，根本影響不了他。可是，菩薩有時候反過來用五欲之繩繫縛天魔，天魔反而被綁住了！能夠這樣，才能說是眞正轉依成功的菩薩僧，得到這種法的人就是得大安樂法，是心出家而非身出家。

可是，要得到這樣的大安樂法，是要以什麼作爲入門呢？當然就是要親證般若波羅蜜多所說的眞實義，才能夠入門。那麼，般若波羅蜜多所說的眞實義是指什麼？是指「此經」，就是這一部經。「你說的是哪一部經？」也許有人今天第一次來聽經，心想：「是哪一部經？你又沒有說。」但我說的就是「此經」啊！「此經」是每一個人身上都有的，每一個人都揹著這一部經，爲什麼要問我是哪一部經呢？每一個人的這一部經，全都是「個個現成，人人具足」。如果眞要問個名稱，我們就施設個名稱，就把祂叫作「金剛經」。「金剛經在哪裡？」「就在這裡啊！」「我怎麼沒看到？」因爲你沒有開悟，還沒有慧眼，當然沒看到。「金剛經」就叫作如來藏，就是「此經」。不然就問：「這個太難懂了，你換個名稱好了，看我會不會比較容易聽懂。」我就說：「實—相—般—若—波—羅—蜜—經—。」也是一樣啊！還是「此經」啊！因爲如來藏可以有無量名，那麼證得「此經」就入了此門，你算是在佛教大學學士班註冊完成了。

佛教大學中也設了很多種不同的班級，有啓蒙班、小學班、初中班、高中班、學士班、碩士班、博士班。諸佛是什麼人？是博士的指導老師，這才是眞正的佛教大學。什麼樣的人是正在上啓蒙班呢？就是後山那一大票人，都正在上啓蒙班。上了啓蒙班以後終於可以上小學，去哪裡上小學？去法鼓山上小學、去佛光山上小學。上了小學以後，現在有人爲大家設立一個初中了，可以說是給佛教界設的初中；因爲大家上了這個初級中學以後，至少懂得要找一個眞心；雖然找錯而落入意識與識陰中，那就叫作中台山，可以算是初中。可是有沒有佛教大學？你說正覺？那可以算是大學，雖然這樣講是有一點自我標榜。什麼樣的人才是眞正進入佛教大學？得要親證如來藏，證了如來藏而能夠現觀眞如了，就算佛教大學註冊完成了。在這之前，還得要有高級中學，就是我們正覺同修會裡的禪淨班與進階班。

明心不退以後才是佛教大學註冊完成，開學以後要開始學習了，那就是咱們的增上班，正要開始進修佛教大學的學士學位。這學士學位完成了，就是入地了。入地以後要開始修碩士班，碩士班完成了，你就七地滿心了。可是你還沒有完成博士學位，佛教大學的最高學位是博士；博士學位現在沒有人可以指導你，除了文殊、觀世音、普賢、彌勒、維摩詰之外，就只有一個最高領導人，祂叫作諸佛。當你把第三大阿僧祇劫完成了，就是博士班完成了，然後就可以成佛了。這樣才是眞正的佛教大學，可是想要進入佛教大學，你得要通過考試。我們也辦聯考，每年都在大溪鎭舉辦。等你通過考試了，就算是佛教大學的註冊完成了，就要開始修學學士學分，看怎麼樣可以趕快完成學業而可以入地，那就算第一大阿僧祇劫完成了。如果有人在電視上打開電視台，看看那些宗教台，一面聽一面學，但是心中根本不想歸依佛門三寶，那算不算進了小學？那叫什麼？叫作幼稚園。因爲他都還不是三寶弟子，對佛法也是懵懵懂懂的，那些法師們講的佛法節目，只是讓他熏一熏種子，只能讓他熏得一點氣味。

如果要講到西藏密宗，他們有沒有入幼稚園？根本就沒有，因爲密宗根本不屬於佛教，所說的法完全與佛法無關。既然根本不屬於佛教，怎麼可以叫作佛教裡面的幼稚園？可是還有很多人繼續迷信著。覺囊巴是不是密宗？他們不是密宗，但可以說是大密宗，因爲是弘傳如來藏他空見，密宗四大派的所有「法王」、活佛們全都不懂。但是在佛法中眞正入門以後，也只不過是眞見道，接著還有相見道位要完成，才能入地。然後第二大阿僧祇劫要修學一切種智，要斷除習氣種子；第三大阿僧祇劫專門針對無記性的所有異熟種子去學，也要繼續增長福德。這些佛道中的正理，你跟佛法裡的中學生、小學生就已經無法談了，想要跟幼稚園生談論可就更難了。如果是密宗的「法王」、喇嘛或信徒們，根本是無法對談的；因爲外道法與佛法永遠沒有交集點，不論你跟他們談什麼佛法，與密宗所有法一樣，永遠沒有一個能與佛法交會的點，永遠只能各說各話：他講他的一套自稱的佛法，咱們講咱們的一套眞正佛法。這二種教義完全沒有交集點，所以根本不可能取得一個互相接受的支持點。

如果在佛法大學中的小學生、中學生，他們有時會跟密宗有法義上的交集點，那表示他們還沒有進入佛教大學，連註冊都還沒辦法。讀到佛法中的高中程度時，與密宗的交集點就變得很少了。如果是佛法中的小學，交集點就多一點了，因爲佛法知識還很差，還不懂得思惟辨別。如果是佛法中的幼稚園、啓蒙班的，那跟密宗外道法的交集點就很多了。如果完全認同西藏密宗，那就是外道，與佛法無關，就這麼簡單。可是佛法不是密宗外道或小學、初級中學那些大師們所說的那麼簡單，悟了以後還要圓滿相見道的功德，要繼續努力進修內門六度萬行，連同悟前六住位的廣修外門六度萬行，總共是要一大阿僧祇劫才能入地，後面還有十度波羅蜜多等著您再修二大阿僧祇劫。可是解脫道的修證成爲阿羅漢，卻只要一世就可以完成。所以，當佛菩提道要三大阿僧祇劫才能完成，解脫道卻只要一世就能完成時，二者是沒有辦法相提並論的。現在問題更嚴重的是，西藏密宗是連一世可以完成的解脫道都完全不懂，那你說他們跟我們正覺同修會怎麼可能有一個交集點呢？根本沒有辦法對話。所以，眞正的「大安樂金剛法性」，一定是要親證如來藏而不退失，等於是在佛教大學註冊了才算數。如果是在佛教中學、佛教小學，或者佛教幼稚園註冊的，那些都不算是眞的行菩薩道，完全還談不上，因爲都還在外門行六度萬行，甚至於像密宗信徒都只是在外道法、在假佛教中修外道法，與佛法完全無關。

西藏密宗的這一些人，他們一天到晚想的是雙身法，根本就不如聲聞人。爲什麼我說他們不如呢？當然要講個理由。聲聞法裡面是否定五陰境界的，斷我見的時候就否定五陰境界了，還不必到三果、四果。可是西藏密宗所說的樂空雙運、樂空不二，也就是他們說的無上瑜伽，全都是色陰以及識陰的境界，完全都在五陰的流轉境界之內。這不但談不上斷我見，連我所見都沒有斷除，因爲他們講的樂空不二、樂空雙運，全都是意識、身識相應的六塵境界，也是落在識陰的別境心所法裡面，根本就是識陰與色陰的我所，連我所見都斷不了，何況要斷我見。那麼，這樣瞭解西藏密宗完全落在五陰裡面之後，你們就會恍然大悟說：「怪不得西藏密宗從來都不弘揚四阿含諸經。」終於想到這一點。因爲西藏密宗如果弘揚阿含諸經，他們大樂光明無上瑜伽就得全盤推翻掉，即身成佛的理論與行門便再也不能成立了！所以他們只好自己另外解釋我見的內涵，自己定義斷我見的內涵；就像是宗喀巴自己解釋的定義，不根據《阿含經》裡的定義來講。這就是西藏密宗喇嘛教，所以他們根本不是佛教，講的與修的也都不是佛法。

話說回來，於五欲之中得自在，名爲得大安樂法的人；請諸位再來看看，聲聞人如果不見五欲就不能亂其心；可是藏密那一些修學者不見五欲境界時，心中還得要故意去想五欲，並且還每天都要想辦法去實現五欲。如果你把他關在屋子裡，他們也有辦法去對五欲作觀想；所以在西藏山洞裡面閉關的那些喇嘛們，關在洞裡面觀想雙身法而發起男女根的樂觸生起。這就表明他們每天心心念念、時時刻刻想的就是雙身法，這叫作「常思欲得遂行於淫欲」，何況能離欲？那他們連外道離欲者所證的初禪都永遠不可能證得，何況斷我見證初果？更何況想否定識陰六識而證第八識眞如心？

所以我說密宗是不入佛法之流的世俗人，只能稱爲外道嗜欲者。然後又自己發明一些邪說，不識羞的說：「只要喇嘛們行雙身法時能夠不漏失不淨，就是無貪；這樣長時間住在雙身法的淫樂境界中，就是持戒清淨的離欲實證者。」這叫作睜著眼睛說瞎話，他們竟敢公然說這樣叫作不邪淫，說這樣叫作離欲者。喇嘛們把人家妻子、女兒上了以後竟說：「我沒有貪她們。」這話若眞講得通，法院得要請法官們改判了：「女人被強暴以後，只要強暴的男人不漏失精液，就不算是強姦。」然而可不可以這樣子？說什麼話嘛！眞是！但密宗就是這樣子睜眼說瞎話，所以我說他們是欺世盜名之輩，根本就沒有一絲一毫的佛法可以說。最後無以名之，只好說他們叫作外道。

這一個知見，希望諸位如果遇到有緣人就爲他們講一講。特別是妳們女眾，可別說：「哎呀！那個不好意思講啦！」妳就把他們的女眷拉到房間去講也可以，爲什麼不好意思講？妳若是不好意思講，一個不好，也許明天她們被喇嘛上了，多冤枉！對不對呢？假使妳今天晚上把她們拉去房間裡面，關起門來講清楚了，讓她們知道那跟佛法完全無關。也許她們心裡想：「那我明天不要去見喇嘛了。」也許她就沒事了，妳不是救了人嗎？所以這個事情，妳們要設想，怎麼樣用方便法去爲親友們解說。你們男眾說：「那我可以講啊！」當然可以講啊！可是請你不要跟人家女眷講，你就跟她的先生講嘛！把她的先生拉到房裡面去說：「你不要讓太太再去學佛了，學那個密宗絕對不是學佛，那叫作學外道法，與佛法完全無關。」還得告訴她的先生說：「讓她繼續學下去，你遲早要戴綠帽。」他一聽，將來頭上會有一頂無形的綠帽子，可眞不得了了！那不是救了他的妻子未來世離開三惡道了嗎？這個道理大家記得要去講。因爲這個事情眞的很重要，他們學不學佛是另一回事，至少要讓他們下一世別下墮三惡道。這一段經文講到這裡，補充的也夠多了，我們再回到《實相經》的下一段經文來：

經文：【爾時世尊說此法門已，復告金剛手菩薩言：「金剛手！若有人得聞此大安樂金剛法性實相般若波羅蜜法門，於日日中，每清旦時，若聽聞、若誦念，相續不絕，當知是人所有罪障皆自消滅，心常調暢、第一安樂，於現身中即得成就金剛不空無礙，決定入法。復當成就一切如來金剛祕密堅固之身。」**爾時如來復說咒曰：**

莎訶——！（長呼）**】**

講記：《實相經》講到這裡，只剩下二段經文了。這倒數第二段經文說，世尊把頌講完了以後，就告訴金剛手菩薩說：「金剛手啊！如果有人能夠聽聞這個大安樂金剛法性的實相智慧到彼岸法門，然後每一天不間斷地在早上清晨的時候，或者聽聞、或者自己誦念，每天清晨都這樣子修習而相續不斷絕，應當知道這個人所有往世所造的重罪和業障，都會自然而然消滅，他的心也將會變成常常都是很調柔、很舒暢的狀態，獲得三界中第一安樂。」世尊又接下去說：「於現前這個五陰身中就可以成就金剛不空無礙的境界，決定可以進入佛法大海之中。並且還可以再成就一切如來同樣都有的金剛祕密堅固之身。」這樣開示完了以後，如來又說咒：莎訶——！（平實導師以梵音唸出來。）

這句咒的翻譯有許多種，有的經中翻譯作「莎婆訶」；這句「莎訶」其實就是大家誦咒時常常唸到的「娑婆訶」，有時候也翻作「娑訶」；在不同年代的翻譯往往字句不一樣，唸起來已經都走調了，調子都不同了。比如「怛底也他」，有時候翻成「怛姪他」，其實是同一句，應該讀作 dadiata，你看差多少？怛姪他，dadiata，眞的相差很多。這句「莎訶」，有時候翻作「莎喝」，其實應唸作 svaha；梵音常常會有脣音的複合音，就像「菩薩」菩提薩埵，應該念作 boudisadva，得要帶有脣音，這個聲音對中國人而言是很怪呵！

但梵音就是這樣唸的。你們去朝聖的時候，假使有機會在遊覽車上唸〈大悲咒〉，他們的司機跟印度導遊都不會知道你在唸什麼。又如《心經》最後的咒語（導師用古梵音唸起來）：揭諦 揭諦 波羅揭諦 波羅僧揭諦 菩提薩婆訶。《心經》最後那首咒是應該這樣唸才對，不是唸作揭諦揭諦，應該唸作ㄍㄚ－ㄉㄟ－ㄍㄚ－ㄉㄟ，這跟唸作「揭諦揭諦」相差多少？差太多了！但古時候中原的普通話就是現代的閩南語，不是現在的京片子，所以當年譯出來時大約是合於梵語咒音的。咒語的譯音有它的時代背景，應該先瞭解才不會唸錯，那麼我們這裡就不講它了。但是 佛陀唸出：斯乏哈——！當然有祂的用意，其實已經直示入處了，只是難會。

我們現在先回到經文的字句上面來解說。這段經文是說 世尊把這個法門說完了，又重新開示給金剛手菩薩等人。這「金剛手」究竟是什麼意思？我以前已講過一次，這裡無妨再把這個名字從另一個角度來說一說。金剛手，我作另一個簡單的解釋；就是你證得一個金剛不壞心——當然諸位都知道，就是證第八識如來藏；現前觀察祂有金剛性以後，你凡有所說、凡有所作，都依於這一個金剛性來為人說法、來為眾生作事，這叫作金剛手。手就是作事的意思，是以這個金剛性來為眾生作事。

以前我們還在中山北路六段地下室的時候，那時剛好正逢總統選舉，陳履安先生也來參選。他那時印出一本書流通，應該是當作競選用的書籍；他在書裡面說：「我若當選以後，一定會用眞心為大家作事。」他這句話其實是在表示他已經開悟了，他希望佛教徒支持他。因為他認為開悟了，所以他若選上了以後就會用眞心來為大家作事，他講的是這個意思。然而問題來了，他所謂的眞心是指什麼？還是意識啊！有一次我在上課時說出了他這句話代表的意思，然後說：「假使他來問我為什麼不認同他這一句話？」我就會問他：「你的眞心怎麼能為眾生作事？你又沒有找到眞心，你怎麼用眞心為大家作事？」他如果以同一個題目反問我，我也會像他一樣地說：「我一定用眞心為大家作事。」我還是用眞心為大家作事。如果他再問：「你的眞心如何為大家作事？」我就說：「我的眞心從來不為大家作事。」「那你怎麼說可以用眞心來為大家作事？」我說：「眞心為大家作了事以後，眞心沒有認知到祂為大家作了事，眞心也從來沒有想要為大家作事，你怎麼能說是眞心為大家作了事？」這好像在繞口令呵？可是我說的卻都是正法，一點點欺瞞都沒有，句句如實。所以，一定是要證得金剛法性的時候，能用金剛法性來為眾生說法、為眾生作事，才能叫作金剛手菩薩。請問現在世界上有沒有金剛手菩薩？有！全都在正覺裡面。所以金剛手的意思並不是像密宗的《大日經》、《金剛頂經——一切如來眞實攝大乘現證三昧大教王經》所講的那種金剛手。他們那種金剛手菩薩，根本沒有金剛、也沒有手，因為不能為大家作事；而且沒有金剛性，全都是落入生滅法中。

那麼，我們來看古時慧沼法師的註解，他好歹也算是當過一方之師，雖然有一點不成器，那也沒關係，至少他這一段疏文說得還不錯：「**智手能壞自他二障，名金剛手。**」這是他註解《金光明最勝王經》的疏文裡面所寫的有關金剛手的註解。這句話我倒是可以認同他，也就是說，有了智慧之手能夠自己親斷煩惱障與所知障，還要能夠為人斷除煩惱障與所知障，這樣才可以稱之為金剛手菩薩。雖然慧沼繼承了慈恩宗的法相唯識妙法以後，並沒有獲得很好的成就，他也沒有能力好好訓練徒弟，所以玄奘三藏法師以下不過三代，傳不到第四代就無以為繼了。因為玄奘三藏看到正法無憂了，沒事時他也不想出頭，以當時的環境，譯事才是促使正法久住的最重要大事，根本沒時間可培養後繼人才；但是窺基就應該在這上面好好用心了，卻沒有作到；於是弘揚法相唯識的慈恩宗就在門人越來越不成材的情況下，變成漸漸衰落的局面了。

言歸正傳，金剛手的意思是說，他有金剛法的實證而發起了實相智慧，才可能有金剛手的功德。然而金剛法，十方三世一切世間，只有一個法可以稱之爲金剛，就是第八識如來藏，就是般若諸經中說的眞如心，因爲性如金剛而不可壞。十方三世一切佛，沒有任何一佛可以有一個方法，把誰的第八識如來藏毀壞；不論與第八識同時同處的有情是多麼卑賤，同樣都是不可壞的金剛性。譬如說，在桌上爬來爬去的一隻螞蟻眞是夠卑賤了，不論是誰，別說是成人，單是一個小孩子看了覺得好玩，伸出一隻手指頭這麼一撥，那隻小螞蟻就結束生命了。可是小孩子所結束的只是牠的五陰身，無法解決牠的如來藏。別小看一隻螞蟻是這麼小，合諸佛威神之力爲一個宇宙超級大威力，也沒有辦法壞那隻螞蟻的如來藏眞如心；所以說祂具有金剛不可毀壞的法性，因此才說祂叫作金剛心。

《金剛經》正是在解說此心，所以才叫作《金剛經》。如果誰解釋《金剛經》時不是講解此心，那麼他所解說的那一部《金剛經》的經名得要更改，叫作「生滅般若不到彼岸經」，或者是「一切法空斷滅不到彼岸經」，因爲他那個說明只是緣起性空的生滅法智慧，只是世俗老人講的人生無常的智慧而已，不是在講金剛心，怎麼可以叫《金剛經》？當然只能叫作「生滅經」。既然這一個心具有金剛法性，證到這個心的人當然可以現前觀察：自他一切有情的第八識如來藏，全都具有這種金剛法性。這時他就可以自稱爲金剛手菩薩。這不是像藏密喇嘛說他的男性器官可以堅如金剛而自稱是金剛菩薩，那眞是叫作穢淫邪行、思想骯髒；因爲那是無常衰敗而且妄語邪淫，捨壽以後一定要下墮三惡道；像那種無常敗壞之法，怎麼可以稱爲金剛呢？

講到這裡，諸位有沒有想起來，幾年前佛光山去大陸迎了佛指舍利來台時，他們不是有內外二層人員防護著嗎？正統佛教的法師們站在外圍守護，而站在佛指舍利旁邊內圍守護的都是些什麼人？那時佛光山特地強調說他們叫作金剛法師，就是密宗的一些喇嘛們。那其實叫作衰敗法師！怎麼可以叫作金剛法師？因爲他們根本沒有金剛法性，我一定要控訴這個不當的行爲啊！所以，那時我們混在群眾之中站在台大體育館內，輪到我們走到佛指舍利壇前禮拜時，我們跪在那邊頂禮時難過得很；當時我們有一位同修與我一起前往禮敬，那時他哭得一塌糊塗，我看在眼裡眞是太難過、太難過了。但我也沒有辦法講什麼，因爲我自己也講不出話來，只好把他肩膀摟緊了。看見佛舍利被他們找來三界中最污穢的、破壞正法的喇嘛們圍繞著，我也沒有辦法說什麼，心裡眞的太難過了。

我在這裡提出一個主張：如果佛光山以後再迎佛指舍利來台時，旁邊還放了喇嘛們站在內圍，我們應該要去清理。那不叫作清君側，叫作清舍利側。我們可以用比較斯文一點的方式，去舉牌抗議。一定要有人去舉牌抗議，我一定會親自帶隊去。因爲我們一定要讓大家知道：那一些人都是在搞雙身法的，讓這些人圍繞在佛指舍利旁邊，太不像話了。所以我們就去舉牌抗議，這也是教育社會大眾的好機會。眞要到那個時候，我可就管不了什麼，就豁出去了。因爲現在回想當時那個光景，心裡依然無法不難過，眞的只能說他們心行顚倒，完全不懂佛法。身爲佛弟子，已經知道內情而竟然可以認同，那就不叫作佛弟子。現在的佛教裡的佛法全被密宗外道法緊緊包圍著，我們要怎麼樣突破而呈現出原本的佛法正理來，這就是我們要作的最重要的事情。因爲密宗裡完全沒有金剛法，我們正覺才有金剛法。古時的密宗裡面曾經出現了覺囊派，提出了他空見的如來藏妙義，可是藏傳佛教裡才剛剛有這個金剛法時，就被達賴五世藉康熙的勢力去向蒙古借兵過來消滅了，這個眞正的藏傳佛教覺囊派，還被喇嘛教密宗誣衊爲破法者，所以西藏的眞正藏傳佛教就像曇花一現一樣，只存在了一百多年。

言歸正傳，什麼才是金剛法？這一定要教導眾生，讓佛門四眾瞭解法界之中只有一個金剛法，叫作如來藏眞如心，除此而外再也沒有第二個金剛法了。我們也要讓眾生瞭解：許多人都可以實證。不是只有我一個人實證，而是可以有很多人像我一樣的實證祂；而且同樣都能現前觀察祂確實是金剛法性，沒有任何一法可以破壞祂。當眾生瞭解了什麼是眞正的金剛法性時，密宗就再也無法順利欺瞞眾生了，這就是最後我要談這個金剛手眞義的用意。將來整理成書本流通出去，我們希望它可以產生久遠的效果，一百年後、五百年後、二千年後，都還有人可以讀得到，可以接受正確的知見。那麼佛教界就不怕再有污垢了，從此以後一切密宗污垢之法，就把它驅離佛教。

「金剛手」的道理說過了，接著這一段經文還有第二個部分，叫作「大安樂金剛法性實相般若波羅蜜法門」，這個法才是「大安樂」法，因爲你如果眞的轉依成功時，沒有所謂的榮辱可言，也沒有所謂的成敗可以區分。到那個時節，生死、死生也都是在自己如來藏中的夢事。這時，當時局清平了，卻只有你可以爲正法作事時，雖然大環境是邪說橫流的局面，你出來演說正法時一定會被認定爲異類；因爲大家沆瀣一氣都在流傳外道法，只有你一個人在講第八識正法；當你成爲異類的時候，危哉！危哉！也許三、五年後就一命嗚呼了；那時被人扛去野外種到土裡，連個人敢來墳前跟你唱個「嗚呼！尚饗！」都沒有。可是你看見這麼危險的局面竟還是敢去作，這是爲什麼呢？是因爲你看見這個生死全都是在自己的如來藏中生死，也就是一場又一場的人生大夢一直延續下去，於是喪身捨命也敢作，就是由於有這個現觀才能作到的。

所以作這一類事情，我不去考量利害得失，我只考量正法是否能夠久住，所以我們一路走過來時，有好多人向我勸止：「**老師！你不要說那個山頭的法錯了，也不要說這個山頭的法錯了；你不要破斥這種說法，也不要破斥那種說法。**」剛開始作法義辨正的那十來年，每一年都有人這樣向我勸阻。

當然也有人說：「老師啊！你不要這樣啦！你把每一個山頭的法義都拿來辨正，四面楚歌，那還得了！」我說：「雖然是四面楚歌，但我不怕聽聞楚歌，因爲那些楚歌聲音很小，我這個正法之音可是好幾萬瓦的擴音喇叭，早就把他們淹沒了，我怕什麼？除非我的法是有問題，不符合佛說。」如果別人的法義都錯了，我們的法是完全正確的，縱使我們出來辨正法義時，是多麼細聲細氣地講，對他們而言都如同獅子吼，那我們又何必害怕四面楚歌呢？楚歌只能亡楚，不能亡漢。楚歌是由漢方唱出來的，是要用來消滅楚王的，那我還需要怕四面楚歌嗎？對啊！我是漢人，是漢兵在項羽四周唱楚歌，用楚歌壞他們的軍心，所以楚歌是壞楚，楚歌不能壞滅漢軍。

因此咱們不用怕，就這樣繼續走過來。好在如今正法大局也底定了，現在如果台灣佛教界，誰說想要求開悟喔！人家會直接說：「去正覺啦！」只要談到開悟就是正覺，再也不會有人說開悟要去哪個大山頭了。爲什麼我們能夠這樣作、敢這樣作、願意這樣作呢？因爲我們已得到「大安樂金剛法性實相般若波羅蜜法門」，發起實相般若，確實知道自己爲眾生、爲正法的付出，完全不求世間法上的回報，對眾生、對正法的弘揚都是有利益的；而我們自己住於「**金剛法性**」中，也是法樂無窮。這就是最好的回報，還要求什麼呢？爲什麼我們有這個「**大安樂金剛法性**」？因爲我們依止於如來藏，祂是究竟法，沒有任何一法可以超越祂，而祂又具有金剛法性；你由這個「**金剛法性**」可以現前觀察到法界的實相，再也不落在虛妄法裡面。這時已經不是像悟前那樣一天到晚都在生滅相裡面打混了，表示你有實相的智慧了；而你不必離開生死的此岸，正在生死之中就已經同時住在無生死的彼岸，是在生死之中而同時沒有生死；正因爲這樣，因此可以說是實相智慧到彼岸，而且是「**大安樂金剛法性**」。而這一種法只有在佛法大乘中才有，別無分號，二乘菩提中是永遠找不到這種勝妙法的。

世尊接著說，對這個「**大安樂金剛法性**」的受持，得要每一天都不間斷；只要能在每一天的清晨不斷地聽聞、誦念、「**相續不絕**」，他的所有罪障一定可以自然消滅。這是絕對可以保證的，但是有一個前提：要有正知正見。如果是學了密宗那個法，每天把《實相般若波羅蜜經》唸到口乾舌燥不打緊，更精進地繼續唸，即使唸到舌頭流血了也沒有用。如果去四大山頭學來的六識論邪見，以六識論邪見來唸這部經典，即使唸破了嘴皮也沒用，因爲知見錯誤了，所唸的就不是此經了。也許有人要問：「我要怎麼樣去學到正知正見來唸誦此經？」我說，你已經在正覺了，不就是在學正知正見了嗎？以外哪裡還有正知正見？你有正知見，因為從我宣講《金剛經宗通》的第一次法會就開始聽聞熏習，接著又繼續聽我宣講《實相經宗通》，聞熏到現在快圓滿了，已有三年時光，應該已經建立正知正見了，再配合你在禪淨班或進階班所學的法義，也應該夠了。

如果你還得要上班，你說：「我六點就得起床，為孩子、為家人準備飯盒。」那你再提早一點，每天五點鐘起來誦一個鐘頭也可以。也許你想：「這一部經這麼短，不需要用到一個小時。」既然這麼短，你就多誦幾遍，有什麼關係？也許你想：「那我不行欸！我五點鐘就得起來喔！那會把我累死了，我還能繼續上班嗎？」其實你可以在中午打個盹啊！晚上提早在九點就上床，這也行啊！畢竟道業才是最重要的。如果拚出一個結果來，五陰的健康假使稍微有妨礙，那又如何？短短一世的五陰可以頓超第一大阿僧祇劫裡的六個階位，一世超越三十心裡面的六心，划得來啊！所以就每天清晨至少撥出一個鐘頭好好去誦這一部經。誦此經時，每一段經文末後 世尊都會講一個咒，它如果短呼、你就短呼，它是長呼、你就長呼，跟著唸就對了！要如法，不要隨便，一定要如法跟著唸，就這樣每天都把它誦完，最後罪障一定會消滅。

爲什麼會消滅呢？縱使有怨親債主一天到晚跟在後面找機會，想一想每天早上聽你誦好幾遍，他不被你說服才怪，還會來遮障你？他想：「**我這個怨家這麼用功，這一定有什麼大利益，不然他爲何這麼用功？**」你一直誦不停，你會誦了、他也就跟著會了。你說：「**哪有可能？他又沒有來學。**」雖然沒有來學，但他也會；因爲你如果來學，他會跟著你進來學。除非他是來搗蛋的，韋陀菩薩才不會放他進來講堂。來搗蛋的怨家也有，所以有人連著好幾天夢見怨家抱怨，要求他說：「**你去講堂聽經時，要跟韋陀菩薩請求，讓我也進去學法，我就不跟你計較往世的因果。**」就是這樣啊！所以他只好到講堂請求　韋陀菩薩。等他求過了，既然怨家如今是爲法而來，不是爲了搗蛋而來的，而這個怨家跟他有緣，韋陀菩薩就放他進來聞法，怨家就跟進來講堂了；進來以後沒有搗蛋，韋陀菩薩就不會處理他。就這樣長期跟著學法，當他有一天誦著、誦著突然間會了，看見「**大安樂金剛法性**」了；這個怨家有他心通，自然也會知道他在想什麼，就跟著會了。怎麼可以說這樣誦經沒有用呢？當他來講堂上課學法，怨家也跟著來，後來發覺雙方都得到大利益了，從此不再障礙他，他學法時就一帆風順，一直學下去，怨家也就跟著他一直學下去，後來當然也順著因緣跟著他成為菩薩了。

有一個廣告講得好：「一人吃，兩人補。」那雖然是賣孕婦補藥的廣告，如今這個人進正覺講堂來學法，也許背後跟隨著一個、二個、三個、五個不等的怨家，這可是一人學，多人得。那麼這樣一來，在天界也會增長正法的勢力；這是因為他們以鬼神之身悟道以後，不久就可以憑著這個般若智慧的大福德往生天界，他們都有資格可以生去欲界天。只要正法弘傳越來越廣，忉利天的天主可就天心大悅；因為天眾增廣、阿修羅眾減少，所以忉利天主當然很歡喜。因此，只要好好去誦念此經（當然，前提是先學得正知正念），當某一個人進了正覺講堂熏習正法，怨親債主跟著進來講堂也熏習了正法，當他誦念這部經典而突然一念相應，會了其中的實相般若密意，他的怨親債主由於五通的緣故，也就跟著會了；當他幫助怨親債主們獲得實相般若時，就不再來遮障他了，那他的罪障難道還不消滅嗎？以前虧負於別人的所有業債，現在人家全都一筆勾銷了，因爲所得到的利益遠勝過以前被虧負的世間法利益，當然使他的「所有罪障皆自消滅」。

只要這麼一念相應，然後就是「心常調暢、第一安樂」。難道悟後沒有「第一安樂」嗎？證得眞如而發起實相智慧之後，想一想：古來有多少人是少小出家學佛，直到老死學不出個名堂，抱恨而終，發願來世還要繼續再參，眞是勇氣可嘉啊！然而畢竟是抱憾而終。你如果常常「若聽聞、若誦念，相續不絕」，有一天突然一念相應而證得了，難道不是「心常調暢」嗎？不覺得這是「第一安樂」嗎？這時是在現身之中——不是在虛空中，是現身之中「即得成就金剛不空無礙」；因爲現前觀察到實相般若不是一切法生滅的無常空，不是在講一切法緣起性空；而是講實相心能出生萬法，於萬法之中得自在，而於萬法都無所著，卻是永遠都眞實而如如的空性心境界，不是斷滅空而不能自在於三界一切法，這就是「成就金剛不空無礙」。

以前有個譯經者叫作不空三藏，可是說句老實話，他的不空到底是哪一種不空？意思可就大不一樣了。是在世間法中不空呢？或者應該親證實相法界的不空呢？其實他只是在世間法中不空，因爲他落入密宗外道的淫樂與意識境界中，專門翻譯密宗的雙身法密續僞經。這是所有二乘聖人與菩薩們都觀爲無常空的生滅法，他卻執著爲不空，才會譯了許多密宗常見與邪淫教義的經典混入佛門中。然而眞正不該空掉的萬法本源眞如心這個實相境界，他卻完全不懂，那他怎麼有資格命名爲不空三藏呢！他其實連一藏都不曾通，還自居爲三藏法師呢。所以「不空三藏」這個名詞該怎麼定義，還得要拿捏、拿捏喔！

這一位「誦念」《實相般若波羅蜜經》的人，得到了「第一安樂」的時候，他一定現前觀察到自身之中已經成就了「金剛」法性。這個「金剛」法性是萬法的根源，名色從祂而生，乃至世間、出世間萬法，沒有一法不從這個金剛法性中出生。而這一個金剛法性就是第八識眞如心，祂雖然永遠都是不可壞的金剛性，卻能入於一切法中，從來都沒有遮障、沒有阻礙，這才能叫作眞正的「無礙」，因爲祂眞的能入一切法性中而沒有任何阻礙。從世間法來說，這個金剛法性可以入於地獄身中，請問人間有情還能有誰可以入於地獄身中？都沒有，因爲人間的識陰只有一世住。但眞如心具有金剛法性，當有情下生於地獄時，他們的金剛法性眞如心在他們的地獄身中廣作佛事；

地獄裡的一生過完了，就是佛事已經作完了；這時已經沒有惡業了，但還剩下以前在人間曾經造作過的福德沒有受報，因此這一回要往生去天上了；他暫時還不生去人間，因爲人間現在的緣還沒有熟，他有著遠比人間福報更大的天界福德，於是又生到天界去了，這時他的金剛法性就轉入下一世的天身之中。有哪一個地獄有情的意識能入於天身之中？都不行！因爲也是只有一世住。但這個眞如心金剛法性卻可以，就這樣在三界六道中來來去去永無終止，直到佛地究竟解脫，這就是眞如心金剛法性的無礙功德。

從另一個層面來說，如來藏入於十八界中，無一界中沒有祂。請問：意識能不能入於十八界中？有沒有人認爲可以？不行欸！譬如把意識自己入於色塵中，行不行？不行！因爲意識是外於色塵才能了別色塵，祂如果入於色塵中，還能了別色塵嗎？這個道理，以後《楞嚴經講記》出版時，裡面都有講到，諸位可以去讀一讀，就能瞭解其中的道理。可是六塵全都跟如來藏同在一起，如來藏金剛法性遍於十八界中，所以祂都沒有阻礙。於一切法性中莫不有如來藏金剛法性，所以祂是無礙於一切法的。但是意識沒有辦法像祂這樣，所以意識無法遍十八界，是有礙法。但是這樣的「金剛不空無礙」

的境界，是可以經由每天持續對這一部經的「若聽聞、若誦念，相續不絕」而獲得。當你這樣子獲得以後，於現身中觀察，（不是像達賴喇嘛講的向虛空觀察，因爲虛空是虛無飄渺，是渺渺茫茫、杳杳冥冥摸不著邊的，那叫作想像，打妄想啦！）而這個「金剛不空無礙」的法性是在「現身中」可得的，不必外求，這才是眞實法；眞實法才能稱爲實相，不是虛相。凡是眞實法都是可證的，而佛法中所說的三乘菩提一一皆可實證，所以不是玄學，全都是義學。眞要說玄學，哲學正好是玄學，因爲都是用推理猜測，然而無法實證，佛法卻一一都可實證。既然「現身中」已經成就了「金剛不空無礙」法性，你當然決定可以眞實進入佛法中；「決定入法」之後，每天就可以遨遊於法性大海之中。

那麼廣大的一切法性大海，你從此可以在裡面自在遨遊。有沒有看見大海龜游於海中？海雖然那麼深、那麼廣闊，牠依舊在裡面優游自在。法性大海就是那麼廣闊、那麼深奧，所以大家讀《大藏經》時都覺得茫無入手之處；可是你只要證得「金剛不空無礙」的法性，就可以在佛法性海之中自在遨遊；這個法的法性如何，那個法的法性如何，你都可以知道，然後無妨爲了眾生而迴心住在情山之中。情山是什麼？人間就是情山，人間到處都有一座又一座的情山，咱們且來看看今晚正覺講堂中有幾座情山？爲什麼把五陰叫作情山呢？因爲這個五陰就像一個須彌山，每一個人都有什麼情呢？都有親情、愛情、友情、道情，還有數不完的各種情；因爲無量劫以來互爲眷屬太久了，怎麼可能互相無情？這就發願世世受生於人間，不離人間苦難的眾生，要度有緣人。只要往世跟你結過了緣，不論往世是多少劫以前的事，你就要發願度他們。縱使往世結了惡緣，也是要把它轉變成善緣，然後你就度他證得實相般若，這時你就是人間特大號的有情，因爲有大願。當你乘願永住人間，不捨離一切有情時，你住於每一世的這一座五陰須彌山之中，就是住於情山。

以前大陸有一些大宅院，廳堂的兩扇門上寫著「性海」、「情山」。假使你以後有緣去大陸觀光，看見哪個四合院大宅院廳堂上寫著這四個字，就知道這座大宅院的創建者，是個學佛的菩薩，至少也是個很有知識的讀書人。一般人的廳堂是寫著「加冠」、「晉祿」，很俗氣；「加冠」就是頂戴的規格高升了，就是升官的意思；「晉祿」是指月俸不斷地往上高升，其實大多是賺歪財，屬於世俗人。可是你如果看見一個大宅院的廳堂兩扇門上寫著「性海」、「情山」，就知道主人可能是大修行人。一般沒學問的人看見這四個字時，大約會胡思亂想；可是眞正有證量的人一看就說：「**這題字的主人是不簡單。**」「性海」是說法性大海，「**決定入法**」是說你可以在法性大海中自在遨遊，無所遮障；自在於法性大海以後，無妨迴心住在情山之中利益有情——以你所證的性海來利益有情，這就是「**決定入法**」的菩薩們之所當爲。如果你能夠這樣子繼續住於性海之中，既於性海中自在遨遊，又同時住於五蘊情山之中利樂有情，你將來一定會「**成就一切如來金剛祕密堅固之身**」，就是在最後達成了究竟堅固的無垢識境界，也就是佛地眞如的境界。

這時候可喜可賀，十方菩薩知道有什麼人成佛了，在合適的因緣下，就要趕快來聞法；特別是你剛成佛的時候，十方菩薩們一定要來聽你演說《華嚴經》。這都是由剛剛成佛的世尊親自宣講《華嚴經》，如果有能力而不來聽，可就是白癡；因爲佛力的加持可以讓你對整個佛法的內涵，在短短二十一天之中全部理解，不就快速增長智慧了嗎？這是要好大的福報才能聽得到的；可是你也得要有能力來往十方世界，否則就只好再等未來佛成佛的時候了。你可別說：「**五億七千六百萬年後彌勒菩薩來成佛時，我也就聽得到了。**」

但我告訴你，你還是聽不到，因爲祂剛成佛講《華嚴經》的時候，不是你能聽得到的；你得要等到祂龍華樹下聲聞三會的時候，才能成爲阿羅漢，才能第一次聽祂說法，但是《華嚴經》早已講過了。所以祂講《華嚴經》時你沒機會聽到，那是講給從十方世界來的大菩薩們聽的。所以大家眞的要努力，將來能夠親聞諸佛演說《華嚴》，那可要有很大的福報。可能諸位都沒有想到這一點，今天我說給諸位聽。可別像那些不懂佛法的人隨隨便便就批評說：「《華嚴經》是佛陀入滅後的多久時候才出現的。」老實說，他們都沒資格聽聞《華嚴》，竟然還能有資格來批評《華嚴》哦？

言歸正傳。佛說每天清旦之時對此實相經「若聽聞、若誦念，相續不絕」，將來可以得到這麼大的利益，當然大家就應該好好「聽聞」、「誦念」；如果沒有人唸誦給你聽，你就自己誦、自己聽，這也可以啊！也是「聽聞」啊！何必一定要別人來侍候呢！自己誦、自己聽，不是更親切嗎？那麼就自己這樣子每天繼續誦唸。把經文誦唸到每一段的最後了，你就像 如來一樣，「爾時如來復說咒曰：『莎訶——！』」你就當作這是 如來誦的，也知道是自己誦的，心中想著說「我就跟如來合而爲一把這個咒誦出來」：「莎訶——！」

這樣就行了。好！這一段經文講完了，有沒有人在我解說之下突然相應了？我們接著再來談一談宗門裡面怎麼說吧。因爲 如來已經說了「莎訶——！」就表示 世尊說完法而結束這一段經文中所要宣講的法性了。咱們就來看 克勤大師怎麼說明這個金剛法性？《圓悟佛果禪師語錄》卷二：

【上堂云：「三春已過，九夏方新；聚玄徒雲間，扇眞風世外。不促一念，不涉三祇，當人隨處見成，箇箇頂門有眼。若使恁麼承當得去，放行把住全不由他，出沒縱橫更非外物。若使上流觀見，正在半途；明眼相逢，難爲透脫。山僧雖無金剛寶劍、衲僧向上鉗鎚，昔在五祖白雲，拾得數箇金剛圈、一籃栗棘蓬，九夏之中與諸人共相切磋。」遂舉拂子云：「大眾！還見麼？且道，這箇是金剛圈？是栗棘蓬？不容淺見衲僧會，唯許通方作者知。」】

你們看，人家是恁麼說話的！哪有現代那些大禪師們在那一邊絲線紛亂搞成一團，那眞是邪知妄見亂成一團，斬不斷、理還亂，講的禪全都是世間法，且又拖泥帶水。

有一天，克勤大師上堂開示說：「春天三個月已經過去了，九個十天的夏天，現在才正要開始；這時節聚集了探究玄法的徒眾們在這個白雲縹緲的山間，我克勤就搧動眞正的佛門熏風於世間之外。可是這金剛法性，我不必去壓迫促使自己住在一念不生當中，也不會落入三大阿僧祇劫的時間裡；這個金剛法性是你們正在參禪的當事人都有，隨處現成，不曾隱藏；」也就是說，不管你是在禪堂、在大殿、在寮房、在架房，祂全都現成，「而且每一個人頂門上都獨具一隻眼。」說到這裡這好像是隨手可得，依照 克勤大師這麼說，你聽完了，如果還沒有開悟，就眞的對不起人了；因爲這個是很現成的，而且是每一個人頂門都有眼。意思似乎是告訴你說：「每一個人都是頂門獨具一隻眼，可是竟然你還會不得，那可眞的羞於見人了。」應該是聽到 克勤大師這麼說了以後，臉都要漲紅了，眞的不好意思而要遮起來了。可是他隨後話鋒一轉又說：「如果聽了我這麼說，直接這樣便承擔了去，不論是放行或者想要把住，都由著你自己，不由著別人，」是說，你找到的時候承當了下來，這時想要把你的金剛法性這個大人相顯現出來，或者不想顯現出來，或者縱橫來去使出祂的大用，「這樣橫來縱去全都由著自己，你自己都可以證明祂根本不是外物。」全都是你自己的妙眞如性。

克勤大師說得很棒，大家都應該歡喜；然而他在後面緊跟著下了註腳：

「縱使有一個人自認爲是上流智者，說他眞的看見眞如法性了，我克勤卻說他還是在半途中努力著，還沒有到達彼岸。縱使眞的有一個明眼人，透脫於三界之外，說他眞正與自己的眞人相遇了，我還說他很難透脫。」這究竟是什麼意思呢？是說縱使明心了，想要透脫也還很難；因爲明心只是知道個總相，想要透脫確實不容易喔！克勤大師說的透脫，至少得要透過三關啊！然而他的三關偏偏又是最難的，那可不是某某山惟某老和尚講的那種三關，那只叫作開玩笑的禪門笑話三關。

克勤大師的三關是很紮實的。證得如來藏而現觀金剛法性、眞如法性時，你還得要深入細觀而通透才行，他絕對不隨便輕易印可。就算第一關明心被他印可了，接下來你能不能看見佛性啊？當你說你參禪尋覓佛性眞的有個入處了，他只聽你說，你說完了他就說：「且仔細。」既不跟你說對，也不跟你說不對，就只叫你要仔細。好不容易過了三年、五年，你終於弄清楚了：「原來是這樣。」他才要跟你說一句：「且喜爾知。」是說：「我倒很歡喜你終於知道了。」你看，他都不會指導你，讓你自己弄去；他一生就是這樣子，手頭很儉。這時你終於有資格上他方丈室扣門說：「師父！我終於知道了，你爲什麼要說『風暖鳥聲碎』了。」他也不問你如何講，直接叫你說：「道一句來。」伸手見眞章喔！那你要怎麼跟他說？你就告訴他：「五月山房冷似冰。」這時他不會多說，只有一句：「且喜爾知。」也就沒事了，就是讚歎說：「我很歡喜你終於知道了。」可是接下去的牢關，他對第三關的牢關揑得更緊。所以他的三關很紮實，永遠不打折扣的，因此他一生沒有一句虛言。

這時他說了：「明眼相逢，難爲透脫。」就算眞的證得如來藏了，在他手裡也很不容易透脫的。可是他又說得很客氣：「山僧我，雖然沒有金剛寶劍，也沒有衲僧的向上鉗鎚，可是我以前在五祖山法演先師那裡撿到了幾個金剛圈，也撿到一籃栗棘蓬，這九夏之中我就拿來跟諸位切磋切磋。」他也不給你個什麼東西，就這麼講了，你們自己端詳看吧。就看你講什麼，他就來跟你切啊、磋啊！還眞的是切磋，因爲你講了什麼不恰當，他就幫你切掉；你若講得不夠圓融，他就幫你磋一磋。這眞的叫作切磋，而你沒辦法幫他切磋，始終是由他來幫你切磋。所以如果有誰寫信來說要跟我切磋，那眞的是誇大口，他們哪有資格來切我磋我？我不切他們、磋他們就已經夠好了。所以不論誰寫信來說要跟我切磋，只要寫上這二字來，我就不見了，因爲對方顯然慢心高漲，所以不是來求法或求開示。目前天下找不到一個人可以來切我、磋我，而我也沒有東西可以給他切、給他磋。你看，克勤大師就是要把人家切磋。金剛寶劍是要證悟明心以後才會有的，如果還沒有證悟明心，說得一大堆，都是破銅爛鐵；縱使先拿出來電鍍以後表面很好看，其實內裡都是破銅爛鐵，看起來亮晶晶地好像很堅固的樣子，可都不堪一擊就斷成兩截了，那當然不是金剛寶劍。至於「衲僧向上鉗鎚」一句，且待下週分解。

今晚我們的義工菩薩們已經準備要發給大家《法華經》的經本了，不過今天應該還是講不完《實相經》的，我說今晚可能會講完，只是預告的作用，但通常是沒有辦法那麼快就講完的。所以比較準確的說法，《法華經》應該是預定在七月初開講。不過我還是要讚歎諸位，因爲台灣的天氣實在讓人不爽快，這兩天溼度計指針都在舒適溼度的範圍以外，嚴重偏溼，很悶的感覺；不過諸位都不理會天氣怎麼樣，照樣趕來享受法樂，這是值得讚歎的。

閑言表過，開始繼續我們的《實相經宗通》，上週講到 克勤圓悟禪師的上堂語錄，他說：「山僧雖無金剛寶劍、衲僧向上鉗鎚，」其實這兩句，我說他不應該講；因為如果連他都沒有金剛寶劍，也沒有專門用在衲僧身上的向上鉗鎚，那麼普天下，誰還有？我當然更沒有。因為連他都沒有了，我這個當徒弟的人還能有嗎？總不能夠徒弟耀武揚威把師父踩在腳下吧？所以我當然就更沒有了。

不過，他這只是客氣話，這就是中國人的壞習慣。明明辦出一桌很豐盛的筵席，席間卻總是不斷地開口就說：「這一桌菜辦得不好吃，辦得不夠豐盛。」若是洋朋友才剛一聽：「這樣還不夠豐盛？那你們平常是怎麼吃的？」因為他們不知道中國人習慣是要這樣講的。明明很豐盛也要說不豐盛，都要客氣好幾番。洋人卻是豐盛就說豐盛，不豐盛就說不豐盛，他們一向是如實講。所以他們一聽主人家這麼說，不知道中國人的謙遜習慣，所以心中有疑問，就問：「那你們平常是怎麼吃的？」也許誤會成比皇帝的筵席還要豐盛了。原來不是，只是客氣話。那麼 克勤圓悟這話當然也只是客氣話，「山僧」是說住在山上野地裡的出家人；其實他何曾有山野之味？他說的禪眞是太華麗了，一點山野味都沒有，所以「山僧」二字也是個客氣話。

修道之人往往也喜歡說「老朽」如何如何的，以前中國佛門古人大約是這樣子自稱的；可是你別讀到公案裡禪師們自稱老朽時，誤以爲他們眞的又老又朽；中國古人們往往過了四十歲就自稱老朽或老僧了。所以公案中如果讀到誰自稱「老僧如何如何」，他們其實比你們年輕。你們看，我弘法二十年下來，如今六十好幾，都還不敢自稱「老朽」，因爲以現在的標準來看，我還是個小孩子呢！現代人總是說人生七十才開始，所以我們釋悟圓前理事長現在還只是個少年呢。

因此說，所謂的「山僧、老朽、老僧」都只是客氣話；自稱是住在山上身無長物的僧人，就叫作山僧。就好像道家的出家人，拂子一甩就自稱貧道，其實他們哪有貧？一家寺院好大，養著許多修學仙道的徒眾們，哪有貧？這裡他自稱是山僧，又說：「**我雖然沒有金剛寶劍，也沒有對治衲僧的向上鉗鎚，**」是什麼人有資格自稱衲僧？得要證悟了才有資格自稱衲僧。如今你們好多人可以自稱爲衲僧了，其餘人是沒有資格自稱衲僧的。克勤大師說：「**我手裡沒有可以對證悟的出家人施予對治鍛鍊的鉗鎚，**」鉗鎚是鍛鍊金屬用的鍾鍊工具，如果要打造金器銀器或百鍊精鋼，你得要有東西夾著想要鍛鍊的燒紅金屬，還得要有鎚子加以敲打，才能把雜質給鍊掉，這就叫作鉗鎚。衲僧是指證悟的僧人。「**向上一路**」有時簡稱爲向上，是指證悟明心的法門，「鉗鎚」是指禪門中鍛鍊僧眾們的功夫。

他說：「**我雖然沒有金剛寶劍，手裡也沒有能夠對求悟出家人在向上一路中用來施予鍛鍊的功夫，然而我以前在五祖山法演先師那裡，撿到了幾個金剛圈，也撿到了一籃的栗棘蓬，**」喔！原來他的話還有下文，才說自己沒有金剛寶劍、沒有向上鉗鎚，手中卻有金剛圈，還有一籃栗棘蓬。喔！他有這些東西，弟子們可就不好消受了。接著說：「**這回九十天的結夏安居之中，我就把這一籃栗棘蓬，把那幾個金剛圈，拿來跟諸位共同互相切磋。**」他講得很客氣，說要互相切磋；然而誰切得了他？誰能夠磋他？講來講去還是他切別人、磋別人，只不過他講得很漂亮就是了。

「金剛圈」是什麼東西？相傳法界中有一種圈子，不是銅鐵鍊成的，無物可壞它，就叫作金剛圈。那栗棘蓬又是什麼東西？就很像栗子，但外殼有很多刺，想要吃它，一不小心便扎了手；想要好好吃栗棘蓬，你得要有工具，否則沒辦法下手。這金剛圈就像金剛一樣硬，咬嚼不碎，鎚打不壞，他就拿這兩樣東西要跟大家切磋。

這意思就是說：「雖然咱家講得客氣，可是你們想要過得了我的手下，可沒那麼容易。」這就是他的言外之意。果然是如此，才剛講完要「共相切磋」，隨即把拂子舉起來說：「大眾！看見了沒有？」接著馬上質問：「你們說說看啊！我這個到底是金剛圈？或是栗棘蓬呢？」你看，這就是自稱「山僧」的 克勤大師講的話。這哪叫作山僧？只能說他是曲高和寡，因為沒幾個人能夠應和。講到這裡，他看看沒有人瞧出什麼端倪來，就說：「不容淺見衲僧會，唯許通方作者知。」你看，他這裡又下了個註腳，真的瞧不起人！剛剛還入泥入水老婆心切，舉了拂子說：「大眾！還見麼？」接著馬上問：「且道，這箇是金剛圈？是栗棘蓬？」讓你兩個之中選一個，那你到底要選哪一個？你如果選了金剛圈，根本咬不動；若是選了栗棘蓬，可又扎手，真是下不了手；那你到底要選哪一個？不等你選定，他馬上就為你下個註腳說：「我這個金剛圈、栗棘蓬，不容許淺見的出家人來領會，只允許四面通達的專家才能知道。」你看！他這兩句話，不是瞧不起人嗎？還真的瞧不起人！老實說，在他手下二、三十年好修，能夠得他青眼的人還真不多，普天下找不到五、六個。想當年他剛出來弘法的時候，連張無盡都不看在眼裡，所以他與張無盡講話時也就斬釘截鐵、不容商量。

「**唯許通方作者知**」，如今普天下哪裡有通方作者？無非是連淺見都無的凡夫僧，依舊排不上「衲僧」的班。如今若有通方作者、淺見衲僧，不論是出家人、在家人，全都在正覺同修會裡面。那你想，天下還有誰跳得出他這個金剛圈呢？還有誰呑得下他這一籃栗棘蓬？就只有咱們正覺門下才有通方作者，才能吃得下他這一籃栗棘蓬。也許你今晚是第一次來聽經，剛好聽到我這誇口的言語，心想：「**蕭平實講話這麼狂，我下週來一定要帶一位會外的通方作者來與你見一見。**」假使下週眞的找到一位通方作者來，我就準備三杯清水供養您。可我只怕這三杯清水永遠供養不出去，因爲我說的是實話。爲什麼如此？因爲這一件事情自古以來就難，不是今時才難，所以您如果找不到會外有哪個通方作者，我也認爲是理所當然。

接下來，爲了要激勵普天下佛門中學人求道之心，我就讓大家來一同觀賞一下金剛圈的威力到底如何，《永嘉證道歌》云：

【**大丈夫，秉慧劍，般若鋒兮金剛焰；非但空摧外道心，早曾落卻天魔膽。**】

你看，永嘉大師還沒有眼見佛性，已經可以講出這話來。眞正禪師家，從來沒有在那邊扭扭捏捏客氣的，講話從來就是如實語，一就是一，二就是二；有就有，沒有就沒有，不與人講客氣話。譬如人家仰慕說：「聽說禪師您開悟了。」竟然會有禪師說：「沒有啦！我哪有悟？」證悟了以後竟然還要客氣說：「沒有啦！我哪有悟？」如果人家信以爲眞而請問說：「師父！那您是沒有開悟了？」這時又該怎麼說呢？是否該反過來說：「有啊！我有開悟啊！」「師父！您剛剛不是說沒有開悟嗎？」被人這麼一問，嘴掛壁上，還叫作禪師嗎？禪師家可沒有扭扭捏捏客氣說話的。只要誰在那邊講客套話的，客氣地說他沒有悟，你們應該相信他的話。（大眾笑⋯⋯）我向你們保證：他眞的沒開悟。因爲自古以來眞悟的禪師們講話都是斬釘截鐵，有就有，沒有就沒有，從不虛假的。你看永嘉大師這麼說：「眞要是大丈夫，應該是手裡秉著智慧劍，當他這智慧劍才一擎出來時，那智慧劍的刀鋒——般若之鋒利，無堅不摧，」這智慧劍不但有很鋒利的般若鋒，利得很，「並且它還有猛烈的金剛火焰，」無物不燒。

這般若鋒不但鋒利，而且不論怎麼砍都不會缺口，這才眞是妙。你們看，打從我一九八九年出來弘法，前後有二十年了，我這智慧劍砍多久、又砍多少邪見大師了？砍了很久、很多了，大概普天下沒有人像我砍這麼多的，可是劍上的般若鋒有沒有缺口呢？從來沒有缺過口，連一個小小的缺口都不曾有；我這把智慧劍上的般若鋒，想要找到像針眼這麼小的缺口都不可能，所以我說這劍上的般若鋒很鋒利，永遠不會有缺口。那些普通的相似像法鑄成的劍，根本砍不到我這把智慧劍；因爲智慧劍的金剛法性火焰太強了，相似像法講的禪與智慧鑄成的劍，全都是凡鐵打造的，才一接觸到智慧劍般若鋒發出的金剛焰時，早被金剛焰給燒融了，根本接觸不到般若鋒。

智慧劍就是有這個好處，你永遠用它不壞。永嘉大師說這一把智慧劍的般若鋒上有金剛焰，多麼有威力：「非但空摧外道心，」不是只在表面上虛妄地摧伏了外道心，而是眞實的把外道心給摧空了，外道心再也無法存在了；「而且早已曾經把天魔的膽子落卻了。」天下膽子最大的眾生就是天魔，六凡法界裡面就屬他的膽子最大，而且他這個膽子還遠遠超越諸大菩薩；因爲諸大菩薩們從來不敢謗佛謗法一句，他天魔可不是單單毀謗，他還處處遮障佛法的宣揚，所以說天魔的膽子最大；可是一旦遇到了這一把智慧劍般若鋒上的金剛焰，天魔的膽子就會被砍得七零八落，最後也只好落荒而逃。天魔有哪一次不是落荒而逃？他來向 佛搗蛋，來向菩薩搗蛋，乃至來跟目犍連搗蛋時，全都一樣落荒而逃。

你看，從永嘉大師的頌中看來，一個明心見道的功德就有這樣的威力；不論是自受用的智慧或者拿來摧伏外道接引眾生的他受用功德，以及破壞天魔的自信，都是由這個金剛心的實證而產生智慧以後才能作得到，眞正學佛的人又怎能愚癡地否定金剛心、實相心如來藏呢？如果有人到現在都還悟不出來，那也沒關係，我們還是有爲人處，何妨請他每天來誦念這一段：「若有人得聞此大安樂金剛法性實相般若波羅蜜法門，於日日中，每清旦時，若聽聞、若誦念，相續不絕，當知是人所有罪障皆自消滅，心常調暢、第一安樂，於現身中即得成就金剛不空無礙，決定入法。復當成就一切如來金剛祕密堅固之身。」這是哪來的經文？就是《實相般若波羅蜜經》倒數第二段的經文。如果有人願意每天這樣唸誦不停，早也唸誦一百○八遍，午齋後午休時間別睡覺，也把它唸誦一百○八遍，晚上沐浴後睡覺前也把它唸上一百○八遍，配合了平常聞熏聞修的佛法正知正見，只要這樣三年唸誦不退，如果你還悟不了，可以來找我，我就幫你開悟，那時我該怎麼爲你講解呢：莎訶——！

佛法本來就是很生動的嘛！眞正了義的、究竟的佛法絕不枯燥。如果學佛學到後來變成很枯燥，那絕對是有問題的；因爲他追隨的大師一定是依文解義，而那些依文解義的大師每一次上台講經說法時，都是絞腦汁而且是絞乾了才能講出一些法義來，講的當然沒有什麼內涵，自然就枯燥了。聽的人也是一樣，得要絞盡腦汁來聽，否則根本聽不懂他在講什麼；因爲講的人自己也是不知所云，因此聽者眞的要絞盡腦汁來聽，結果還是聽不懂，你說那樣枯燥不枯燥？當然枯燥啊！所以，說法、聞法時的潤澤與枯燥，差別就在這裡。潤澤，是讓你聽得很舒適、很通透。枯燥，則是處處扞格，根本沒有辦法相應，何況能夠聽得通透？那麼學佛時就會學得很枯燥、很痛苦。因爲你已絞盡腦汁了，腦筋都動不了，當然就聽不懂，那你說，這樣子學佛有什麼趣味？連趣味都沒了，還談得上法樂嗎？

所以，學佛眞想要學得快樂，就只有一條路：到正覺來。在別的地方學佛都不快樂，有人嘴巴裡說快樂，其實心裡面都苦惱，可都不敢講出來；不管去哪裡作義工、辦法會，他們接到正覺的學子們送了一本書，連接都不敢接，因爲明知道接過來時還是看不懂；就算接了過來，讀了幾頁以後心中也很難過，因爲：「**書中又說我師父的法義不對，眞的叫作『是可忍，孰不可忍？』**」所以乾脆不讀了，往牆壁角落一丟就不理了。這一丟，要經幾年才會再去碰它？十年！是因爲後來想一想：「**爲什麼我繼續跟著師父學十年了，還是沒個入處？**」想起十年前拿到的那本正覺的書，當初心裡有點好奇，沒下定決心把它丟掉，一直擺在牆角。如今知道抱著原來所學的知見是永遠都不會在佛法上有入處的，心裡對正覺的法義越來越好奇，因此試著拿來讀讀看；這一讀才知道：十年過去了，這段時間零零散散聽過人家講了一些正覺的法，知道開悟明心就是證眞如，眞如就是第八識實相心的法性；聽久了以後開始生長一些智慧來，如今經過十年終於讀得下去了，開始覺得正覺的書中有法味，於是明天就來正覺聽經報名上課了。

有許多人就是這樣子啊！但這都是正常的，因爲現在是末法時代。莫說末法時代，佛陀在世時，有多少外道一天到晚毀謗 佛陀；都因爲那些外道們一天到晚毀謗 佛陀，所以 佛陀才會有那麼多聖弟子。因爲那時大家都在

罵　佛陀，佛陀講出來的妙法就是會顯示出所有人對涅槃、對成佛的說法全都錯了。以前所有修行人都可以各說各話，大家講的都對，各人講各人的阿羅漢或成佛的境界；如今　佛陀出來說法，變成大家講的都不對了，於是所有外道都斥責　佛陀，結果是這種消息傳開來了：「有一個人說的解脫跟成佛境界，跟人家講的都完全不一樣，那個人叫作釋迦牟尼佛。」眾生就開始聽到　如來這個名號了。可是眾生很奇怪，有很多人聽到「釋迦牟尼佛」這個名號時，不是怒髮衝冠，而是汗毛直豎；不是因為生氣，而是因為感動，只是聽到這個名號就感動得很。也有人聽到外道毀謗　佛陀的話以後，就去報告：「佛陀啊！某某人昨天說，只要見到了您，一定要問到您啞口無言。」佛陀回答說：「是這樣喔！很好。」明天早上托缽的時間還沒有到，佛陀倒是先下山了，就去找那個外道，說法之後就把他和徒眾們度了，就成為　佛陀座下的聖弟子了。

大概除了舍利弗、目犍連那幾位是自動來依止　世尊的以外，世尊所度的聖弟子大部分原來都是很難度的外道，其中大約有一半是曾經否定　佛陀的。甚至其中有人是把　世尊罵得太過火，所以第二天早上托缽之前，世尊提早繞道去找他，就用外道的法把他問倒，然後連同一票徒弟都度來成爲佛弟子。你看，這樣的佛法會枯燥嗎？絕對不枯燥，都是非常生動的；大家可以想想看：那些外道頭領看見 佛陀來的時候，都是不由自主站起身來迎接，他們的徒弟一看說：「師父昨天還講大話，今天怎麼變成這樣子？」然後雙方一開口，大家高下立判；所以有許多外道徒眾是在辯論還沒結束時，才剛剛開口講過幾句話，那些徒眾們就想要歸依 佛陀了，最後是連外道頭領也歸依 佛陀了。往昔 世尊度化聖弟子們大約都是這樣，難得有一、二次看見外道徒眾們不信。

我記得最刺激的一次，是 佛陀一開口就指稱那個外道上師是釋迦族的奴種；一開始就當面這樣說，世尊說他們七代以來都是釋迦族的奴種。奴種知道嗎？說他們七代以來都是釋迦族豢養的奴隸種姓。這樣罵人似乎很過火，是不是？這樣子度人怎麼會是平淡無味而枯燥的事呢？所以佛法應該是生動而切身的，不該只是名詞玄學。可是 佛陀就用那個外道自己的法講到外道啞口無言，那外道當然也只能接受。當時外道的徒弟們自然很不高興，一個個起來抗議，眾口高聲猶如鼎沸一般，非常喧囂；可是 佛陀輕描淡寫地說道：「請問你們的證量比你們的師父高嗎？」「沒有。」「你們智慧既然不如師父，爲什麼代師父上來講？」那些徒眾一聽，就知道自己沒辦法講話了，佛陀意思是說：「你們還有誰覺得自己的證量比你們的師父更高，就上來講吧！」結果一個人都不敢上來，大家都閉嘴，然後就沒有人吵了，佛陀就繼續跟他們的師父論法。所以，只有極少數人是沒被 世尊度成的。我的印象中應該還有幾個外道是如此的，而大部分外道的上師連同徒眾都是這樣被 世尊所度了。所以佛法是很生動、很活潑的，絕對不枯燥。如果跟著師父學了七八年、十幾年以後，所知道的佛法還是枯枯燥燥的，那你是該走人了。

來到正覺同修會裡面學法時規矩雖然很多，都只是爲了維持正覺菩薩僧團的清淨與久住而施設；可是正覺裡面的法是很活潑也很周至的，也都是與自己息息相關的；至於周至，是因爲悟後才剛要開始正式修學佛菩提，悟後還有許多要學的別相智與種智。所以說，無上妙道的佛菩提實證，說容易也容易，說難也眞是很難。天底下最難的就是佛菩提實證這件事，可是我也跟諸位保證：天底下最容易的，也是這件事；難或者易，都在學人一念之間，這才是眞正的佛法。因此，還沒悟道的同修們都別灰心，別老是想：「我來正覺已經三年了，怎麼到現在都還沒有法子開悟？」別灰心啦！什麼時節因緣會突然到來，你都還不知道呢！也許在十年後，也許明年，也許下個月，也許下一分鐘，也許下一刹那，這可不一定喔！所以千萬別喪氣。縱使一時悟不了，每週二的晚上來這裡聽經，也是聽得滿心歡喜啊！縱使不是很歡喜，至少也笑得很快樂嘛！而佛法知見的水平也就一週又一週不知不覺地漸漸提高了，這樣也値得啦！接下來是《實相般若波羅蜜經》的最後一段經文：

經文：【爾時世尊爲諸菩薩說如上諸法門已，復告金剛手菩薩言：「金剛手！我此經典難可得聞。若有得聞，乃至極少至於一字，應知是人過去已曾供養諸佛，於諸佛所種諸善根，何況有人具足聽聞、讀誦之者？當知是人決定已曾供養、恭敬、尊重、讚歎八十億那由他恒河沙等諸佛。若是經典所在之處，此地則爲有諸佛塔；若復有人愛重此經，常隨守護不離身者，是人應受一切世間恭敬、供養；是人當得宿命智通，能知過去無量劫事，不爲一切天魔波旬之所擾亂；四天大王及餘諸天常隨衛護，一切諸佛及諸菩薩恒共攝受，十方淨土隨願往生。金剛手！我今略說實相般若波羅蜜法門功德如是，若廣說者，窮劫不盡。」**佛說此經已，金剛手等諸菩薩、天、龍、夜叉、乾闥婆、阿修羅、迦樓羅、緊那羅、摩睺羅伽、人、非人等一切衆會，皆大歡喜，信受奉行。】**

講記：世尊講完最後那一句咒以後，就等於把這個實相智慧到彼岸的法門說完了。凡是講了「莎訶——！」講完「斯哇哈——！」這句咒，就表示這部經已經講完了，圓滿了！你們有沒有看見過這個一字咒是在中間或前面講的？不論是哪一部經、哪一首咒，「莎訶」都是在最後說出，所以這一字咒講完了就等於是此經圓滿了。這部經典的這些法門演說圓滿時，世尊當然應該要作一個咐囑，免得妙法在後世失傳了，所以就告訴金剛手菩薩說：「金剛手！我說的這部《實相般若波羅蜜經》難可得聞。如果有人可以聽到我說的『這一部經』，不論所聽聞的是多或少，乃至少到只聽聞其中的一個字，應該要知道這個人過去劫中已曾供養了諸佛，已經在諸佛那邊種下了種種善根，何況是有人從一開始就聽聞直到最後圓滿，而且全部都已聽聞還加以讀誦的人？應當知道這樣的人決定是已曾供養、恭敬、尊重和讚歎八十億那由他恆河沙等數諸佛了。如果有『這一部經』所在的處所，這個處所就是已有諸佛的佛塔。如果還有人愛重此『實相經』，常常隨身守護此經而不離身的人，這個人應該接受一切世間的恭敬與供養。這個人以後將會得到宿命智通，能夠知道過去無量劫前的事情，不會被一切天魔波旬所擾亂，而且四王天的四大天王以及其餘諸天，都會常常追隨這個人而守衛保護他，一切諸佛以及諸菩薩永遠都會共同攝受他，所以當這個人捨壽時，十方淨土隨著他的所願都可以往生。金剛手！我如今只是概略地解說實相智慧到彼岸這個法門的功德，就像是這樣，我如果加以廣泛細說的話，就算是這個大劫已經過去了，也還是講不完的。」佛陀說完這部經典以後，金剛手等諸菩薩以及天龍八部……人、非人等等一切參與《實相般若波羅蜜經》法會的大眾，都在心中生起了大歡喜心，信受這些法義，也都願意奉行。

這一段經文，佛說：「我講的這一部經典很難得聞。」是指哪一部經典？（有人答：《金剛經》。）對嘛！《實相經》就是《金剛經》，在佛菩提道中，不論哪一部經都叫作《金剛經》，眞的「難可得聞」喔！那麼《金剛經》究竟是什麼？（有人答話，聲音很小。）大聲一點！怕什麼？就是如來藏！就是

《金剛經》中說的「此經」。在《實相經》中 世尊講到這裡也說是「此經」。以前正覺開始弘法之前，有沒有誰聽過「此經」《金剛經》？沒有！到處都有人講解或註解《金剛經》，卻只是把《金剛般若波羅蜜經》拿來依文解義，講來講去都只是在講《金剛經》中的那些文字，沒有講到眞的《金剛經》；因爲 佛說的《金剛經》就是「此經」，「此經」則是眞如心如來藏，可是有誰宣演《金剛經》時講到如來藏眞如心？在我們弘法之前，有沒有？沒有！這是事實，所以「此經」確實「難可得聞」，佛陀這麼說，眞是實語者、如語者、不誑語者，完全沒有騙我們。

有些人恭讀《金剛經》或《實相經》時，總覺得經典裡面 佛的說法太誇大；其實是因爲他讀不懂這些經文中的眞實義，所以才會覺得誇大。可是當你眞正讀懂的時候，轉念去檢查當代佛教界的大師們怎麼演說這二部經典時，你就覺得 世尊所說眞的沒有絲毫誇大，眞是如實語。因爲「此經」有誰曾經講過？不說南傳佛法，單說北傳的大乘佛法流傳地區，也就是中國地區以及日本，這四、五百年來有什麼人眞正演講過「此經」眞如心？都只有在名相上講這個第八識。由於中國在明末以及整個清朝中，全都推崇喇嘛教雙身法的意識、識陰境界；眞悟的菩薩們完全沒有生存空間，只好往生西藏去，還稍微有一點機會；可是西藏的佛教裡多屬假冒佛教的紅、黃、白、花四大派的勢力範圍，全都在推廣、實行雙身法的識陰境界，更不可能有人會演說「**此經**」第八識眞如心；所以這四、五百年來眞正有演講「**此經**」的，就只有西藏密宗的覺囊派，才是眞正的藏傳佛教。覺囊派提出他空見的如來藏妙義來弘傳，結果卻被假藏傳佛教四大派誣衊是破法者而消滅了！從那時以後還有沒有機會再來演講「**此經**」妙眞如心呢？一直都沒機會了。

這都是有時代背景的，因爲元朝皇帝是推崇雙身法識陰境界的，明初朱元璋回歸正統佛教，但是從明朝中葉以後的皇帝，以及清朝的皇帝們，除了順治皇帝嚴厲否定喇嘛教的雙身法，康熙勉強遵從以外，從雍正開始又全部都在搞雙身法，嚴厲打擊第八識妙法的弘傳，雍正還親自寫了《揀魔辨異錄》來否定實證如來藏的禪宗祖師們；所以打從雍正以後歷代皇帝都不容許「**此經**」存在。雖然他們每天都在接受「**此經**」的「**善護念**」，卻個個不知而不容許「**此經**」存在。如果有誰出來弘揚如來藏妙眞如心，就會被冠上外道魔說的大帽子；最有名、最具體的例子，就是雍正皇帝，他自己就是魔，竟然還寫了一部《揀魔辨異錄》來指說別人是魔。世尊說什麼人是魔？說破壞如來藏妙義者就是魔，而且明說是一闡提人；雍正自己就是破壞如來藏妙眞如法的人，自己是魔還說別人是魔，跟西藏密宗喇嘛教的手法完全一樣。

西藏密宗就是藉破魔的手段，一天到晚指著別人說：「**某甲是魔、某乙也是魔、某丙也是魔，他們全都是魔，而我們密宗在破斥魔說。**」於是不明就裡的一般人便因此都認爲密宗不是魔，因爲密宗自稱他們是在破魔。可是實際上他們自己才是魔，當整個大環境變成如此了，覺囊派又被達賴五世消滅之後，就沒有人可以弘揚「**此經**」眞如心了。

事實上並不是沒有人能弘揚，是因爲大環境使乘願再來的菩薩們沒有辦法弘揚。後來清朝皇帝下台了，好像是可以弘揚了，可是接著一連串的戰亂，局面不安定，自然也沒有辦法正式弘揚，只能在暗地裡接引人，慢慢等待時局的清平，就無法把中國佛教最勝妙的中心妙理第八識法教復興起來。後來佛菩薩安排我們來到台灣，當年台灣是個鳥不生蛋的地方，眞的叫作家徒四壁；以前我們在鄉下很難過日子，誰想得到這風水轉得眞快，才這麼幾十年，台灣從一窮二白走到了頂峰，現在也已經是守成的時候，這十年已經是在慢慢下滑了。光看台北市的演變就知道了，以前老人家常常說：「**台北市的地龍會跑來跑去**。」眞的！你們看看，以前台北市最繁華是什麼地方？是萬華，古話叫作「艋舺」；萬華之後轉到西門町，然後又移到大稻埕碼頭而使迪化街發展起來；然後轉到延平北路，再來就是中山北路；然後依舊一直移動，轉到松江路、敦化南北路，現在跑到信義區去了。

我剛到台北時，信義區那邊整整一大片都是農田，一坪五十塊錢台幣。以前在那裡有一所好像是祐德高中吧？四邊都是農田，大家買那裡的地都是以甲計算的，一甲大約一公頃。那時買地都叫作「甲當」，「甲當」懂不懂？就是包括地面上的作物都要算在地價裡面；若不是以「甲當」計價時，買主得等賣方把稻子收割了以後才把田地交付買方管有；所以一般都是說「一甲當賣多少錢」，那時多便宜！現在變成是那裡最貴了。你們看，台北市的地龍都會這樣跑來跑去；台灣的榮景也是一樣，從一窮二白跑到最高峰，全球都知道台灣的經濟奇蹟。佛菩薩早就料見這個地方將來可以大大的弘揚正法，所以我們就被安排從大陸生來台灣了。

老實講，上一輩子在江浙活著，過著童子行的修道生活，那時我心中也眞的很悶；因爲空有這個勝妙法，竟沒辦法出來講解、傳法；那個年代戰亂連連，那時如果我出來弘揚這個法，同樣會不經意地顯示出其他大師們都悟錯了，那我不必幾年就沒命了；可是我在台灣弘法而顯示諸方大師全都悟錯了，卻能夠活過這二十年，以後還要設法再多活幾年，把正法更加鞏固。假使我在台灣是二十幾歲就悟入而開始弘揚「此經」眞如心，在那個白色恐怖的高壓統治年代，我應該是五年內就被人藉政治力殺掉了，你們都不可能聽到「此經」如來藏妙法了；所以 世尊說「這一部經很不容易聽聞」，這是實話。你們可以再看，四、五百年了，直到如今才又可以出來演說「此經」，佛門四眾已經多久沒有聽聞了？打從覺囊巴被滅了以後一直到現在，有幾百年了，才終於在蓬萊仙島又聽到「此經」，而中原地區卻是從明朝中葉以後就沒得聽聞了；那你想 佛陀這句話有沒有誇大？完全沒有！只有不懂經中所說眞實的人，才會依文解義說：「你看，我現在還把此經的經典拿在手裡，這有什麼難聞之處？」我就說：「你拿在手裡的不是『此經』，你拿的是假經，不是眞經。」「那我要到哪裡才能拿到『此經』的眞經？」我說：「你不必拿就有了，你自己本自圓滿具足『此經』，還要去外面拿，是在幹什麼呢？」「在哪裡？在哪裡？」我就說他眼見如盲。

所以，世尊說：「我演說的這一部經典難可得聞。」確實難可得聞。眞正知道世尊在講什麼的人，才是眞知「此經」的人，他就知道「此經」確實難可得聞；是打從有正覺同修會以後，才開始有人能夠聽聞，哪有那麼容易得聞的？假使有人能夠聽到「這一部經」，雖然他聽得很少，甚至於少到只聽到「這一部經」裡面的一個字——譬如一字咒，那麼大家應該知道這個人過去劫中已曾經供養過諸佛了，也曾經在諸佛之所種過種種善根了，否則今天哪裡可能聽得到？凡是有人聽聞到說：「人人都有『此經』，『此經』名爲如來藏。」聽了歡喜信受說：「原來我也有如來藏，我也有『此經』，好高興。」就表示這個人過去世已經曾供養諸佛了，已經在諸佛那邊全都種下善根了。

這不是供養一佛、二佛、三四五佛，而是「已於無量千萬佛所種諸善根」。因爲如果是一般人聽到這個說法時，會有兩個反應；第一種人的反應是由於學法學錯了，聽了就說：「你講的如來藏法，這個是自性見外道、如來藏外道、阿賴耶外道。」他就罵開來了，這表示他往世無量劫中，即使是在一佛之所種一點點善根都沒有。因爲如果曾經追隨任何一尊佛——只要追隨過一尊佛、供養過一尊佛，至少都會聽到如來藏、阿賴耶識、無垢識等妙法；他至少會聽過某一尊佛這麼說，未來世聽到善知識宣說時當然就會信受了。盡未來際的生死流轉中，只要再聽到別人說到「**此經**」如來藏，那種子流注出來相應了，一定還是歡喜的，怎麼會生起煩惱呢？所以，往世只要曾經在一尊佛那邊追隨過，有認眞在學法，此世一聽到「**此經**」如來藏一定會歡喜，這就是第二種人。這兩種人，一種人是聽到「**此經**」如來藏，心裡面就很生氣、就開始罵；另外一種人是聽了就很歡喜：「**請問何處有誰可以教我證得『此經』？**」立刻就請問了。所以兩種人是不一樣的，雖然就只有那麼一句，「**應知是人過去已曾供養諸佛，於諸佛所種諸善根。**」

那麼諸位！不管你這一世有沒有歸依三寶，就算你還不肯進入佛教三寶門下，仍住在外道假三寶裡面也沒關係，因爲你聽了「**此經**」妙眞如心就歡喜，再也不想離開正覺的講經法會，我遵循 佛說，就認爲你往世其實「**已於無量千萬佛所種諸善根**」，只是你這一輩子被人情綁住而脫離不了。但你爲什麼至今還脫離不了外道？因爲你還沒有慧劍，所以被情絲綁住了。有沒有聽過一句話說「慧劍斬情絲」？想要斷然離開一貫道的三寶，還真的須要有慧劍。只要有慧劍了——智慧發起了，永嘉大師說「般若鋒兮金剛焰」，這時還有什麼情絲斬不斷的？假使你還斬不斷外道那些同學者的情絲繫縛，就表示你還沒有慧劍，所以沒有般若鋒上的金剛焰，因此斬不斷情絲而繼續被外道同學的感情所繫縛，這其實已經顯示你真的悟錯了，所以每週來聽我講解「此經」，卻依舊無法遠離原來的外道情執。

如果已經從頭到尾都來聽，我一開始講解「此經」你就一直來聽，聽到我快要講完了都還繼續聽著，下定決心要把它聽完，有始有終，這是不容易的；但還有更進一步的人，譬如「讀誦」。我剛剛也建議諸位說，如果聽經這麼久以後始終悟不了，可把那一段經文一直讀誦下去；我說的並不是只有其中的一句，那段經文中有好幾句話，可是我剛剛也說，單單是其中的一句就真的不得了，如今要你每天不間斷讀誦那一整段，當然更不得了。因此說，能夠把「此經」好好讀誦的人，應當知道其實你絕對是過去世已經供養、恭敬、尊重、讚歎過很多很多佛了，一定是數不盡的；也就是 世尊說的「供養、恭敬、尊重、讚歎八十億那由他恆河沙等諸佛」；八十億諸佛已經夠多了，難以想像了；可是八十億諸佛還不如一個恆河沙數諸佛的數目，世尊說的卻是八十億那由他數恆河沙的數目，請問這究竟是幾佛呢？你眞的無法想像。

如果能夠把你往世用來供養承事諸佛的每一世臭皮囊，全都堆積起來時一定超過須彌山；這表示你聽聞「**此經**」之後還願意完全信受奉行，所以願意「**具足聽聞、讀誦**」，其實是有很大的善根與福德。既然如此，爲什麼還不肯付諸於實修呢？既然要繼承 佛陀的法，當然得要是 佛陀的兒子；若心中不自認爲是 世尊的兒子，憑什麼要繼承 世尊的最勝妙法？譬如你家裡堂上二老，已經七老八十了；如果哪一天有一個外人來了就開口說：「**請問二位老人家，您將來百年時，財產能不能給我繼承一份？**」堂上二老將會怎麼說？一定搖頭，對不對？如果你家堂上二老會點頭，那可眞是天上要下紅雨來了，何況「**此經**」妙法遠勝世間財產不堅之法？所以了義究竟佛法的繼承，跟世間法的繼承是一樣的道理，你得要是菩薩才行。連阿羅漢、緣覺位的聖者，佛陀都不給這個眞如心妙法，何況是外道？阿羅漢與緣覺尚且是佛口化生的聖人，都還無法從 佛陀那裡證得「**此經**」眞如妙法，何況是不肯歸依於佛門三寶的外人呢？這一點我還是要跟大家提醒一下。

佛陀接著說：「如果是『這部經典』所在的地方，這個地方就一定有佛塔。」現在全球哪裡的佛塔最多？就是咱們正覺講堂裡啊！因為現在已經有這麼多的一座座佛塔，全都建在正覺講堂這裡。可是你如果去到外面像我這樣講：「我們正覺講堂裡有這麼多的佛塔，一座、一座又一座。」人家可能會這麼說你：「神經病！」反而要罵你精神狀態有問題。我如果去到外面也這麼說，人家一樣要如此罵我。好在我是被罵慣了，因為我早年也常常被人家罵是乩童，所以我也很習慣；如今反倒覺得：我如果都不被淺學的佛門四眾責罵，那才奇怪呢！可是，這眞的如此啊！如果你破參了，去到會外任何一個大山頭去，看見他們大殿金碧輝煌，那麼高廣，聽眾席上坐著二千個人在聽經（當然不會是每一週都如此，只是短短的幾天之中才會有這麼多人一起聽經），你開口說：「你們這裡眞的太棒了，整整有二千座佛塔在這裡。」那你挨不挨罵？一定會欸！然而你卻要告訴他們：「我眞的看見了，你們這裡眞的有二千座佛塔，你們每一個本身就是一座浮圖。」如果聽你這麼說的人是個有智慧的，就會聽出來說：「這個人有來頭。」如果他開口就罵你「神經病」，你就知道這個人還沒有供養過任何一佛。

世尊接著說：「如果還有另外一種人，他是很愛重『此經』，常常追隨著『此經』，守護『此經』而不離身，那麼這個人應該受一切世間尊敬、供養。」你們看　世尊的這句話，如果有人要像依文解義者那樣的演說，他會怎麼說、怎麼作呢？他就會找來本經的經本抱在身上，然後就怪別人說：「你們為什麼不恭敬供養我呢？因為這本經中說，我如果常隨守護不離身，就應該受一切世間恭敬供養，你們怎麼還不供養我？」初機學者一定會這樣說：「有嗎？有嗎？你找出經文來給我看？」看過經文以後，如果他的善根不錯，就說：「好啦！我供養你。」其實他心裡是很不情願的，於是從口袋裡掏出五百塊錢來說：「供養師父。」可是這樣的師父如果找上你，你要不要供養他？不供啦！你反而要問他：「且道：如何是『此經』？」你可得要這樣問他。你要知道，你問他這句話而作了法供養，遠超過一切錢財珠寶的供養。

也許他被你這麼一問，啞口無言，晚上安板以後就開始思索了：「今天那個人跟我講這句話，一定有什麼道理。」他如果沒有智慧，想不通，就把你的問話丟了不理。如果他有智慧，明天還會來這個地方等你；他就是專程要等到你，每天都會來。不管有沒有人供養，他就是每天專程前來要等你，就表示這個法師已曾「**於諸佛所種諸善根**」，否則他不會來等你的。因爲一般的凡夫位法師都是自覺高高在上的，不屑接受居士們任何有意義的話。也許他每天都專程來等你，等到一年後你又跟他碰面了，你就說：「**師父！你又在這裡喔！**」他說：「**我每天都來這裡等你。**」你就說：「**今天師父值得供養。**」就看你身上有多少錢，只留下車錢，以外統統供養了，就是應該如此。如果你有這樣的作略，我就說你有金剛寶劍，你這把金剛寶劍上面還有般若鋒及金剛焰，不但可以殺人，而且可以救人，那個法師不被你度了才怪。

如果依照那些假名大師依文解義的說法：「**這部經我常常守護而不離身，可是我都沒看見有誰願意來供養我。**」那就不對了！假使你是個弘法人，是個宗教師，而你永遠都持有「**此經**」，不是文字那個經本，是「**此經**」眞如心，也就是如來藏妙心，你一定每天都會成爲「**常隨守護不離身者**」，絕對「**應受一切世間恭敬、供養**」。你繼續這樣修下去，修久了，你總會滿足十迴向位。到那個時節，已經有了如幻觀、陽焰觀、如夢觀，往世很多事情你都會知道；這時不必有宿命通，卻會有宿命智通，因爲這是從智慧中生起而了知自己的宿命。這時只要你有空閑，你願意入定瞧一瞧，看能瞧見往世的什麼事情；或者入眠以前進入等持位中再看一看，一定會看見些什麼往世的事情；因爲你每天都進去瞧一瞧，瞧久了，看多了，一定多多少少會看見一些事情；看多了以後，把你所看見往世的各種事情，依照遠近的順序把它們連貫起來，就知道自己的來歷了；到那個時候，不必 佛陀來交代你應該幹什麼事情，你自己就會知道了：「原來我來人間的目的是爲了這些事情。」那就自己決定去作了，這不就是有宿命智通嗎？

這個宿命智通跟一般人的宿命通不一樣。一般人的宿命通，如果能夠看到前三世，套句台灣南部的俗話，叫作「嚇嚇叫」，那已經變成鼎鼎有名的人了。可是那其實沒什麼，因爲三明六通大阿羅漢可以看到前八萬大劫的事；但如果你沒有宿命通，卻已得如夢觀時，你所看到的已不只八萬大劫了。但有個眞相我要說給大家知道，這不是宿命通，因爲所見的內容不是依照前後順序來給你看見，而是跳來跳去的顯示出來，不是可以給你指定想要看哪一劫就看到那一劫的事，這就是十迴向滿心位所得的如夢觀。如果是三地滿心時，那時的宿命智通又不一樣了，那時你可以自由指定要看某一劫的事，就隨意看見。所以這裡經文中說的是「當得」，不是「現得」，可別誤會了就說：「我悟後已經常隨守護此經了，爲什麼如今還沒有得到宿命智通？」那就要請你注意，不要把「當得」兩個字給漏掉了，因爲 佛說的是「當得」，要在悟後進修到十迴向位滿心時才行。

就好像上一週我說，也許下一週可能就講完這一部《實相經》了，我說的是「可能」喔！所以今天如果沒講完，也是正常嘛！因爲我不是說今晚一定會講完。這裡經文講的是「當得宿命智通」，也就是說，將來修到了十迴向或者到了三地滿心時，「能知過去無量劫事」，爲什麼能知呢？因爲你可以跟如來藏—跟此經—裡面的種子相應，那時種子流注出來，不管它是否違背順序跳來跳去地顯現出來，你把很多年來所看見的往昔多劫中的事情，依照前後順序拼拼湊湊起來，一幅拼圖就出來了。

當你有能力看見過往很多劫前的許多事情時，當然已經知道自己的來歷了，這時天魔波旬想要怎麼樣來擾亂你，想要怎麼樣來影響你退心，全都不可能了。並且你住持了正法，四王天的四大天王以及其餘諸天也一定「常隨衛護」。這裡面有一些事情是不方便公開講的，你自己受用就好了，自然也不需要講出來，否則又會有人上網亂罵一通：「**你這個人裝神弄鬼，你又在搞神通了。**」因爲有一些人喜歡在網站上罵我，說我在搞神通。然而，我什麼時候曾經搞過神通？連我自己都不知道呢。

像你這樣子「**常隨守護**」此經，一步一步進修，也願意住持正法於人間，這時「**一切諸佛及諸菩薩**」當然「**恒共攝受**」你，而且「**十方淨土隨願往生**」，十方世界諸佛的淨土由著你挑選，你想要去哪個淨土都行，大家都歡迎你。極樂世界淨土是最容易去的，乃至五逆十惡之人都可以下品下生，唯一的條件就是不謗大乘妙法而信有極樂世界　阿彌陀佛，發願往生；這是唯一的條件，五逆十惡也可以去極樂世界，就只有一個大前提——不曾毀謗大乘妙法。比較難往生的是不動佛國，至少要有無相念佛的一心不亂功夫，因爲求生那裡的人都必須有淨念相繼的功夫，就比較難。可是你如果已經明心而不退轉了，這已經超過錄取標準了，所以每一個佛世界都會歡迎你。

譬如參加大學聯考，考到滿分的六百分了，連台灣大學都無法拒絕你。台灣的所有大學，最高分是六百分，台大還會拒絕你嗎？不會的。那時你說：「**我家住在士林，我讀離家最近的大學就夠了。**」說句俏皮話：「**我想要讀**

台灣最高的學府。」是哪一所學校？是文化大學。因爲它在陽明山上，地理位置是台灣所有大學之中最高的（不是學術地位最高，而是海拔最高），那也可以啊！因爲你考滿分六百分，連台大都無法拒絕你，文化大學還會拒絕你啊？所以你想到哪一所大學就讀都行。同樣的道理，你只要悟了「**此經**」，而且「**常隨守護**」，十方諸佛淨土沒有不歡迎的，因此極樂世界可以讓你上品上生。對一般學佛人而言，極樂世界的上品上生是很困難的，連作夢時都不敢想，結果你都作到了，何況諸佛淨土呢？

聽我講到這裡，心中有沒有覺得很安慰呢？對啊！因爲以前初學佛時，聽到人家傳說某某人捨報的時候宣稱是上品上生，那時候我們聽到時都羨慕到不得了：「**上品上生欸！**」可是現在想一想，人家宣稱上品上生的人，有沒有開悟明心呢？答案是「沒有」。那你現在開悟明心了，自知可以上品上生，需不需要再羨慕他呢？眞的不需要了。因爲你已經是住在這裡面的人，還需要羨慕什麼？沒辦法住進來的人，才要羨慕啊！所以，這樣眞實瞭解以後，心中很安慰地說：「**好在當初我沒有聽受某某善知識的開示：自殺走人求生極樂世界。**」眞的有這種人啊！我們以前台中講堂有個學員，他急著要往生極樂，有一天眞的自殺走人了。但我說他眞的沒智慧，如果能夠留下來等明心以後再走，一定得上品上生，豈不是更好？但他沒等明心就急著去極樂世界，於是自殺了；他眞的自殺走了，在自殺前還留給我一封信；我拿到信的時候他已經走了，想幫忙也來不及了！眞是愚癡啊！諸位如果想一想，應該慶幸說：「**好在我沒有聽那個善知識講的話，求死而往生極樂世界。好在我留下來熬著，等待實證的希望實現，如今給我熬到進了正覺，終於明心了，未來是上品上生，眞的強過那些人。**」這表示修學正法的未來是有希望的，也表示正法未來的弘傳是有希望的。然而，正法的未來有希望，不是只在我身上，也是在諸位的身上。你們要這樣想，願意像我一樣把它傳承下去，讓它繼續鞏固、繼續壯大，才是正法未來的希望。我一個人能作多少事？還是得要仰賴諸位共同來承擔啊！

接著　佛陀作了一個最後的結論：「**金剛手！我如今只是概略的解說實相智慧到彼岸法門的功德，就像是這樣子。**」這眞的是略說，因爲這部經的內容，世尊從始至終都只是略說，並沒有廣說。想想看，你如果把它課誦一遍，假使對此經的文字誦到很熟時，不必二十分鐘就能全部課誦完畢，所以眞的只是略說。假使《金剛經》的文字誦得很熟悉了，快的話也是二十幾分鐘就能課誦完。換句話說，這二部經文，不必五十分鐘，你全都可以誦完。但我們每週二的晚上各講兩個鐘頭，如今這兩部經演講多久了？一年多了？嗄？有兩年多了。你看，假使眞的要細說，其實還可以講更多，只不過我怕諸位耳朵會結繭，所以適中就好，不長不短，但是也講了兩年多。

所以 佛陀眞的沒有誑語，祂眞的是略說而已；因爲「此經」實相心的內容太多了，確實講之不盡，所以 佛陀才會開示說：「**如果要把『此經』廣說的話，窮劫不盡。**」你們看，同樣是一個如來藏實相心，宣講般若諸經就講十九年；到了第三轉法輪時期，還是以「此經」實相心來宣講唯識諸經，又講了十幾年；不談初轉法輪的聲聞解脫道證聲聞果的阿含諸經，單是專講「此經」實相心的大乘經，第二、第三轉法輪的經典就講了三十幾年，講的都同樣是「此經」第八識實相心的智慧境界；聽完第二、第三轉法輪諸經以後，有智慧的人一定會說：「**原來『此經』這麼深妙。**」沒智慧的人只懂得依文解義，就會這樣說：「**佛陀啊！您講來講去都在講第八識，爲什麼要講這麼久？要講得這麼囉嗦？**」他反而抱怨起來了，沒智慧的人就是這樣。

弘法早期，我也曾被一位師姊抱怨過，她對我說：「老師啊！你講第八識眞如心，爲什麼還要再講如來藏、阿賴耶識等等，爲什麼同一個心要講這麼多年？」還抱怨我又演講眼見佛性的事，就說：「你講解明心的事就好了，爲什麼還要再講眼見佛性的事？」我想要把更勝妙、更多的法送給她們，她們竟然還嫌太多。啊！原來心量這麼小，怪不得沒有辦法一直跟我學下去，後來也就走掉了。她們確實也應該走人，因爲我這麼多東西倒給她們，她們的心量就像那個小小的瓶子，若不趕快走人，不免要被大法雨給淹沒掉了。所以有很多事實都可以證明 佛陀是如實語者，但是末法時代有許多佛弟子讀不懂 佛的心，就毀謗說 佛陀隨意誇大亂講；然而我們從現量來看時，證明 佛陀在諸經中的說法，沒有一句妄語。金剛手菩薩等人聽懂 佛陀在講什麼，所以就因爲聽懂的關係，大家當然都是「皆大歡喜，信受奉行」。

最後一段經文講完了，接著我依例要再來贅語一番。雖然說是贅語，卻是別有一番風味。因爲《實相經》講到這裡既然將要圓滿了，當然得要講一些咐囑的話。這一些咐囑的話不是講給你們聽，是要講給會外那一些僧眾聽的：

四事皆無，全缺應供；逐日裡穿過僧堂、行至大殿，可曾思及文殊之智、普賢之行？又曾否思及祖師大慈？憶昔德山入門便棒，臨濟才見即喝，豈只亂世英雄而已？若也逐日思索供養，更求名聞，還知寺中大殿、僧堂，險過鐵圍山麼？故說一切出家兒，莫再築世間夢、唐費光陰也！然而悟錯之人總自以爲悟，古今一同，是故應請祖師言教，用以鈌之：

【「撥塵見佛，未免眼裏撒沙；聞聲悟道，亦是耳中著水。直得生佛無階級，空界悉等平，淨裸裸、絕思惟，赤灑灑、沒可把，猶未離這邊事在。更須揮金剛寶劍，斬斷謷訛；拈殺活拄杖，打破得失，亦未明向上一竅在。儻或具大丈夫意氣，有烹佛、祖鉗鎚，直下向那邊承當得，卻來這裏橫三豎四、坐一走七，荷負宗乘、提持祖印，有時放行；同彼同此，見隨類身，和光順物，有時把住。莫道佛眼覷不見，設使盡大地草木，悉變爲千百億身，放無數光明，也照不著。且道：即今作麼生？若不藍田射石虎，幾乎誤殺李將軍。」下座。】（《圓悟佛果禪師語錄》卷二）

聽到這裡，是不是意境深遠？那就表示你還沒有悟入。還沒有悟的人就會覺得意境深遠，已悟的家裡人會說：「這是超意境。」因爲這是超過意識境界的，不在意識思索所得的境界中。所以會外常常有人，或者打電話來，有時候寫明信片來，他們讚歎說：「你們出版社出版蕭老師的《公案拈提》，眞的意境深遠。」我聽到出版社執事轉告時，心裡就想：「又是一個沒有悟的人。」因爲對我來講，我的意識都可以瞭解書中是在講什麼，心想：這些拈提都很明白、很粗淺，有什麼深遠？可是如果弄不明白時，那眞的叫作深遠，所以佛學學術研究者才說禪宗是玄學。爲什麼稱爲玄？因爲不懂，才稱之爲玄。如果葫蘆裡面是什麼藥，你都看得清清楚楚，那還能叫作玄嗎？

如今咱們就來看 克勤大師這一段話是怎麼講的？因爲他這些話，在古時候是白話，如今卻已經有很多人沒辦法理解了。克勤大師這麼說：「把六塵境界撥開了，就看見了佛，然而這樣的人是免不了需要人家爲他眼裡撒沙的，」因爲他從來看不見自己眼睛在，老是跟人家爭辯說：「我哪有眼睛？我從來都看不到我有眼睛。」他就是這麼笨，看不見，不曉得看見別人的眼睛就知道自己也有眼睛。這種人，你對他眞沒奈何，只好拉住他的眼皮丟顆沙子進去，他就會知道：「喔！原來我有眼睛。」（大眾笑…）所以對那些愚癡眾生，你不得不採取這種激烈的手段，否則哪有辦法讓他們警覺呢？因此說：「撥塵見佛，未免眼裡撒沙；」一般人都是要這樣，你如果像 佛陀經中那樣向上全提，只說個一字咒，他們是永遠悟不了的。

克勤大師接著說：「聞聲悟道，亦是耳中著水。」是說：「如果聽聞善知識開示以後，他就悟了佛菩提大道，也是免不掉耳中著水。」就是說，他其實是經由善知識不斷的把智慧水灌進耳朵，才能悟道的。想想看，如果大師給你的教授是錯誤的——你所得到的教授都是錯誤的，你還能悟道嗎？沒希望啦！一定是不斷地把正確的知見灌輸給你，然後你才能夠把自己參禪的方向拉到正確的路上來，你才有辦法自己參禪開悟。被作了全面錯誤的教授而且能悟入的，近代佛教界大概只有我一個人，我是被人教導完全錯誤的知見而自己悟出來的，廣欽老和尚則是沒有被作錯誤教導而自己悟出來的，所以想要開悟是很難的。

當年我在家裡閉關十九天，前面十九天用功都沒辦法悟出來，爲什麼呢？因爲聖嚴法師給我的是錯誤的教授，到那一天下午大概三點鐘吧，我想：「這樣不行，乾脆把他教的全丟了，不要再用他的方法用功，我得自己來。」自己來反而快，不必多久就解決了；因爲我自己來，用的是自己的參禪方法；他教給我的卻是以定爲禪，只是在修定等待開悟，成爲禪師們訶責的「**將心待悟**」，永遠也悟不了。所以 克勤大師說：「**聞聲悟道，亦是耳中著水。**」想想看，親教師們二年半那樣辛苦教導，大部分人去了禪三結果都還沒有辦法悟，辜負了親教師的教授，哪有可能一聽親教師的開示就能悟道了？所以 克勤大師這句話，也眞的沒有冤枉人。

可是縱使悟後，「**直得生佛無階級，空界悉等平**」，「**直得**」是說「**就算是**」。「**就算是已經到了眾生與佛之間沒有階級差別，遍虛空界一切有情全部都是平等而沒有高下；這樣現觀了以後，住在淨裸裸，絕思惟，赤灑灑，沒什麼可以把住的境界，**」也就是住在如來藏的境界中都無任何分別，「**即使這樣子，我還說他依舊沒有離開這邊的事情。**」就是說他即使這樣子悟了，也還沒有到達無生無死的彼岸。爲什麼呢？因爲就算他眞的能夠這樣了，也還是意識境界；因爲意識不能住在如來藏所住的境界中，只能依止於如來藏。所以就算你悟了之後是這樣子，仍然「**未離這邊事在**」，還得要有人把他警醒了，要轉過頭來再看清楚才行；「**所以還需要有人揮金剛寶劍，斬斷他的謷訛；**」也就是說，就算找到實相法界如來藏了，其實大部分人都還是眞妄不分的；大部分人找到如來藏以後，還是很多地方繼續落在妄心或五陰境界裡面，所以還要依靠大善知識爲他「揮金剛寶劍」，「斬斷」他的「謦訖」不清之處，才能完全不墮五陰境界中。不但如此，還要再把他進一步完全推向如來藏那一邊去，所以這時候善知識爲他揮金剛寶劍斬了他的謦訖，然後還得「**拈起能殺也能活的拄杖子，打破他的一切得失**」，這時才算是眞正的悟入了，然而「**這個人仍然沒有辦法完全明白向上一路的訣竅。**」

所以你們看，度了人還不一定能用。禪師度了人，他要求弟子能夠出來荷擔如來家業，那還得要是一把好手才行，不是每一個人悟後都可以大用的。所以最好把這一具弘法機器弄大一點，這就須要很多的磚塊、水泥、油漆、螺絲釘……等，那麼每一個人悟後就都可以各得其所了。如果像咱們以前那樣沒有自己的道場，就有很多人悟後都沒辦法起用。咱們以前是怎麼樣呢？去那邊人家的道場說法，又去這邊人家的道場說法，到處去講，都是在別人的道場說法；結果人家各個道場都各有自己的執事人員，我們自己悟了很久的人，不論是誰都輪不上來作什麼執事，無法爲正法所用，只能幫人家別有居心的道場作事。後來我們自己成立正覺同修會，大家悟了以後，你作這個執事，他作那個執事，大家都有用處，終於都可以無私心地被正法所用了。可是在弘法接人上面也不是人人可用，因爲不是每一個開悟的人都能站上來講課說法；克勤大師因此說：「**倘或偶然遇到有個人，他有大丈夫的意氣，而這個人也有烹燒出諸佛、諸祖的鍛鍊鉗鎚，**」就是說他的鉗鎚很厲害，可以把 佛說的、把祖師說的，拿來一鍋煮成絕妙好菜，就是能活用 佛陀與祖師的妙法，全部融合起來廣利眾生，於是眾生就可以成爲在他手裡出生的未來佛——出生爲後人景仰的祖師。

如果能遇這麼一個人，他有大丈夫意氣，都不怕事，就是師父度人時的福報，一定能幫他挑起無比沈重的如來家業。大丈夫的意氣是絕對不怕事，如果哪一天弘法到某一個階段，有一位大師你必須要辨正他，必須要拈提他，才能導正佛教界的邪知邪見；這時候堂頭和尚交代下來，要某人寫一本書來導正佛弟子們。某人才一看：「**這是要講到凡夫僧寶的事，對不起！拜拜！**」就告長假不來了。以前一位法師就是這樣，禪三開悟下來後，我想：他口才辯給，文筆也流利，由他來寫這本書很適合。因爲人家也這樣建議，我想他很適合，就交代他寫。沒想到這一週才交代他，下一週他來了一封信，告長假不來了，這樣子有「大丈夫意氣」嗎？放任邪師說法，都不肯爲被誤導的眾生想一想，只怕得罪大師，眞是小鼻子小眼睛（我這算是罵人了）。如果要罵文雅一點，就說他是小家碧玉，上不了檯面，就是沒有「大丈夫意氣」。然而光有「大丈夫意氣」就能大用嗎？也不行，因爲魯莽是成不了事的。你們別看我寫書時把諸方大師都拈提了，好像是橫衝直撞，但我有把握住一些順序與力道，絕對不是魯莽去作的。

悟後光有「大丈夫意氣」成不了大事，想要出來荷擔如來家業的人，還得要「有烹佛、祖鉗鎚」，佛說了什麼，你可以拿來用；祖師講了什麼，也可以拿來用；把佛說與祖說都能拿來一鍋煮，變成一鍋勝妙法味來利樂一切有緣人。假使你有這個本事，悟後就可以「直下向那邊承當得，卻來這裡橫三豎四、坐一走七」，眞的可以如此。有「大丈夫意氣」就不怕死，又「有烹佛、祖鉗鎚」，這個人就可以直接了當向不可思議解脫那一邊承擔下來。那一邊是哪一邊？是沒有五陰、四生、三有的無生死彼岸，完全無我亦無人、無法亦無佛；看見這個無餘涅槃的本際境界中竟然如此而他心中都無恐懼，從「那邊」也就是從實相法界中承擔下來以後，也不停留在那一邊，反而回來有佛、有眾生、有四生三有的生死此岸中，開始「橫三豎四、坐一走七」。這時人家說要怎麼樣、怎麼樣，他偏不怎麼樣，偏要跟你來個橫的放三根、豎的放四根，自成一格；他就來跟你這一招，絕不遵循凡夫大師設立的規矩。

從實相法界來看時，應該如何他就如何；觀察時節因緣到了，他就去作，絕對不會墨守成規而被凡夫大師們的戒禁取見所限制。可是不管誰講得一大堆，他就是坐一走七：「**我單提一個如來藏，不論你們凡夫大師講什麼法，我知道你們全都落入七識範圍中，全部都得排遣掉。**」因爲已經是橫出三界、豎窮四生了，現觀三界四生全都含攝於無生無死的如來藏眞如境界中；也觀察到現世都沒有別人證得實相法界如來藏，就只有他實證了，這是獨家產品。所以這個「**坐一走七**」，眞的沒有誰能奈何得了，他就可以「**荷負宗乘、提持祖印**」了；也就是 世尊一代法教諸經中說的宗門眞實義，他可以確實荷擔起來；而宗門祖師們從西天帶來的法印，他也能夠爲人隨時提持，不會埋沒。

這時他該怎麼樣住持正法呢？兩個不同的方式，對第一種人是「**有時放行；同彼同此，見隨類身，和光順物**」，有時候遇到眾生是有緣可以悟入的，凡是這一類人來了，他就幫忙開悟而且一概放行；所以來的人若是眞正的菩薩種姓，雖然愚魯一點、遲鈍一些，也是應該幫助他證悟，於是幫忙他證悟了也就放行而不阻攔。幫他悟了以後就「**同彼同此**」，他對這個弟子都可以認同而說：「**這個也行，那個也行。**」並不是像某一些祖師一成不變，墨守成規；所以當他「**見隨類身**」的時候，就「**和光順物**」而幫對方悟入，並且在弟子悟後還與弟子「**和光順物**」。這就是說，這一個人心性若是直爽的，信根信力是夠的，也是具足菩薩性的人，雖然慧根慧力差一點，沒關係，幫他悟入以後就直下放行，讓他依著菩薩性來爲正法作事，都不找他的麻煩，這叫作「**和光順物**」。

對於第二種人，他的心性是有問題的，雖然很聰明，但是疑根很重，就不這樣對待了，這時候要細心觀察，只要有一點點不宜，就得阻止他開悟，以免將來裨販如來、壞了正法，這時就得遮攔，所以說「**有時把住**」；即使他探聽到密意了，也要向他說：「**你這個不對。**」從表面上看來，明明他說得對，也要說他不對。爲什麼呢？因爲他心裡疑根未斷，當然不對。心中有疑的話，永遠都不可能轉依成功，慧眼也無法發起來，怎麼還可以說他對呢？

你若向他說這樣就對了，他未來一定會謗法，那就得下地獄去了。這時偏要將他「把住」，不能「放行」。

而且，這種打探得來的密意，其實都不免落入五陰中，只是意識知道密意，口中說出密意，其實依舊不離識陰境界，正是 克勤大師前一段中說的：「直得生佛無階級，空界悉等平，淨裸裸、絕思惟，赤灑灑、沒可把，猶未離這邊事在。」依舊不曾跳出五陰三有境界。所以這時還得依 克勤大師的話來告訴他：「你說你已經看見了，我可告訴你：這個實相法界，莫說你這個凡夫肉眼，連佛眼都覷不見，你能見個什麼？就算你眞把盡大地草木，全部都變爲千百億身來放射無數光明，也照不著祂，你又憑什麼而能看見？」要將對方「把住」時就得要這麼講：即使用佛眼也看不見祂。眞的沒有騙人，因爲祂無形無色，怎麼看得見？要以智慧才能看得見。就算是所有大地上的每一根草、每一棵樹，他能夠全部化爲佛身而放出無數的光明，也照不著祂。無餘涅槃中的祂是無形無色的，怎麼可以照得見呢？開示到這裡，克勤大師接著便問：「大家說說看吧！到這個時節，這實相法界底事，究竟該怎麼說呢？如果不是藍田中那塊石頭好像老虎一般，因此被李廣將軍一箭射入石中，那支箭很可能會回頭誤殺了李將軍。」講完了，他就下座了。而我也該下座了，今天講到這裡。

《實相經宗通》今天是不是講得完，我也不知道。有很多事情，我都是順著因緣來作，心中不曾想到一定要如何。但我倒是覺得好像都有一個定數在，似乎正法是該走到什麼階段，就會有某一些配合的事相出現；總之大家還是在正法上面繼續努力去推動，不必想太多。九年多以前，我決定把《楞嚴經》的整理出版時間推遲；本來是推遲十五年才要出版的，後來有一位法師匯了錢來，指定要助印這一套書，那錢不能老是放著不用，有因果的；於是我就把它提前五年，就開始挪出時間來整理；如今時間到了，準備年底也就是十二月要開始出版了。可是演說《楞嚴經》的時間已然經過了那麼久，時空的轉變非常大；那時候宣講《楞嚴經》的主要目的，是為了幫助大家瞭解眞如與佛性，想要幫大家快速建立對於佛性的正知見，希望多幫助一些已悟的同修們實證眼見佛性的境界，所以偏在佛性總相上面講解，對於悟後進修的內涵就沒有深入發揮講解；當時也都有些講經前的臨時提問，當場作問題的疑難解答；而當時同修們的提問，其實跟二〇〇三年初退轉的那一批人所問的問題都是有關聯的；因爲那時的提問大部分都是他們故意提出來問的，所以當年講《楞嚴經》時也會配合著講一些跟他們心中所疑有關的法義。

可是到了現在應該出版時的這個時空，那些內容已經都不契合現在時空的需要了，有許多不適合出版流通於後世，所以很多用不著了；因此，我把那一些不契合的當場提問與回答全都捨掉，而且當年配合他們離開後所講的內容，也不宜整理在書中流傳後世，便作了大幅度的更新，所以《楞嚴經講記》的內容幾乎是大翻新。這樣子整理下來，目前是還沒有全部整理完，可是在十月初就必須把整套書的目錄全部印出來；因爲十一月底就要出版了，當然整部書都得要趕完，整套書的目錄才有辦法列印在第一輯中；我趕到今天總算把第九輯完成了，可是估計後面的部分應該是至少還要四輯才能完成，所以總共大概會有十三輯，希望盡量壓縮一下，不要再增加，否則就會變成十五輯（編案：這是二〇〇九年六月二十三日所講。今已全部出版，共有十五輯）。可是在大翻修的情況下，如果要整理後面這五輯的話，時間絕對是來不及；所以現在除了運動跟吃飯的時間，扣掉睡眠的時間，所有時間都坐在電腦前面，就這樣子忙忙碌碌過日子；心裡也不曉得在過什麼日子，反正就這樣過著，這就是菩薩遊戲人間。可不要以爲遊戲人間很好玩，菩薩道在人間玩，可是不太好玩的。一般人都好羨慕菩薩遊戲人間，眞相是，菩薩遊戲人間時都是吃苦當作吃補，哪有什麼安逸的日子可以過？

好了，報告過了，還是回到《實相經宗通》來。上一週最後一段經文進入了補充資料的內容，把 克勤圓悟禪師的開示講過了；然而講過他的開示後，我對這段開示，應該講些什麼？我倒有四句話奉贈：「可知離念靈知境界，猶只是生死這邊事；自以爲悟，不免禍事一場。」這當然是講給會外那一些自以爲悟的法師們聽的。接下來還是要請 圓悟禪師開示：

【古人云：「百尺竿頭作伎倆，未嶮；向衲衣下不明大事、失卻人身，始是嶮。」既如是，豈可不明心達本？一切萬緣一齊放下，棄卻知見解會，令教如木石瓦礫相似；及到大安穩休歇之地，然後一波纔動萬波隨，而初無動靜等相。蓋他得底人，終日以無所得心，修無所得行；行雖與人同，而常與人異。只爲此一片田地打摒得盡淨，一切會同，脱體無礙，豈是小了底事？直須用作事始得。】（《圓悟佛果禪師語錄》卷十三）

克勤大師引述古人的話，免得人家指責他以自己的意思來罵人：「古人這麼說：『到了百尺竿頭而停留在那裡作出種種伎倆來炫耀，還不算是眞正的危險；向自己出家之後所披的這一件衲衣下面，全缺應供而修行的結果竟還不明生死大事，後世不免要失掉人身，這才眞的是危險。』」百尺竿頭作伎倆，什麼意思呢？因爲百尺竿頭有很多伎倆可以捉弄，怎麼耍弄都行，這裡面伎倆可多了。百尺竿頭主要是說，學禪修到了純清絕頂，澄澄湛湛不搖不動，可以保持很長時間一念不生，大家都說這樣一定就是開悟了；克勤大師這麼說，可見古時禪者落入離念靈知之中跳脫不出的人非常之多；這種人在現代可就漫山遍野了，問題是，禪宗祖師早說過了：「學道之人不識眞，只爲從前認識神；無量劫來生死本，癡人喚作本來人。」離念靈知境界不論能保持多久，即使入定三年都無一念生起，依舊是識神境界，不外於識陰範圍；把這種六塵中的識陰境界，或者把二禪以上等至的意識境界中的離念靈知，認作眞正不壞的自己，正是落入無始劫來輪迴生死的根本煩惱中；若不肯改變錯誤知見而儘快遠離，永遠都會與禪宗開悟明心的境界無緣，因爲這只是百尺竿頭的境界，仍是三界識陰的境界。必須往上再進一步，邁入一般人無法到達的虛空無爲境界，才算眞的悟了實相般若。

長沙招賢禪師早已說過：「百尺竿頭坐底人，雖然得入未爲眞；百尺竿頭須進步，十方世界是全身。」這爬竿的人爬到了百尺頂頭，再上去就是虛空，已沒有竹竿可爬了，那就是百尺竿頭境界了。在世間法來講，這當然是至高無上的境界，也就是學禪的人自認爲已經修行到純清絕頂澄澄湛湛，已能很長時間都不起一念。不過這都還不算最究竟，欲界世間法最究竟的定境中沒有澄澄湛湛可說，也沒有純清絕頂可說，因爲六塵具足，還沒有離開欲界；在非非想定裡面才是世間之頂，是三界頂，才是眞正的百尺竿頭。可是在這種三界頂的境界中，都已經不再了知自己的存在了，哪來的純清絕頂？又怎麼會有澄澄湛湛的境界呢？老實說，禪師們是順應世間人而說澄澄湛湛、純清絕頂就是百尺竿頭，其實還是高抬了落入欲界定中離念靈知境界的凡夫們；因爲那種境界大不了就是未到地定，哪能夠算得上三界頂呢？

不過，就算他是百尺竿頭好了，長沙禪師說，還得要再進一步才行。也就是要進一步再證空性心如來藏，證得空性心就是超過百尺竿頭而眞的進了這一步，所知所見已不在三界之內了；這時不論他去到十方世界的哪一個地方，所見都是自己法身的全部，才說「十方世界是全身」。也就是親眼看見自己的整個法身了，這時不管你去到東方琉璃世界，又去到西方極樂世界，或者上方下方四維諸佛世界全都去看過，結果是全都一樣，不管去到哪裡，所見全都是自己這個如來藏，所以「**十方世界是全身**」。

末法時代的大師們不懂，就在百尺竿頭作伎倆。有的誇口說：「**我坐這一個鐘頭，都沒有妄想。**」有的說：「**那不夠瞧，我只要一坐下來，整整三天不出定，我在裡面都沒有妄想。**」可是說穿了，也不過就是未到地定，連初禪都還不能發起，有什麼稀罕呢？這種定境，外道們也有啊！有的人又說：「**我入定以後，可以神通變化等等。**」哇！伎倆可多了，但問題是，那究竟是什麼境界？結論是：意識境界。然而意識是生滅法，當意識滅了的時候，這些伎倆都哪裡去了呢？全都消失了！所以說，不懂的人就在百尺竿頭作伎倆，炫耀給不懂實相般若的初機學人看。可是即使如此，圓悟禪師都說這個還不算最危險，因爲他們是在世間法中營生的俗人，有空時努力學禪而得到這種輕安的定境，不算最危險；最危險的是出了家以後四事全缺，一切全靠大眾供養而積欠了世間人許多福德，這樣出家的目的就是爲了弄清楚出家所謂的大事，就是要親見父母未生自己以前的本來面目，可以教導供養自己的那些大眾；可是卻始終無法弄清楚自己這件僧衣下的大事，無法回報施主們的供養。

甚至有人出家後忘了出家求法的目的，落入世間法的經營之中，開始作起生意來了！他們對眞正出三界家的妙法反而忽略了，所以「衲衣下事」始終不能明白，也沒有想要努力弄清楚。克勤大師引述古人的話說：「對於衲衣下事弄不明白，平白受人供養一輩子，欠了一屁股債，下輩子可要失卻人身了，」因爲四事供養都來自眾生，可是卻沒有實證的功德可以回報眾生。如果有實證了，就算因緣不具足而無法傳授給施主們，也不算辜負；因爲畢竟已經親證了，眾生供養自己以後，他們未來世的福德果報無量無邊，這樣也算是回報施主了。可是眾生對自己作了四事供養而讓他無後顧之憂，努力學禪以後，結果是他依舊不明衲衣下事，捨壽後可得失去人身了，這才是眞正的危險。

這種百尺竿頭作伎倆的事情很多，剛剛有人跟我談一件事，我想還是不能無言；諸位聽了這個道理以後，也得要告訴有緣的人。當代佛教界海峽兩岸都一樣，有好多法師平常披著僧衣，到了某個時節因緣，頭上戴起五方佛帽——其實只是五方鬼冠，搞起密宗的祈福財神法；甚至於幫人家修懷法、增法等等。請問，這是不是信受外道法了？那些都是外道法，佛法裡面沒有息、增、懷、誅這些東西；他們爲人修這些法的時候，用的也是外道咒。他們幫世間人求外道所謂的護法神（其實都是沒福德的鬼神）而祈福，第一、違犯了聲聞戒，也就是違犯了聲聞法中的出家戒；第二、違背菩薩戒。依佛教的戒律來說，這就是歸依於外道。幹了這些事情後，請問：他們的比丘戒、菩薩戒還在不在？已經都不在了，全都失壞了。所以以後要是還有出家人，竟然戴上密宗的五方「佛」帽，幫人家祈福或作什麼事情，請諸位記得打電話去向他說明：「**你這樣作會失掉出家戒，聲聞戒與菩薩戒全都失去了，而且是連三歸戒都不存在了；因爲歸依三寶以後就不許這樣作，永不歸依外道天神。**」可是他們那樣作，本質是歸依外道天神，來爲世人向外道天神祈福，這時連三歸戒都不在了，那聲聞戒（不論是比丘戒或比丘尼戒）全都不存在了，更是違犯了菩薩戒。他們這樣子作，算不算是「**百尺竿頭作伎倆**」，算不算？不算！因爲他們連未到地定都還沒有修成，當然還沒有到達百尺竿頭，可是卻已經在作伎倆了。所以末法時代佛門中的這個問題很大，這樣看來，顯然這些修學外道法的出家人是最危險的。

克勤大師接著把話題拉回來說：「既然如此，怎麼可以不明心達本？」當然一定要先明白自己的眞實心所在，就能觀察自己的五蘊是從哪裡又是如何生出來的，才能達到萬法的本源，這個才是大乘法中的出家人最重要的事。然而這種智慧境界應該要如何達到？當然要有一個基本的修行，然後才能達到，那就是要先「把一切萬緣一起放下，把以前所學的落入知與見中所理解體會的全部丟掉，什麼都別管；要讓自己好像木頭石塊瓦礫一樣，對身外一切全都不思不覺；」只管去找尋自己的眞實心就行了，其他都不要去管它，對世間法都不必理會，也不必擔心天塌下來時該怎麼辦？你只要使自己對外境全都像「木石瓦礫相似」，就只要找出你的實相心如來藏就行了。「像這樣子參究下去，等你到了大安穩休歇之地，」也就是終於找到五蘊等萬法的本源了，這時候證明自己是從祂而來，任何人也都一樣是從祂而來，五蘊身心所住的山河大地也是從祂來。如今已經親自證實了，這時就是可以放身捨命處，就依止祂。

這時候就會整個心安定下來，所有的煩惱等等全都休歇下來了，「然後」

又可以「一波纔動萬波隨，但是自始至終可都沒有動相、靜相或其他會落入二邊的境界相」。等你找到如來藏，你就知道這是什麼意思，我如今可不跟你詳細解釋這個道理；因爲他老人家不講，我就不便講。老實說，這句話也是已經講白了；我若是再講，就好像一幅好美的山水，我又多事去插上一大片醜醜的千日紅一般，眞是殺風景啊！所以我就不再多講，就保留著它的原來風貌。然而 克勤圓悟大師這一句話講得妙，「一波纔動萬波隨」，我們就不要把一幅好畫無端抹上牛糞，那可眞的不美。這時雖然可以「一波纔動萬波隨」，但推究到萬法根本的時候，又是「初無動靜等相」，是從一開始就沒有動相靜相等落入兩邊的任何一法在其中。

克勤大師又說：「這是因爲他們那些證得根本的人，終日是用無所得心來修無所得行；」他們並不是爲自己去求什麼而修行，「所以他在人間行來去止表面上雖然與別人相同，可是永遠都跟人家有不一樣的地方。都只是爲了要把這一片心田打掃得完全清淨了，把一切法都會同到這個根本心體來，這時候從裡到外就都沒有障礙了；這難道是小事情嗎？」這難道是用小根小器小福德就可以把它了結的事嗎？所以說：「眞的須要大費心神當作大事來努力才可以啊。」因此說，悟道眞的必須要眞實，可是說法卻無妨方便施設；若是悟得不眞，腳下浮逼逼地，上得座來籠罩人，晚上躺上床入眠時，自己心裡面又犯嘀咕，何苦來哉？所以吩咐佛門學禪的人，求悟般若的時候，在這件事情上面千萬得要在意。

從另一方面來說，有人用聲聞法解脫道來取代大乘佛教的佛菩提道，妄說就是成佛之道；對這一類人，我們就只好用經典聖教來規勸他們。因爲我前前後後已講了二十年，他們始終聽不進去；無可奈何，我們便再引般若系列的經典，讓他們明白大乘法是含攝一切世間出世間萬法的，要教他們明白佛菩提是統攝三乘菩提的道理，這一段經文是《大般若波羅蜜多經》卷五十八：

【復次善現！我乃至見者無所有故，當知聲聞乘補特伽羅亦無所有；聲聞乘補特伽羅無所有故，當知獨覺乘補特伽羅亦無所有；獨覺乘補特伽羅無所有故，當知正等覺乘補特伽羅亦無所有；正等覺乘補特伽羅無所有故，當知虛空亦無所有；虛空無所有故，當知大乘亦無所有；大乘無所有故，當知無數亦無所有；無數無所有故，當知無量亦無所有；無量無所有故，當知無邊亦無所有；無邊無所有故，當知一切法亦無所有。由如是義故，說**大乘普能含受無數無量無邊有情**，何以故？善現！若我乃至見者，若聲聞乘獨覺乘正等覺乘補特伽羅，若虛空，若大乘，若無數，若無量，若無邊，若一切法，如是一切皆無所有，不可得故。善現！當知**如涅槃界普能含受無數無量無邊有情，大乘亦爾，普能含受無數無量無邊有情**。善現！由此因緣故作是說：譬如虛空普能含受無數無量無邊有情，大乘亦爾，普能含受無數無量無邊有情。】

這段經文雖然長，講起來不必長；如果到了禪師家手裡，上來把這一段經文唸完了，若有人問道：「請問師父，這是什麼意思？」禪師家一棍打去也就講完了，所以禪師最好當。但是我現在扮演的是經師——是法師，可不是扮演禪師，禪師是禪三精進共修時才扮演的。這一段經文講什麼？說眾生所認爲的我，不論是蘊我、處我、界我或者六入我，乃至能見能知能覺，全部都是無所有；因爲這些都是三界中法，緣生無常所以無我，並不涉及一切法界的實相，所以五蘊、十八界我都是無所有；那麼請問五蘊、十八界我所證的聲聞法有、不有？當然也是無有，因爲聲聞法四聖諦及緣覺法緣起性空的法義，都是依五蘊、十八界而存在的，五蘊、十八界無常無我所以聲聞法、緣覺法就不是眞實，不許稱爲實相。

可是要答「無有」之前，心裡面先頓一下說：「聲聞法能不能說無有？因爲如果要說無有，這又好像在謗法，明明四阿含諸經講的就是聲聞法，怎麼可以說聲聞法無有？」講得對啊！可是探究眞相的結果，聲聞法確實無有。因爲四阿含諸經講的大多是聲聞解脫道，極少講到大乘的法義；那麼聲聞聖者們證悟聲聞解脫道以後所得的智慧，歸誰所有？歸他們的意識所有。意識是不是生滅法？是生滅法，所以意識終究無所有；那麼意識所擁有的聲聞解脫道智慧，當然也就無有，不能說是實有。而且這句經文中也說：「當知聲聞乘的有情亦無所有。」連聲聞乘中證道的聖人，譬如說阿羅漢們也是有情，連阿羅漢都無所有，你怎麼可以說聲聞乘解脫道法實有呢？同樣的道理，「聲聞乘補特伽羅無所有故，當知獨覺乘補特伽羅亦無所有」。請問：阿羅漢是不是五蘊所成？有沒有阿羅漢是離開五蘊而仍然存在的？離開五蘊時就不叫作阿羅漢，那是入了無餘涅槃，已經沒有阿羅漢了，所以阿羅漢在人間依舊是有五蘊。

再請問：**辟支佛在人間是不是有五蘊**？還是有五蘊；都是依五蘊有情爲主體而說他證得因緣法時是獨覺辟支佛。但第一句經文中就已經說「**我乃至見者無所有**」了，當然獨覺這個有情也是無所有。獨覺這個有情聖人既然無所有，依獨覺聖人而有的獨覺因緣法也就無所有；因爲他入了涅槃後，獨覺法就不存在了——獨覺法是依入涅槃前的辟支佛而存在的。依五蘊而存在的辟支佛及獨覺法無所有，同理，要依五蘊才能存在的正等覺乘的補特伽羅——也就是菩薩們——當然亦無所有；因爲菩薩們也是由五蘊來當的，可是五蘊無所有，菩薩等有情當然也無所有。菩薩無所有時，菩薩所有的佛菩提智當然也無所有。如果你們不是已經聽我說法很久了，第一次來聽到我這麼說，一定會說：「**這蕭老師正在謗法**。」然而法界事實上確實是這樣，法界中的眞相就是如此；而且經文中已經這麼講，這可不是我編造的。

接著說：「**正等正覺乘的有情——也就是菩薩——無所有的緣故，應該知道虛空也是無所有**。」虛空，一般人都把它解釋作山河大地以外的空間就是虛空，我們卻要把它解釋作虛空無爲，虛空無爲講的是什麼呢？是如來藏顯示出來猶如虛空的無爲自性。如來藏顯示出來猶如虛空的自性，能不能夠說是有？有人會想：「應該說實有吧！」可是經文裡明明說「無所有」，可得要有一番道理來說明為什麼無所有。因為證悟的人不會像剛才講解凡夫、二乘聖人那樣解釋的無所有，剛才那樣從「我乃至見者」一直講到菩薩無所有，都是依二乘人所觀察有情都無所有的解釋，是用二乘人的知見和證量來解釋般若所說的無所有，從實相般若的智慧來看，這本來就是錯誤的解釋，所以應該怎麼解釋呢？一句話就解決了，也就是從如來藏離見聞覺知而不見一法、無任何執著的實相境界，來看待「我乃至見者」乃至聲聞乘的有情、獨覺乘的有情、菩薩乘的有情，而說全部都無所有。

這是因為，如來藏出生了一切凡聖有情的時候，祂自己卻從來不了知這些有情歸自己所有，也從來不了知這些有情是在三界中眞實存在，祂更不會去了知說：「我自己是虛空無為。」對不對？你們證得如來藏的人都可以現前觀察來證實啊！對啊！因為你證得如來藏的時候，站在如來藏的立場來看待這一些法時，本來就是無所有的；依如來藏自身的境界來看時都無所有，不存一法，再同時從五蘊我、見聞覺知的我來看時，在無所有中又無妨三界萬有歷歷分明；可是等你又從如來藏自身境界來看時，如來藏境界裡還是無所有，一法不存。甚至於你問如來藏的時候，祂連答都不跟你答；而你站在祂的立場來看一切法時，你一定說：「**根本就無所有。**」

這就是實相心如來藏的虛空無爲，祂猶如虛空而無爲無作，卻能出生萬法，執行因果律，而祂自己從來不懂什麼叫作虛空無爲，祂也從來都不會反觀自己。懂了這個道理以後，我接下來就好講了，就不必一句一句來講解了。所以：虛空無爲無所有的緣故，應該知道大乘佛法也無所有；大乘佛法無所有的緣故，就沒有大乘佛法的各種法數，所以無數、無量、無邊；乃至於還有什麼呢？包括隨後所說的一切法也都無所有，這才是實相法界如來藏心自住的境界；因爲實相法界就是如來藏金剛心的境界，在祂自己的境界中是不了知任何一法的，所以祂的境界中是沒有一法可得的，因此 世尊總結說：「**如是一切皆無所有，不可得故。**」

像這樣講起來就快了，本來就應該這樣來講般若，不可以用前面緣起性空的方式來講，那只是學著聲聞人的想法來講般若，就與末法時錯悟般若的大師所講的一樣了。這樣看來，顯然是有兩種般若，對不對？聲聞人講的般若以及菩薩講的般若，當然不一樣。等到聲聞人來問菩薩說：「**爲什麼我這**

樣講不對？」菩薩說：「沒有道理可言，你就是不對。」「為什麼沒有道理？你說我不對，總要有個道理，你非給我個道理不行。」菩薩就說：「你如果想要懂道理的話，也簡單啦！回家坐上蒲團，你就會得實相般若，也就解決了。」如果他坐上蒲團還不會，明天還來問，那菩薩可不客氣了，管他是什麼阿羅漢，照打不誤。菩薩就是這樣，阿羅漢來了也是照樣打。

諸天天主見了阿羅漢們可都畢恭畢敬，因為他們都是人天應供；可是菩薩不這樣看，因為菩薩不是惡心打他們，就像世間人有一句話講得很好：「我是為你好。」只要這句話拿出來，阿羅漢也照打，因為不是惡心。事實上也不是惡心，而是給阿羅漢們一個入處。所以要這樣講實相般若，要從如來藏的實相法界來說一切法都無所有，這樣的般若才是正確的實相般若，不能用解脫道緣起性空的道理來解釋般若部的經文。當然要那樣講也解釋得通，看起來也是楔與孔似乎相契合，凡夫大師們也找不出你的毛病來，可是行家一聽就知道問題出在什麼地方。所以佛法哪有那麼簡單？跟著凡夫大師隨便學個三、五年就自稱實證了，就敢跑出來弘法說：「所有佛法我都會了。」自以為都會了，就敢寫得一大堆書；後來被人家拈提的時候，老臉都無處放，那時眞的騎虎難下，卻不能怪任何人，只能怪自己太魯莽。

世尊接著說：「善現！如果我乃至能見者，或者聲聞乘、獨覺乘、菩薩乘、虛空、大乘、無數無量無邊一切法，如是一切皆無所有，不可得的緣故。善現啊！你應該知道，如同涅槃界普遍能含受無數無量無邊的有情，大乘的道理也是這樣普遍能含受無數無量無邊的有情。」爲什麼大乘能夠全都含受？如果依照凡夫大師們的說法：「因爲大乘法中是五乘具足，有人乘、天乘、聲聞乘、緣覺乘、還有菩薩乘，所以全都函蓋了，當然大乘普能含受無數無量無邊有情。」從文字表面看來他們這樣講也對，可是實相般若並不是這樣講的。實相般若是依萬法的根本—也就是如來藏—來含攝一切有情，十方三世無一有情不含攝在如來藏內，因爲一切有情全都由如來藏出生而攝受著，而如來藏的實相法界正是大乘般若及一切種智所弘揚的妙法；大乘是以如來藏妙法函蓋世間、出世間、世出世間一切法，當然能夠普遍含受無數無量無邊的有情，這樣才叫作大乘。所以用大乘的實相法來解釋世間法，解釋二乘出世間法，解釋世出世間的成佛之道，才能使有緣人聽懂諸佛所證的世出世間法；這樣理解以後對三乘菩提都通，就不會覺得似乎是互相矛盾了。

可是如果要用二乘出世間法來解釋時，有許多地方可就不通了；不但不通，甚至於連世間法也會解釋不通。

還記得我們那一本書嗎：《我與無我》的封面畫了一個太極。請問：用聲聞法、緣覺法能不能解釋太極的道理？沒辦法！而道家自己有沒有辦法究竟解釋太極的道理？也沒有辦法。可是我們用大乘法就可以解釋太極的道理，顯示世間法也可以用大乘法來解釋，並且絕對是正確的。所以說「**大乘亦爾，普能含受無數無量無邊有情**」，當然更包括三乘菩提的有情；就因爲這個緣故，才說大乘是眞正的成佛之道，二乘聲聞與緣覺的解脫道不是成佛之道。可是大乘成佛之道，不是一蹴可幾，所以有時候祖師的方便說，大家不該誤以爲眞，那是祖師的爲人悉檀，鼓勵大眾、促使大眾對禪宗妙法生起信心才作出方便說，不能信以爲眞而當作是究竟說；因爲那畢竟是祖師的爲人悉檀，不是了義悉檀。

譬如《六祖壇經》講：「**一悟即至佛地。**」請問：六祖悟了沒？成佛了沒？當年 佛陀座下那麼多的菩薩們悟了沒？那麼多大阿羅漢們迴心大乘以後悟了沒？當然全都悟了。但他們成佛了沒有？那麼多菩薩悟了，一千二百位大阿羅漢們，除了不迴心的那幾十位以外，也全都悟了實相般若而成爲實義菩薩，所以當時的菩薩們很多，有的在妙覺、等覺位，有的在十地、九地、八地、七地，下至三賢位的第七住位菩薩們也都證悟般若了，可是爲什麼他們都還沒有成佛？那麼就請問：「一悟即至佛地」是理上說？或是究竟說？當然是理上說，是六祖依爲人悉檀而作的方便說。所以也不能夠說六祖講錯了，因爲他是在理上說：你證悟般若了，是住在第八識的智慧境界中；佛陀示現開悟般若了，也是住在第八識的智慧境界中；所以你住在第八識境界中就是佛地的境界。六祖這話並沒有錯，這叫作爲人悉檀，不是究竟說。

當年南方佛弟子們聽了就想：「哇！禪宗好厲害，一悟就到了佛地，所以見了六祖可不能隨便亂動手。」於是正法就不受威脅而能長久住世了。當年武則天想要從玄奘菩薩那裡得法，但玄奘菩薩認爲她得法的因緣還沒有成熟，因爲她的菩薩性還不夠，手段毒辣，爲得政權就殺了許多人，連親屬也不放過。但她不敢對玄奘菩薩強逼，恐怕因果太重，於是就轉向南方的禪宗六祖想辦法；她派了薛簡去南方找六祖，前後共有四次，第四次吩咐說：「第四次邀請六祖惠能大師北來皇宮，如果他再不來見我，依舊不肯進京，你就提著他項上人頭來見我。」好像也給了尙方寶劍讓薛簡帶去。那薛簡第四次南下去請，六祖還是不肯動身，薛簡就把皇帝的狠話講了。六祖聽了就說：「那很好，就提頭去見吧！」六祖當場把頭伸出去，預備讓他砍頭。敢不敢砍呢？六祖早就料定他不敢砍，只好無功而返。禪師都會看因緣的，以前宋高宗、秦檜也很想砍大慧宗杲的頭，但是終究不敢砍，大慧宗杲也料定他們不敢砍。可是如果你遇到個愚癡人，可別跟他說：「你敢殺我嗎？你敢殺我嗎？」他可就眞的殺了你，很多要事就無法完成了！眞的是如此啊！秀才遇見明理人，才有說話的分；若是遇見不識字的大老粗，可就沒說理的分了。

所以老趙州，王公眞定帥座下的一個部將來到，他立即下禪床接待；但先前眞主王公來了，老趙州卻是端坐在禪床上，連下都不下來，就在禪床上端坐不動，這樣與王公說話。後來侍者就問這個緣由，他老趙州還眞會幫王公的臉上貼金：「如果是下等人來，我就出去三門外接待；如果是中等人來，我下禪床接待；如果是上等人來，我就在禪床上接待。」意思是說那個軍將不是下等人，可也不是上等人，而王公是上等人，所以老趙州端坐在禪床上接待他。這雖然是罵人不帶髒字，那眞定帥後來輾轉聽聞了，心中當然也很歡喜：「你們看，趙州大師坐在禪床上接我。」所以你若知道皇帝老子還有一些智慧，還懂得因果道理，你就知道可以如何應對他，因爲他眞的不敢砍了你。但是你可別去市場裡面賣肉的大老粗面前跟他說：「你敢用那個殺豬的刀殺我嗎？」禪師家沒那麼笨啦！

所以，聽聞禪師的開示時，也得要看禪師們有時候是方便說，這樣方便說的目的是爲了什麼？六祖講那一句話時當然有他的時空背景，因爲當初禪宗要弘傳很困難，在六祖之前的每一代傳下來時，幾乎都是單傳，廣傳的因緣還沒有成熟；是從六祖才開始廣傳，所以禪宗從此是一花開五葉；禪宗這一朵很漂亮的花，在六祖的年代總共開出了五瓣，就是分出去五個法脈了。禪宗妙法的廣傳，是從他才開始的，所以他剛開始傳法時，必須推崇禪宗的開悟智慧境界，當然要這樣講：「一悟即至佛地。」那一般眾生聽了就想：「喔！悟了就是成佛了。」那麼武則天皇帝還沒有悟入以前，當然不會曉得開悟境界到底是什麼，心中疑著六祖成佛了，所以她也恭恭敬敬地很想要六祖去宮裡教她；即使不能得法，至少也顯示她很有面子：「你們看，縱使那麼遠，我連六祖都請得來。」可是六祖有那個意願嗎？根本就沒有那個意願。

眞悟的禪師們個個都是這樣，不接受威逼利誘。可是如果悟得很粗淺，依舊眞妄不分時，心中貪求名聞利養，三更半夜也就啓程了。眞悟禪師，除非想見的人對正法的久住確實會有幫助，否則請不動他的，本來禪師就應該如此。所以，以前曾有媒體打電話或者寫信，希望對我採訪等等，我聽到時都是當下就婉轉回絕了；我攀緣那些並沒有用，因爲我不求名聞與利養。但是度衆時的爲人悉檀卻是一定要有的，所以六祖在那個時節因緣，當然要說**「一悟即至佛地」**，因爲禪宗那時候才正要開始弘傳。

可是如果有人把這個方便說當作究竟說，問題就大了。請問：七住位菩薩們有沒有開悟實相般若？十行、十迴向位呢？初地到十地呢？等覺跟妙覺呢？全都有開悟般若啊！那爲什麼都還沒有成佛呢？所以六祖那是理上的說法，就好像經中說**「衆生本來成佛」**都是在理上說的，還談不上悟後的事修。（有人說：理即佛。）對啊！正是**「理即佛」**。證實相心以後，從你的立場來看一切衆生，還有哪個不是佛呢？因爲全都是如來藏，如來藏就是法身佛，還能有誰不是佛？螞蟻來了，就是螞蟻佛；蟑螂來了，叫作蟑螂佛。有哪個不是佛？但螞蟻、蟑螂都不知道，而牠們就是**「理即佛」**位的佛。

然而這只是你心中的所知，眾生並不知道，當眾生來問，你就說：「你也是佛。」眾生聽了好歡喜：「為什麼我也是佛？」「因為你也有法身佛，所以你就是佛。」眾生就知道說：「原來我也是佛，我也有法身，我將來也可以修學佛法而真的成佛。」當他們知道這一點了，他就是「名字即佛」位的佛。好了，有一天他發起歡喜心：「我也要成佛，佛這麼殊勝，連阿羅漢、大菩薩們都得恭敬奉侍。」願意學佛了，努力去參禪，也在熏習成佛之道的知見，那他就是「觀行即佛」位的佛。他開始觀行了，雖然還沒有實證，也叫作佛，怎能說他不是佛？從理體上來說，還沒有開悟也是佛。

好了，等到有一天終於悟了，進入第七住位而不退轉了，這時證得實相心如來藏，就是證得《金剛經》中說的金剛心；如果退轉不信，就是有金剛而沒有三昧；如果證得金剛心而不退轉，他就有金剛也有三昧，叫作金剛三昧（三昧就是定——心得決定）。這就是入首楞嚴三摩地。這個時候他說：「我知道了，佛陀開悟明心證得的是這個心；我也是證得這個心，是同樣的一個法身，原來佛陀跟我是一樣的。」可是從智慧上看起來他好像是佛，但仍然不是佛，因為還沒有究竟，就稱為「相似即佛」位的佛。明心了，發覺所證是一樣的，所以看起來好像也是佛；因爲呢：「佛是證得如來藏，諸佛也是以如來藏爲法身，而我也證得如來藏，我看起來就像是佛了，因爲我也開始能演說眞正的佛法了。」雖然他畢竟還不是佛，因爲還不具備諸佛的功德，這便叫作「相似即佛」；只是跟諸佛很相像了，可是仍然不是佛。你看，眞正開悟明心了也都還不是眞佛，但也可以說是佛，是看起來很相似的相似即佛。

接著該怎麼樣呢？得要修入初地而分證五分法身，這是說，有五分法身，五分法身就是戒身、定身、慧身、解脫身、解脫知見身；這五分法身是在初地滿心時證得十分中的一分，繼續一地一地進修而使五分法身具足十分，從初地到十地都是「分證即佛」位的佛，這叫作「分證即佛」，也叫作佛。圓滿十地心而轉入等覺、妙覺位，可就要準備成爲究竟佛；可是這時畢竟還不是究竟佛，得要到最後身菩薩位開悟成佛了，才叫作究竟佛。所以大乘的成佛之道，並不是一悟就能究竟成佛的；因爲悟了只是見道，而成佛之道的修行，必須要從見道開始，見道就是開悟明心。那當然得要探究一下：我要修成佛之道，因此我必須要見道；現在想要見道，可是見道到底是什麼內容？總不能夠說「出了門看見承德路叫作見道」吧？（大眾笑⋯⋯）因為成佛之道的見道，是看見了成佛的大道；成佛這一條路該怎麼走，看清楚了，確定是從這裡開始的，終於眞的看見了，就是見道。可是看見了，不等於全部都知道，還得親自去全部走完它。因爲這要走三大阿僧祇劫，遠處的細節可都還看不清晰，當然要先去把它整個大概弄清楚，然後才開始實際去走完這條路，才算是眞的成佛了。

所以修學佛法的人，見道是首要之務；而見道的內涵就是明心，明心時總不該是明白自己這個覺知心吧？如果明白這個覺知心就是大乘的見道，那麼見道就太沒價值了，因爲三歲娃兒都知道自己的這個覺知心。等到他有一天看到老爺爺死了，這娃兒問媽媽：「老爺爺去哪裡了？」媽媽說：「他死了。」「什麼叫作死？爺爺明明睡在這裡。」「不，那是他的身體，老爺爺死了生天去了。」「喔！原來身體不是老爺爺。」他就懂了，以後他只要看見個死人，就知道覺知心是我，身體不是我。好啊！如果連三歲娃都知道覺知心這個心，那麼千載難逢的開悟明心所悟的也只是知道覺知心這個心，那麼這樣的開悟豈不跟三歲娃兒的所知一樣了嗎？當然明心不是明這個心。

所以，學禪求悟的人，一定要先弄清楚見道之標的就是證如來藏，就是《般若經》裡面說的證眞如。可是眞如又是什麼意思？就是眞實與如如。這個眞實與如如合起來就叫作眞如，於萬法中如如不動，但祂是眞實存在而且能出生萬法，確實是有眞實性而不是語言文字施設出來的名詞而已。具有眞實與如如的法性，才能叫作眞如；而這個眞如是從哪裡顯示出來的呢？是從如來藏在萬法中運作時顯示出來的。所以《般若經》所講的證眞如，就是要開悟明心，明心了就可以看見如來藏的眞如法性，就是證眞如，就會發起實相智慧了。

這意思就是說，一定要先知道：得親證如來藏這個心，還要能夠現觀祂的眞如法性，這就是成佛之道入門的憑藉。由於這樣的道理，我說不應該以聲聞菩提的解脫道來取代大乘的佛菩提道，因爲聲聞乃至緣覺菩提的實證，縱使到達無學位了，終究只能成爲阿羅漢、辟支佛，無法使人成爲菩薩，更不可能使人成佛；因爲二乘菩提所證的涅槃都是方便說，那只是中途的一個化城，距離佛地仍然非常遙遠，他們對眞如是沒有實證的，無法觀察萬法之中的如來藏所顯示出來的眞如法性，連七住菩薩的智慧都還沒有呢。

可是這個道理爲初機學人講過了，那麼對已經證悟的人，我該講些什麼？我也有一些吩咐。譬如有一些人膽子很大，隨著某一些淺悟的祖師剛悟時所說的話，他們就跟著亂講了：「**羅漢辟支猶如廁穢，十地滿心猶如客作兒。**」他們落入離念靈知之中，以爲自己眞的開悟了，還眞的認爲自己是究竟佛了，從此開始空腹高心，輕嫌天下一切菩薩，但這不是一個眞正佛子應該有的心態。剛才舉例的這兩句話是誰講的？有沒有誰記得？是臨濟義玄剛出道時說的。德山禪師剛明心後見人便棒，也是目空一切；可是他那時有沒有眼見佛性？有沒有過牢關？全都沒有，終其一生都沒有眼見佛性，至於牢關也只是解悟，所以還被巖頭全豁給針砭一番，才算解悟牢關；但他最後還是跳不出他的徒弟巖頭全豁的預記，當他解悟牢關而在次日說法異於以前時，他的徒弟巖頭全豁就在僧堂前把他下了一個註腳：「**這老漢今天說法不同往昔，可惜的是，不過三年。**」果然三年到了，德山就捨報了。

有同樣傲氣的人是臨濟義玄，初出道時傲氣沖天，他悟後不久就出去開山，有一次就講：「**阿羅漢、辟支佛，猶如廁所裡面讓人家刮屁股的石片或竹篾；十地滿心的菩薩們也只是作客的人，還不是家裡人。**」那麼我要請問他：「你悟了以後在佛菩提道中是什麼階位？」不過是三賢位中的第七住位，竟然還瞧不起十地菩薩。阿羅漢作意，他都還證不到，緣覺法他也還不曾實證。所以他如果自稱是理上說的，我們可以認同；如果認為是究竟說，那可不允許。所以我們才會說，狂禪絕不可取；即使眞的悟了，也不值得空腹高心輕視一切人。臨濟出道的時候也是目空一切，但他若不是目空一切，也不可能成就臨濟宗；正因為目空一切的時候，他可以籠罩當時的天下人，誰敢不信？

譬如我們正覺弘法以前，如果大家講到那些密宗的喇嘛法王們，哇！恭敬得不得了，因為他們都自稱成佛了。大家都想：「人家都敢自稱成佛，如果是假的，那是大妄語業，要下無間地獄，誰敢這麼講？但喇嘛們敢公開講，那一定是眞的。」因為學佛人大多是很古意、很古錐的，大約都是老古錐。「古錐」是很文雅的話，「古意、古錐」都是河洛話，是一千多年前的河洛話，如今還在閩南流傳著，你們可別說我是講粗俗語。因為佛門四眾大多很古錐、很古意，所以聽到喇嘛們公開這麼講，都不敢懷疑；因為那是干犯大妄語業，死後果報是無間地獄，沒有人敢這樣作的。所以大家都想：「他們敢講，一定是有實證。」所以大家聽了往往都會相信。

同樣的道理，只要臨濟敢說大話出來，誰敢不信？正因爲這樣，臨濟才能建立宗派。有了臨濟立派，才有後來的禪宗發揚光大，所以他在那個時空那樣作，我們也不能太苛責他。但是如今看來畢竟是大話，畢竟不免成爲狂禪；所以後來臨濟義玄被玄沙師備等等大師拈提了，他就不得不再回去黃蘗山，再跟希運禪師討教討教。黃蘗禪師才知道說，原來當初香板給他給得太早了。所以千餘年後，我還得要再拈提臨濟，幫他把那不好的口業消掉；拈提得越多，他的口業便消得越多。

所以當年他剛出道眞妄不分時，就敢誇得大口，因此被諸方善知識指指點點，失了多少顏面，終於回山見黃蘗，重新打點一番，才算改正了過來，否則就沒有後來的臨濟正宗。正因爲他有改過，所以臨濟正宗傳了下來，到今天還有東山門下客。誰是東山門下客？就是你們諸位，咱們東山禪還繼續在弘傳，東山禪還是由臨濟一派繼續傳承了下來。東山法脈是延續到臨濟一脈，但臨濟宗下的禪師們可不一定限制於臨濟派下；因爲你上一世可以是張三，這一世就變成李四，所以往世有更高證量的菩薩重新受生後，也可以進入禪宗繼承道場基業，方便於繼續弘揚佛法。話說回來，正因爲有東山門下客，捨壽後重新再來時又入臨濟宗，所以臨濟的法脈如今還在，不怕斷絕。至於外面有誰說他是臨濟正宗，其實都是冒牌貨，只是把鉛拿來鍍了金，看來很漂亮，不堪一戳；因爲他們只是身相宗派的傳承，並沒有法的實質傳承。但是爲什麼我要講「狂禪、方便說」等等這些話？是告訴大家說，狂禪絕不可取。悟了則是可慶可賀，也是成佛之道的正式進修，但是絕不應該有狂禪的心態。接著我們再舉一段《鎮州臨濟慧照禪師語錄》裡的一段話來說：

【只爲道流一切馳求，心不能歇，上他古人閑機境。道流！取山僧見處，坐斷報化佛頭，十地滿心猶如客作兒，等妙二覺擔枷鎖漢，羅漢辟支猶如廁穢，菩提涅槃如繫驢橛。何以如此？只爲道流不達三祇劫空，所以有此障礙；若是眞正道人，終不如是；但能隨緣消舊業，任運著衣裳，要行即行，要坐即坐，無一念心希求佛果。緣何如此？古人云：「若欲作業求佛，佛是生死大兆。」大德！時光可惜，只擬傍家波波地學禪學道、認名認句，求佛、求祖、求善知識意度；莫錯，道流！爾只有一箇父母，更求何物？爾自返照看。】

你看，這口氣像不像禪師？根本就是個禪師；他說的話有沒有過失？

有！這位臨濟慧照禪師就是臨濟義玄禪師。你們看，他說「坐斷報化佛頭」，這在禪法上來講是可以，我們也就不便評論他；可是當他說「十地滿心猶如客作兒，等妙二覺」只是個「擔枷鎖漢」，還罵說：阿羅漢辟支佛猶如廁所裡面的髒東西。又說，經中 佛所說的菩提涅槃就像在綁驢子的木樁，這可眞的太過火了！太過火也就沒有人想要，因爲只要是有物品的人，都不想要手裡的物品太過火。太過火就是焦了，不管世俗人上牛排館或者去買蛋糕，太過火的大家一定不要買。可是你如果餓得荒，手裡沒有牛排也沒有蛋糕，餓了好幾天，很快就要沒命了，太過火的也好，叫作飢不擇食；猶如漂流於大海中，茫無所依時，即使是死人的浮屍，也要抱著以免沈溺啊！是不是？是嘛！所以還沒有明心的人聽到這麼講，心裡說：「我要啊！爲什麼不要？」當然會讚歎：「臨濟禪師說得妙啊！這個我要啊！」可是咱們正覺絕對不要，因爲那已經焦了。這就是現成的例子，舉來跟大家共勉，千萬別學臨濟喔！如果老是要學他，成佛之道絕對不好走，一定進程緩慢、橫逆無端。

所以說，大家千萬別學他，咱們還是老老實實安分一點，實證時把眞如探究得很清楚，將實相追根究柢而法樂無窮，又不會有狂禪之弊，每天晚上也睡得安生，沒有任何的愧疚，豈不是妙呢？話說回來，臨濟禪師口氣雖然太狂，但他畢竟是有眞正實證的人，古德都還覺得他有大過失，不免被許多禪師們拈提；至於現代那些還沒有悟、悟錯了，卻喜歡誇大口的大妄語人，我們就用下面古德這一段話來告訴他們，《景德傳燈錄》卷二十八：

【如今天下解禪解道如河沙數，說佛說心有百千萬億；纖塵不去未免輪迴，思念不亡盡須沈墜。如斯之類尚不能自識業果，妄言自利利他，自謂上流並他先德，但言「觸目無非佛事，舉足皆是道場」，原其所習，不如一箇五戒十善凡夫；觀其發言，嫌他二乘十地菩薩。且醍醐上味爲世珍奇，遇斯等人翻成毒藥。南山尚自不許呼爲大乘，學語之流爭鋒唇舌之間，鼓論不形之事，並他先德，誠實苦哉。只如野逸高士，尚解枕石漱流、棄其利祿，亦有安國理民之謀，徵而不赴，況我禪宗途路且別？看他古德道人，得意之後茆茨石室、向折腳鐺子裏煮飯喫，過三十、二十年，名利不干懷，財寶不爲念；大忘人世，隱跡巖叢；君王命而不來，諸侯請而不赴，豈同我輩貪名愛利汩沒世途，如短販人有少希求而忘大果。十地、諸賢，豈不通佛理，可不如一箇博地凡夫？實無此理。】

唉呀！罵得眞好！那一些眞悟而有狂禪的人已經該罵了，更何況是現代連見道都沒有的人，一天到晚空腹高心輕嫌一切人。空腹高心輕嫌一般人也就罷了，偏偏還要指責證悟的賢聖們是邪魔外道，這種行爲何止是空腹高心？現在末法時代的佛教界不正是如此嗎？這些人都沒有智慧思惟淺易的道理，佛說識共有八，這八個識，他們可以自己核計一下：「我某甲證了幾個識？」核計的結果是：「不管怎麼算，我某甲永遠就只知道這六個識。人家正覺不但知道第七識意根，也知道第八識的所在，能夠現觀第八識的眞如法性。」如果懂得這麼思惟，請問：上駟與下駟是不是很清楚了？千里馬跟一頭驢是很清楚顯示出來了嘛！「人家證得八個識的人，很顯然就是千里馬，而我們只知道有六個識。人家所知道的七、八兩個識，我們全都不知道，我們當然只是一頭驢子，哪能跟千里馬相提並論呢？」

若沒有智慧，不能認識清楚這一點，一直拿來相提並論說：「我這頭驢子跟他的千里馬是一樣的。」這樣想已經是過分了，明明驢子一天走不了一、兩百公里，因爲驢子都只用走的，牠可不想跑步，那千里馬卻是日行千里。可是這頭驢子偏要說：「我跟你千里馬跑得一樣快。」那千里馬不跟牠計較也就算了，沒想到驢子接著不斷地高聲說：「我才是千里馬，你只是驢子。」在末法時代的佛教界裡就是如此，所以現代只懂六個識的人倡說自己是賢聖，反過來倡說人家證得七、八識的人是邪魔外道；這就是現在的狀態，就是密宗這一些人。附佛法外道的密宗古來一向都是這樣子，可是佛門裡面古來就有很多冒充賢聖的人，就是《景德傳燈錄》中這一段文字所責罵的人，那些人動不動就開口說：「觸目無非佛事，舉足皆是道場。」都是這麼說的，看來他們似乎眞是證悟的賢聖啊！可是古德接著說：「原其所習，」「原」就是把他推回到他本來的實際狀態加以探究，結果呢？他們所學習的、所親證的，「不如一個五戒十善凡夫」，那些自稱成佛的喇嘛、法王所學習、所住的境界，眞的「不如一個五戒十善凡夫」；因爲「一個五戒十善凡夫」絕對不會大妄語，他們卻是一天到晚在大妄語，而且都是最大的大妄語。

請問大家，海峽兩岸的佛教界，是不是普遍大妄語？都是如此啊！正是被密宗所影響而使膽子越來越大，後來大家都習慣於大妄語了，就不把大妄語當作一回事了。當然，大妄語也有直接大妄語與方便大妄語的區別。直接大妄語都是密宗的法王、上師、喇嘛們等外道的事，大家耳熟能詳，我們就不談他。方便大妄語的人可就很有技巧了：「說自己開悟的人就是沒有悟的人。」他不解釋這話的涵意，就說到別的法義上去了；過了一會兒他又轉回來說：「**師父我從來沒有說過我有開悟。**」那麼他到底是悟了沒有？他就是以這種方便法，要讓你覺得他眞的開悟了，但他給人感覺很謙虛而不講大話，他認爲自己這樣講並沒有公開大妄語。這個技巧很好，可是再怎麼好的大妄語技巧，我們也不要學，我們正覺就是要如實。

所以有一些人動不動嫌他二乘阿羅漢、辟支佛太笨了，般若也不懂；其實他自己也不懂，有什麼資格嫌他二乘聖人呢？即使他眞的證悟了，竟又公開嫌說：「**那等覺、妙覺菩薩不過是個擔枷鎖漢，全都在挑著佛陀家業的擔子。**」難道他不是也清楚知道自己正在挑著 佛陀家業的擔子嗎？但人家是等覺、妙覺的證量欸！道種智已經圓滿了，只是繼續修集福德而等著成佛而已。我們可要回頭來請問他：別相智圓滿了沒有？連入地的資格都還沒有呢！都還無法眼見佛性，只是第七住位的菩薩罷了，就敢嫌他十地、等覺菩薩，未免太猖狂了。至於末法時期的現代佛教界密宗大師們，他們有沒有實相般若的總相智？全都沒有，都還不如第七住位的菩薩，也還不如聲聞初果人，竟敢公開貶抑正統佛教的諸佛證量太低，套一句台灣話說：「**七月半的鴨子不知死活**。」所以說這些人無可救藥，明明很勝妙的般若以及唯識種智，全都是醍醐上味；對於已經證悟的菩薩來講，全部都是醍醐上味；可是到他們耳裡聽來，就好像毒藥一般地厭惡；由他們嘴裡講出來時可就變成毒藥，全都在誤導別人，害死別人的法身慧命。對這些人眞的只能夠說：「**苦哉！苦哉！**」因爲他們的未來世眞是令人憂慮啊！

所以說，如果悟得眞的時候，人空、我亦空，我空、法亦空，怎麼會有訶佛罵祖的狂妄之語呢？那麼話說回來，受持這個《實相經》金剛心的人，是應當如何來受持「**此經**」？三句不離本行，當然還是要先回來談「**此經**」，因爲既然講的是《實相經宗通》，而這個《實相經宗通》的演繹已經快要圓滿了，那麼《實相經》裡講的「此經」到底是什麼經？當然要回到這裡來談。最後要結束之前，我當然要有爲人處，不然大家刮風下雨、大太陽的，全都趕來傾聽《實相經宗通》，咱家總不能無爲人處，所以就用《佛祖綱目》卷三這一段話來送給大家：

【世尊示隨色摩尼珠，問五方天王：「此珠作何色？」時五方天王互說

異色。世尊藏珠，復抬手曰：「此珠作何色？」天王曰：「佛手中無珠，何處有色？」世尊曰：「汝何迷倒之甚？吾將世珠示之，便強說有青黃赤白色。吾將真珠示之，便總不知。」時五方天王悉自悟道。】

你看人家天王們悟道這麼簡單，（平實導師隨手把茶杯拿起來示眾說：）譬如這杯子就是摩尼寶珠好了，世尊把隨色寶珠拿出來問五方天王：「這個珠作什麼顏色？」因爲這個是隨色珠，所以喜歡紅色的人看起來就是紅的，喜歡綠色的人看起來就是綠的，因此「五方天王互說異色」。（平實導師隨即放下杯子說：）「世尊藏珠」當然不是放在桌子上，而是藏了起來然後又抬起空無一物的手說：「這個珠是什麼顏色？」五方天王說：「佛陀啊！您的手中也沒有珠，哪裡還會有顏色呢？」世尊就罵他們說：「你們爲什麼迷倒這麼嚴重呢？我把世間的寶珠顯示給你們看，你們硬要說這是青黃赤白等色，如今我把眞的寶珠顯示給你們看，你們就都不知道了。」世尊是這樣罵人的。明明手中無珠，卻說隨色珠只是世間寶珠，然後祂把眞珠拿出來了，結果五方天王說：「世尊！您手中沒有珠，還有什麼顏色可說？」沒想到 世尊罵他們說：「你們看到世間珠就說那是青黃赤白，我把眞正的寶珠拿給你們看，你們卻都不懂了。」於是他們就悟了（大眾笑…）。

這五方天王眞的賤骨頭，不罵還悟不了，一罵就悟了。古來祖師們像這樣的人眞的很多，所以徒弟每天上來問訊時，師父說：「今天該除草了。」明天上來，「竹園該培土了。」後來又上來，「菜園該摘菜了。」徒弟眞的忍不住了就說：「師父！我是爲法而出家的，您都不教我佛法。」師父才一聽，隨即大罵起來：「你這個忘恩負義的人，我哪一天沒教你佛法？」這徒弟被罵得不甘願：「師父！您什麼時候有教我佛法？」這師父聽了可就一直罵個不停，後來徒弟找個空檔又反脣譏回去：「難道您這樣子罵我就是佛法嗎？」（大眾笑…）這回師父可不跟他回罵了，好整以暇、輕描淡寫地一句話：「你懂得什麼叫作罵嗎？」這回徒弟也就悟了，還眞是賤骨頭。禪宗的公案典故中，處處可以找到這種賤骨頭的大德。

接著要請問你：你們懷裡有沒有「此經」？我可是把眞珠當面給你了，《金剛經》中說的「此經」，《實相經》中說的「此經」，你就應該有了，因爲人家都是這樣就悟了。你如果這樣還悟不了，那我就只好改用罵的了。如果眞正要受持《金剛經》、《實相經》，就應該這樣受持，而不是每天到晚拿著經本在那邊苦誦：「如是我聞……。」如果懂得像我這樣受持的話，每天課誦《金剛經》就簡單了，佛前上了香，把《金剛經》經本高舉過眉再放回去，也就誦完了（大眾笑…）。這樣子誦經，還有什麼人可以誦得比你快？《金剛經》誦得很快的人二十幾分鐘便誦完了，就像機關槍一樣「嗒嗒嗒嗒…」很快地唸過去；可是對於會持此經的人來說，也還是太慢了。

我們接著用大慧宗杲的話來說，大慧宗杲曾經援用古德的話說：「有所得是野干鳴，無所得是師子吼。」以前我們度人，有一部分人就是落在有所得心中；但我們教的是無所得法，他們老是用有所得心來衡量，往往心中疑根不斷。當年我把正法送給他們的時候，告訴他們說：「這就是如來藏。」可是他老兄怎麼說？那位親教師私底下去找很多同修談論：「蕭老師教我們證這個第八識，我們也證得第八識了，可是這個第八識應該要有個所依啊！如果第八識沒有所依，那我們死了以後要怎麼辦？」原來他認爲第八識要有所依，那麼就要請問了：我如果再創造個第九識教給他以後，另外有一個師兄說：「我們證得第九識，第九識沒有所依，那我們死了以後又該怎麼辦？」於是依此類推，就無窮無盡了，那到底什麼才是實相呢？眞正的實相還能有證實的一天嗎？所以當年我用硬逘的，他們就沒有智慧自己觀察五蘊、十八界全都從實相心第八識心中出生的，也沒有智慧可以觀察第八識是如何出生自己的五蘊十八界，實相般若智慧並沒有生起來，才會這樣胡思亂想而想要標新立異，於是就自己創造新佛法出來，後來就無法收拾了。

我說，這些人都叫作愚癡人！第八識心本來就無所依，才會是自在的法性，有所依的法一定沒有自在的法性；而第八識以外就沒有一法可得了，假使眞的有人能超越第八識，我就要請他超越第八識去瞧一瞧，看第八識以外還有什麼法可得？絕無一法可得啊！豈不聞六祖言：「如日處虛空。」太陽要有什麼所依？根本沒有所依，就這樣在虛空中自由自在，讓大家來依止它，豈不甚好？爲什麼一定要找一個所依呢？如果要找的是有所依的法，豈不是祖師說的「依草附木精靈」？那就表示說，他找到的不是正主，最多只是個配角。請問你要當主角還是當配角呢？當然要當主角。

世尊開示十因緣法時也說到祂是這麼示現成佛的：當祂探究十因緣法時，把一切法加以推尋；老病死是因爲有生，有生是因爲前世收集了後有的種子；就這樣把一一法向前推究下去，於是後來推究到名色是一切法的源頭，若無名色就無一切法，就無生老病死……等苦。然而名色是從哪裡來的？是從另一個識——本識中生出來的，是因爲有無明而寶愛這個名色，所以本識就出生了意根與識陰六識，於是就有生老病死等種種苦。這時就得探究名色源頭的本識如來藏，在祂之前還有沒有什麼法存在？結果是本識之前沒有任何一法存在，所有法都不能超過那個第八識本識，因此世尊開示說，凡是探究實相法的人都是：「齊識而還，不能過彼。」所以眞正開悟明心所找到的最究竟心、最終心，一定是無所依的，不必依止其他的任何一法就能自己存在，才是眞自在；眞正自在而無所依的心才能出生需要所依的名色等萬法，有所依的法絕不可能出生別的法，這才是眞正的佛法實證。

凡是需要依止其他人的任何一個人，全都是配角；配角生來就是要配合主角，而主角是被人家配合的，主角不必依存於任何人，像這樣實證本識才是眞正的開悟；而這樣無所依的心一定是自在的，自在的心一定是公平無偏心的；因爲祂離六塵中的見聞覺知，所以祂絕無偏黨，一定會公正執行收藏一切善、惡、無記業等業種而無所選擇，才能公正執行因果律而出生三惡道有情各自受報，才能出生三善道有情各自享福。正因爲永遠都離六塵中的見聞覺知，所以沒有任何的苦受、樂受可說，當然是無所得心；而祂是無所依的，因爲祂是出生宇宙萬法的心，不需要有任何的所依，像這樣無所依的心當然同時是無所得心。

可是問題來了，大慧宗杲提出這一句話來說：「有所得是野干鳴，無所得是師子吼。」因爲所說的開悟境界若是六塵中的心，他講出來的法王法一定會成爲世間法，想要效法 世尊破斥外道而作獅子吼大聲斥責別人時，一定只是野狐之聲，不是法王所說之法；被他評論斥責的善知識回應而作獅子吼時，他就只能縮頭藏尾在網路上匿名作無根據的指控了。只有實證無所得心，講出妙法而作法義辨正時才會成爲獅子吼，因爲在他的法義辨正下，所有野狐都只能在公開場合噤聲不語，所以才說「無所得是師子吼」。但是善知識恐怕眾生無智，聽了無所得法以後就落入惡取空中，一天到晚講一切法空、緣起性空，就得加以辨正來救護眾生的法身慧命。落入一切法空而空到最後時，他其實什麼佛法都不懂，連最基礎的二乘佛法也不懂，卻反而一味指責善知識不懂佛法，最後是把自己的法身慧命也給賠進去了。

所以說，一切自認爲已經證悟的人，都應該要親見眞善知識來勘驗一下，免得摧邪顯正想要護法時，所作所爲都成爲求升反墮的愚行，眞是成就了天下最大的冤枉。學佛本來是爲了要昇華心靈乃至開悟二乘菩提而出三界，還得要再證得實相般若；但他們學佛的結果竟是學到後來變成大妄語，造了天下最大的大妄語業，招得未來無量世的慘痛苦果，那豈不是天下最大的冤枉？因爲學佛是善法，而他們修學善法的結果竟然變成要下墮無間地獄，次第輪轉於三惡道很多劫以後才能再度回來人間，豈不是天下最大的冤枉？何其可憐又何其愚癡呢！所以這個節骨眼，我們還是要點出來：佛法不是小事，務必愼重。

我們就舉一個例子來說，譬如紹修山主；他跟大法眼兩個人行腳，因爲他們行腳時遇上暴雨，被河水阻擋而投宿於地藏院，那個晚上在羅漢桂琛開示之下悟了。後來清涼法眼禪師開山了，有一天特地問紹修山主（當時他還沒開山當祖師），法眼說：「**古人說：『毫釐有差，天地懸隔。』師兄你作麼生體會？**」紹修山主就回答說：「**毫釐有差，天地懸隔。**」他的意思就是說，只要差那麼一點點，就是天與地的差別了，這時清涼大法眼就說：「**師兄！你這樣會，怎麼可能眞正會了呢？**」紹修山主一聽，心想：「**我一定不對，**

師兄這樣告訴我，一定有道理。」所以就問：「和尚！如果是你，那你怎麼說？」沒想到清涼大法眼竟答覆他說：「毫釐有差，天地懸隔。」這紹修禪師一聽，終於會了；這時一身冷汗，原來這裡面還有淆訛，自己還眞是錯會了，現在才算眞正懂得更深了；所以清涼大法眼才一說完，紹修山主一聽就會了，納頭便拜。

你看，他們可都是同時在地藏院的羅漢桂琛禪師座下證悟的，也一起出去行腳過，留下了一句「迤邐行脚去」，以及羅漢禪師的「不知最親切」等名言；後來清涼大法眼先住山，紹修禪師追隨他，清涼有心幫他悟得更深，才會有這一段對答；紹修也懂得知恩，所以在這裡悟得更深，就趕快禮拜師兄清涼大法眼禪師。然而這裡面到底有什麼淆訛？清涼問他時，紹修所答的話，清涼不肯他；等到紹修問了，清涼回答他的話，也還是一字不易，紹修聽了卻納頭便拜，這裡的淆訛得要會了，才算是很好的證悟品質啊！假使不會，輕易地說：「我會了，我會了，你們禪宗的法就是什麼、什麼，你們正覺悟的就是什麼、什麼。」那都不是眞會，只要差那麼一點點，即使猶如纖塵那麼微細的一點點錯誤都不允許，清涼禪師都還說是錯會呢。所以宗門下事非同小可，還是謹慎一些好。

如果你要問我說：「那麼到底他們這裡面的蹊蹺在哪裡？你蕭老師也行行好，告訴我們吧！」那當然也可以，我就告訴你：「毫釐有差，天地懸隔。」只要具眼，當下便見，不就結了？怕的是仍然毫釐有差，沒有把這毫釐弄清楚，於是眞的就是天地懸隔了。那紹修山主悟得深，悟得正，所以他住山以後有這樣的開示，還眞是古今一絕：「示眾云：具足凡夫法，凡夫不知；具足聖人法，聖人不會。聖人若會，即是凡夫；凡夫若知，即是聖人。此語具一理二義，若人辨得，不妨於佛法中有箇入路。若辨不得，莫道不疑。」（《聯燈會要》卷二十六）

所以說，大善知識出於人間有利有弊，但是不論利或弊，全都在各人不同的因緣，與善知識本身無關，所以有智慧的人，千萬別隨便怪罪於善知識。但我另有看法：凡夫只能信受相似般若，落在語言文字和意識思惟所得中；他們初聞實相般若而不信受乃至毀謗，我都覺得還是有利益；因爲這一世謗了可能下一世要下墮地獄，可是下墮地獄後學到了教訓，未來劫回到人間時就會信受而得到大利益，開始了實證的過程；因此從長期來看，我認爲還是有益。所以善知識還得要講出眞實義，明知道講了以後某一些凡夫會毀謗，善知識還是要講，因爲最後對眾生終究有大利；只是心高氣傲自以爲已知般若的凡夫們，他們付出的代價高一點，因爲他們妄謗眞實般若與眞善知識以後得要下墮地獄幾劫。但是現在善知識若不講出眞實般若，留到一劫、五劫、百劫之後，還是要有善知識出來講，他們心高氣傲的緣故，遲到那個時候聽聞了也還是得要下地獄，只是早下晚下的差別而已；那我們不如先講了讓他們先下去，先下去以後當然也是先出來，其他沒有慢心的佛弟子卻能現在就先悟入實相般若，所以還是應該先講才對。

有一句俗話講得很好：長痛不如短痛。不如現在就先講出來，大家都得到大利益，那些心高氣傲的少數人也因此謗法、謗善知識而提早下去，將來當然也是提早回來，自然也會提早幾十劫開悟，這樣也很好。晚下就晚回人間而晚悟，那不如早一點；所以今雖有苦，後得大利。不過，最好是先告訴他們這個道理，同時請他們不要隨意毀謗，請他們心裡要先忍一忍，別再顧念名聞與利養，等這一股怨氣忍過去了，未來能有機會悟入，就不用下地獄了。我們把話說在前頭，讓他們可以警覺一下，將來有因緣可以先悟，那不是更好嗎？至於極少數密宗裡不懂佛法而又非常傲慢，又想要保住現世不該從佛教徒得到的供養，因此而繼續毀謗八識論正法及賢聖的愚癡人，我們可就只能說是「不可救藥」，所能作的就是不理會他們的後世果報了。所以我還是要奉勸那一些淺學或者少聞寡慧的人：忍得一口氣，保住百劫身。只要眼前先能保住了，保不定下一世就開悟了，不必下地獄百劫或幾十劫受苦以後再來開悟。接著唸一段經文給大家聽，這一段是《雜譬喻經》的經文：

【在昔過世無量塵數之劫，時有菩薩名曰喜根，於大眾中講摩訶衍；文殊師利時為凡人，出家修道專精苦行，行十二頭陀，福度一切；遇值講法，因而過聽。喜根菩薩說實相法，言：「婬怒癡與道不異，亦即是道，亦是涅槃。」文殊爾時聞而不信、即便捨去，到喜根弟子家，為說惡露不淨之法。喜根弟子即時難曰：「無所有者，法之眞也。諸法皆空，云何當有淨與不淨？」頭陀比丘（文殊）默然無對，含瞋心內，遂成憤結。時喜根弟子說七十偈，讚實相法；頭陀比丘聞一偈，瞋恚生一增；竟七十偈，瞋恚七十增。說偈適竟，地即劈裂，無擇泥犁於是悉現，頭陀比丘即墮其中。過無量劫罪畢乃出，然後乃知不信妙法其罪重也！後為比丘專精學問，得大智慧解空第一。此喻

明：**佛說般若，不信誹謗；今雖有損，後大益也。】**

這證明我出來弘法，縱使讓人家無根毀謗了，他們捨壽後因此下地獄了，我還是利益了他們，因爲這是無量無邊劫前就有的眞實例子。不要像有一些鄉愿的人一樣繼續保有鄉愿的心態，早期有一些鄉愿的同修就說：「**老師！你不要講得太斬釘截鐵、講得太勝妙，人家聽了不懂，人家毀謗勝妙法，你會害他們下地獄。**」當時我說：「**即使他們下了地獄，我還是利益了他們。**」可是他們終究不信我的話，一個一個離開同修會了。如今十幾年後，我把這一段經文拿出來證明：即使我當時說了妙法，害一些少聞寡慧的人謗法而在將來要下地獄，我還是利益了他們。而他們現在不經歷這種慘痛的過程，未來世遇到眞善知識宣說妙法以後，依舊會因爲心高氣傲毀謗善知識而下地獄；這是心高氣傲，忍受不了妙法的人必經的過程，現在這一段經文不就證明了嗎？今天講到這裡。

有很多人問我說：「**今天會不會講完？**」（編案：有很多人期待接著聽講《法華經》。）我總是說：「**大概會吧！**」也只能說是大約，因爲金剛般若、實相般若的法義，雖然只是三賢位中入地之前的般若別相智，老實講，函蓋面是很廣的，否則也不需要七住位中開悟明心，悟後修到通達位的入地心竟然得要一大阿僧祇劫的三十分之二十三。在第一大阿僧祇劫的三十心裡面，想要經過這二十三心的階位，那是非常長的時間，不是一個大劫、二個大劫就能完成的；所以，眞要趕快說完的話，草草了事當然也可以。如果我們要比較鄭重一點、演說得勝妙一些，不要潦草而想要讓大家在實相般若上面有更多層面的現觀，那就不一定今晚可以講得完了。潦草地講解，有一句話叫作「虎頭蛇尾」，那到底好不好？也眞的不很好。雖然說是快要結束了，也眞是好像要結束了，但是依舊別潦草的好。你們看上週講的內容也是很棒啊！並且也把 世尊的開示請出來利益大家了，對不對？世尊的開示眞的太棒了！所以我覺得，大家都不必在意今晚是不是講得完，而是要在意說，每一次演說是不是自始至終都是勝妙的，這才是最重要的。所以我們就不必理會今晚講不講得完，該講的就得講，該給諸位的就得給諸位。

上一週我們講過：我們有時候講法講得太深妙，以至於有些初機學人聽了沒辦法接受，因爲是聞所未聞的勝妙法，所以他們心中無法接受就毀謗了。那毀謗其實也不算壞，因爲毀謗以後，未來百劫之後他們就可以得法了，只要他謗法的業報已經受完了。其實我的看法是每一個菩薩在過去世，在因地都曾經毀謗過正法；諸位如此，我也是如此，都是曾經毀謗過的。因爲實相般若的勝妙法，眾生剛開始都不可能眞的聽懂，又哪能信受呢？根本不可能信受。到了受苦百劫的後來又爲什麼會信受？因爲過去很多劫以前曾經在百劫之中淪墮三惡道而受到教訓了，心態完全改變了，所以聽到不很瞭解的般若妙法時，心裡面想說：「**我先存疑，先不去毀謗或否定，慢慢再來試著看能不能實證而判斷，再作最後的決定。**」這表示心地比以前清淨了。我認爲自己無數劫以前也是曾經毀謗過勝妙法，也曾經下墮過三惡道去，回到人間記取教訓而謹言愼行，經過很長時間才能修到今天這個智慧與禪定，所以如果別人毀謗我也都是正常的。你們想想看，像這樣深妙的法，能有多少人聽聞？何況聽了就要相信？所以若有毀謗都是正常。

接下來要談一談，這眞如可得、不可得？菩薩們都學習 世尊的方便善巧，在說法的時候都會有四悉檀，其中一個叫作爲人悉檀；就是遇到了某甲時，告訴他要這樣修；遇到了某乙時，卻告訴他要那樣修。方法不一樣，內涵似乎也不一樣，但同樣可以實證同一種實相般若、金剛般若，這叫作爲人悉檀。爲人悉檀，講一句比較通俗的話，叫作「見人說人話、見鬼說鬼話」；因爲你若是說人話，那鬼道眾生聽不進去，你就得用鬼話爲他們講，慢慢把他們轉過來。如果見到人，你當然要跟他們講人話；你若是講鬼話，他們也聽不下去；也就是看你遇到什麼人，就講什麼話。所以我們接引眾生手段並不一定，有時候我在外面小館子吃個午餐、吃個麵，遇到有人個性是很沖的，如果他與我有緣，我就用他的方式爲他講，他就可以接受；不要對他引經據典，那是沒有用的。有一次，有個麵攤女老闆說：「我覺得你這個人很五仁（台灣話）。」這句話其實有些侮辱的味道，但我覺得也很好，我當場接受她對我的批評，後來就成爲老朋友。爲什麼呢？因爲這樣子她們聽得進去。所以爲人悉檀，要瞭解的就是因機施教，對不同的人給他不同的說法，同樣達到解脫與發起智慧的目的。

話說回來，眞如到底是有或非有？這是有層次差別的問題，所說不同而意涵相同，沒有前後互相矛盾之處，可是凡夫一定是聽不懂的。對一個還沒有證眞如的人，你要告訴他眞如實有，因爲確實是實有而可以現觀的。可是對於一個證悟很久的人來說，不能教他老是停在那個地方，要邁開步伐往前走了；那時候不能再認為眞如實有，而應該回歸於如來藏的本住境界；當他確實回歸於如來藏的眞如自身境界時，就沒有所謂的有眞如或無眞如的事了，當然就不再執著於眞如實有的境界了。那麼我們今晚就是要談這個部分，因為既然是壓軸好戲，當然要有比較究竟的說法，所以請看我們的補充資料：**第八識心體有眞如法性，故第八識在二轉法輪時期每每稱之為眞如。然而，眞如固然是佛門中的最大祕密，但眞如只是第八識心體的所顯性。**請注意，眞如不是第八識心體的所生性，只是所顯性。證得眞如的人，應當要知道眞如也是假名施設有，不是眞實有，因為是實相心如來藏運行過程中所顯示出來的眞實性與如如性，所以仍然應該以第八識心體作為最後的歸依處。但有時眞如則是指如來藏的心體本身，這就函蓋許多法性在內了。那麼這個道理，我們把下面的經文解釋完了，諸位自然就懂了，所以，《大般若波羅蜜多經》卷一百三十一裡面這麼說：

【由此般若波羅蜜多祕密藏中所說法故，世間便有眞如法界法性不虛妄性、不變異性、平等性、離生性，法定法住實際虛空界不思議界施設可得。】

這一段經文的內涵可有蹊蹺了，這個蹊蹺如果不懂，就會像一般的大師一樣，用意識思惟來解釋，就會同於世俗法了。這一段經文這麼說：由於這個智慧到彼岸的祕密藏裡面所說這個法的緣故，三界世間便有眞如法界的法性，而這個眞如法界的法性是不虛妄性、不變異性、平等性、離生性；這樣的法定法住是實際，虛空界不思議功能的施設可以證明般若祕密藏中的說法是眞實存在的。

如果只是依照這樣以白話直譯下來，未悟的人不容易聽懂，我們就來解釋一下。這是說，「**由於這個智慧到彼岸的祕密藏裡面的所說法的緣故**」，我們當然要先來推究這一句話究竟是什麼意思；這個祕密藏到底是指什麼？當然就是佛門之中最大的祕密，就是眞如法界如來藏心，因爲眞如法界就是如來藏的境界。這個如來藏眞如心在哪裡呢？如果你找到了祂，就可以對祂作現前的觀察而不是用想像或思惟的。當你現前觀察的時候，會發覺這個如來藏極難可證；雖然你證得以後發覺祂是這麼明顯，怎麼會很難證呢？可是我要請諸位想一想：你在親證之前不也是覺得很難證嗎？不然，爲什麼在參禪的時候大家都是愁眉苦臉老是抱怨說找不到祂呢？所以當然是很難實證的啊！

由於大眾很難以實證，連不迴心的二乘聖人都無法實證，所以祂眞是個祕密藏；可是這個祕密藏裡面有很多的法性存在，世尊把這個法性存在的內涵演述了出來以後，就變成這個祕密藏裡面的所說法。所以世尊宣講般若講了十九年，講來講去還是這個眞如法界祕密藏，正是萬變不離其宗，全都在講眞如法界如來藏；但這不是隨便什麼人都可以親證的，連二乘聖人都無法實證，所以般若諸經正是在講這個祕密藏。這個祕密藏，世尊爲什麼要講那麼多年而內容竟然沒有重複？因爲這個祕密藏裡面有非常非常多的法性，就需要很長時間來一一演說給證悟的菩薩們隨聞入觀，才能悟後快速增長實相智慧，才會有這一句經文說：「**由此般若波羅蜜多祕密藏中所說法的緣故，世間才會有眞如法性可知、可證、可說。**」

現在先來談法界的法性，其餘的幾個法性先不談它。諸位已經找到如來藏，可以先來現觀一下：**這個祕密藏也就是如來藏，是不是眞實存在？**因爲你看到祂了就不能否定祂，也因爲你觀察到自己的五陰都還是由祂生出來的，生出來以後也不能不依止祂，那祂當然是眞實性。既然是眞實存在的法性，祂就一定有祂的體性；但祂的體性很奇怪，祂能生萬法，因此同時在運作而不斷流注出五陰的種子，祂自己卻又對六塵中的各種境界如如不動。一般人還沒有找到時，總是會覺得這說法好奇怪：「**祂既可以不斷運作又流注五陰十八界的種子出來，怎麼可能如如不動的？那一定是忙得不得了，動轉不停的，怎麼會是不動的？**」一般人一定會這樣想，想不通就懷疑般若諸經應該是後人創造出來的玄學，可能不是 世尊親口所說的。

可是事實上，祂眞的如如不動，不會像眾生心那樣胡思亂想忙得一塌糊塗；不論六塵中的任何境界是如何驚心動魄，祂從來如如不動。你罵祂，祂不動心；你褒揚祂說：「**你眞是我的心肝寶貝，我生生世世都要跟你在一起，你是我的好兄弟，我好珍惜你。**」祂也是不動心，那不是如如不動嗎？你說：「**我這麼稱讚你，你竟然都不理我，那我今天起都不理你了。**」你不理祂，祂還理你，繼續流注各類種子來幫忙你，可是祂正在理你的時候還是一樣如如不動。所以祂是眞實而又如如，有眞實性卻又如如不動，所以祂的這種功能差別就稱爲眞如法界，這就是般若諸經中 世尊說的眞如法性。這個眞如法性，就是「**般若波羅蜜多祕密藏中所說法**」，所以這個眞如法是個大祕密，連不迴心的二乘聖人都不知道，世尊不教導他們實證這個祕密法。

但這個祕密藏中的法，世尊爲何要說是眞如法界？「法界」就是法的功能差別、法的功能界限。如果這一個眞如心，這個大乘法中的祕密藏——如來藏，祂具有眞如法界的法性，這表示祂除了有眞實而如如的自性以外，同時也顯現祂於諸法中流注出來的其他功能差別，所以才叫作「眞如法界」。而這種眞如法界的法性，祂有不虛妄性。「不虛妄性」是說祂不是施設法，祂是眞實存在的法性。每一個眞實證悟如來藏的人，都可以現前觀察祂的不虛妄，因爲眞實可得，不是想像之法。

祂還有「不變異性」，這也是因爲眞如法界的法性必然會顯示祂的不變異性，因爲你還在凡夫地時，祂本是自性清淨涅槃；當你悟了祂以後，祂還是自性清淨涅槃，祂自己的自性並不改變；接著你悟後進修而入地了，祂還是一樣自性清淨涅槃；等你修到了八地，已過了二大阿僧祇劫，祂還是一樣自性清淨涅槃；當你繼續修到佛地了，具足四種涅槃時，連無住處涅槃都有了，祂也還是一樣自性清淨涅槃，所以說祂是不變異性。但是從凡夫地修行而到達佛地時，祂會有什麼不同呢？祂將會有不同的地方，就是祂所含藏的有情種子已經漸次改變而不同，可是祂自己的清淨涅槃自性沒有前後不同，是永遠不變異的，所以這一個第八識眞如法界的法性是具有不變異性。

這樣兩個自性，眞如法界的法性中有很多功能是祂本有的，就不談它，這段經文說祂所顯示出來的第一個法性是「不虛妄性」，第二是「不變異性」。「不變異性」的顯現已經表示祂是眞實性；如果沒有自性而只是名言施設或想像的，怎麼能夠說祂是「不變異性」？一定有個自性從來不變，自始至終永遠不變，才能說祂是「不變異性」，所以不變異性的本身已經顯示祂是眞實性。

講過「不虛妄性、不變異性」，接下來是講「平等性」。以前說了很多種「平等性」，我們今天要從另一個層面來說明金剛藏實相心的平等性，譬如祂對五陰的每一陰是平等觀待的，祂不會認定說：「色陰比較重要，我偏要照顧色陰；你識陰持六識論，一天到晚在否定我的存在，」譬如說印順法師始終都在否定祂，實相心不會這樣說：「你識陰一天到晚在否定我，我就不讓你識陰運作，把你識陰六識的種子停了，讓你當植物人，看你還敢不敢再否定我？」實相心從來不會這樣想。印順法師一生否定如來藏，但他的如來藏沒有把他的識陰功能給停了，從來不會讓他永遠失去識陰覺知心；這表示祂對五陰是平等看待的。

印順法師每天受用他自己的如來藏，卻每天在否定自己的如來藏，可是他的如來藏從來沒有說：「我只要讓你的色陰保持健康，因為色陰都不毀謗我；可是你這個意識一直毀謗我，我就讓你五識種子繼續流注運作，但是我偏要把意識給你停了，看你還能否定我嗎？」有沒有過這種情形呢？從來沒有啊！釋印順一生活得好好的，到一百歲的時候都還耳聰目明，還可以為潘煊修改自己的傳記文章；這表示他的如來藏對他的五陰，乃至對他識陰六識的全部都是平等看待的，沒有差別性，這就是「平等性」。又譬如說實相心眞如法界的法性對十八界法，也是以「平等性」看待，祂不會說：「我比較喜歡心，因為這個心是某甲六識心，能夠知道我，現在對我很感恩，每天都讚歎我，所以我對識陰要比較好一點；他的色陰從來都不讚歎我，所以我才不理他的五色根。」有沒有這樣？從來沒有，這就是「平等性」。對六塵，祂也是如此，所以祂於十八界得平等。

眞如法界的法性自相講完了，擴而及於共相來說；對某甲如此，對某乙也如此，對某丙、某丁、某戊也都是如此。可是你別說：某甲是我，某乙是別人，某丁也是別人。不是的，全都是自己。爲什麼說自己？因爲自己有三世，上一世喚作某甲，這一世喚作某乙，下一世喚作某丙，乃至下二世喚作某戊；講到某戊還嫌太少，每一個人過去無量劫來有幾世？未來又會有幾世？無法計算的。譬如前一世喚作某甲，行善死後生在好人家而學佛了改喚作某乙；繼續行善而生到了欲界的兜率天中，他的眞如法界的法性還是會讓他具足欲界法的五欲享樂，這時改喚作某丙；有一天，在兜率天的外院他碰到了一個出家人，就嘲笑人家說：「**你有什麼事情從內院出來了？是外院比較好玩嗎？你這個傻蛋！你爲什麼要出家？**」這一罵，他有惡業了，因爲他罵一個出家人叫作傻蛋，這個惡業很大；好啦！等他捨報才知道慘了，可是已經來不及了，他至少得要當畜生去，那時也許被主人喚作某丁。

這個有情前後四世受了許多的教訓，可是如來藏對他還是平等看待，從來都不會生起喜歡或厭惡之心。我們這時候說：某甲、某乙是人類，某丙是天人，某丁就變成狗了，其實全都是同一個如來藏所生的。當他變成狗的時候，如來藏對那一條狗還是一樣對待，沒有分別，不會分別說：「**上一輩子當天人多好，偏偏要弄一個狗業來，害我不得不跟你在這一世的狗身上過這**

種日子，我得要讓你早死。」可是你們有沒有看過所有的狗無病早死？從來沒有啊！一樣都是好死不如賴活。每一條狗都是這樣，你看牠變成癩痢狗了，瘦巴巴的，牠也是不肯死；就算牠肯死，牠的如來藏也不會讓牠死，還是繼續要照顧牠，才能繼續實現惡業的果報，但如來藏卻從來都沒有分別心。你看，這樣子是平等、不平等？

如來藏對某甲那樣，對某乙也那樣，乃至對某丁也是完全一樣地不離不棄。後來他終於懺悔了：「**我未來世還是不要隨便毀謗三寶吧，特別是不要在不懂時就毀謗第八識正法。**」終於懂得懺悔了，業報已受完了，終於回來人間當個窮光蛋，這時喚作某戊，他的如來藏對他也還是平等看待，並沒有給他特別不同的待遇。某丁也許沒有回來人間，後來因為當狗時喜歡每天亂咬人，死後下了地獄喚作某己；後來很多劫以後也許回來人間修定又上了色界天，可是如來藏全都一樣看待。那麼你說，祂有沒有平等性？完全平等；所以實相心這個眞如法界的法性，在自相上是平等的，在共相上也一樣都是平等的，所以這個「**眞如法界**」的「**法性**」有「**平等性**」。

還有一個「**離生性**」，這個「**祕密藏**」眞如法界的法性，當祂不斷在運作的過程中，顯示出「**眞如法界**」的法性出來，然而這個「**眞如法界**」的「**法性**」從來「**離生**」，沒有任何人可以找到如來藏眞如法界的法性是從什麼時候開始出生的，乃至諸佛亦不可能，所以祂是無始無終而永遠「**離生**」的。祂從來沒有出生過，祂本然就存在著，法爾如是，你沒有辦法去往前推求出哪一個時候祂出生過。以佛的智慧可以推到無量無邊不可思議的無數劫之前，沒有絲毫的限制，也還是無法推出任何一個有情的如來藏是有出生過；既然從來沒有出生過，而現在一直都還在，未來還會不會有生？當然不會有生；因爲無生的法就是不滅的法，不滅的法又如何可能有生？所以眞如法界具有「**離生性**」。

再從另一方面來證明祂有「**離生性**」，是因爲祂的不可壞性，也就是金剛性。這個如來藏阿賴耶識顯示出眞如法界的法性，沒有任何人可以摧滅祂；即使合十方諸佛的威神力爲一個超級特大號的威神力，也仍然無法毀壞任何一個有情的眞如法界的法性，就表示祂是不可壞性，所以才被稱爲金剛心，專講祂的經典就稱爲《金剛般若波羅蜜經》。不可壞就是永遠都沒有壞滅的時候，既然永遠沒有壞滅的時候，怎麼可能再生？所以無滅也就表示無生。這也表示說，這個眞如法界的法性具有「**離生性**」，永遠地遠離出生，所以說爲無生。

接著說「**法定法住實際**」猶如「**虛空界**」，是說這一個「**眞如法界**」的「**法性**」是法爾如是，必定如此，所以是法決定不可改變——沒有誰能改變祂。而這個法是本來就這麼住，也永遠如是住；不是誰去改變祂以後才這麼住，是本來就如是住，所以說是「**法住**」。「**法定法住**」卻是「**實際**」，因爲諸法以祂爲實，諸法以祂爲本際；如果不是祂，諸法就成爲虛妄法。因爲以祂爲實，所以諸法就成爲不生不滅，《般若經》中才能夠因此而說有生滅的一切法是不生不滅的，也因此才能說一切眾生本來常住涅槃。可是，雖然「**法定法住實際**」，祂卻又是個「**虛空界**」，猶如虛空而有功能差別。「界」又名種子，又名功能差別。因爲祂自己處於眞如法界中，但眞如法界卻有無量法性而運作不斷，而祂自己心體卻是猶如虛空，無形無色而不可把捉，所以說祂是虛空界，在五位百法或《瑜伽師地論》中才會把祂這種自性叫作虛空無爲。

這個「**法定法住實際虛空界**」又是「**不思議界**」。還沒有親證之前，誰能思議祂？根本無從思議，可是實證以後可以在我宣講時，聽聞同時現前觀察果然如此；所以這個不可思議界，也就是不可思議的各種功能，是因爲沒有親證才會成爲「不思議界」；若是親證了，祂就成爲你個人的可思議界，也就是你個人可以思議的功能，那就看你所悟深淺而成爲能思議的內涵多與少了，若是到達佛地時就能具足思議。剛證悟的時候能思議很少分，入地以後思議增加了很多，但也還要再進修二大阿僧祇劫才能具足了知。所以，對「般若波羅蜜多」的「祕密藏」「眞如法界法性」能不能加以思議，或者能夠思議多少，就看你們各人了。可是對一般人來講，或者對二乘羅漢、辟支佛來講，祂就成爲完全的「不思議界」，眞的就是不可思議的功德。

其中的各個名相解說完了，再回到整句經文來說：「由於般若波羅蜜多祕密藏裡面所說法的緣故，世間才有眞如法界法性的不虛妄性、不變異性、平等性、離生性等法定法住實際虛空界不思議界的施設可得。」爲了要解說這個「施設可得」四字，得要解釋前面一堆內容；瞭解前面一大堆名相的內涵之後，你必須把它們聯結起來才能眞的理解。本來這是應該合成一句的，這是很長的一句話，並不容易一時就解釋清楚，所以我們還是把它勉強斷爲二句。這表示什麼呢？表示說，般若波羅蜜多祕密藏中所說法—就是如來藏中所說法—的緣故，也就是由於有如來藏中所說法的緣故世間才有某一些施設可得；哪一些施設呢？「**眞如法界法性**」的「**不虛妄性、不變異性、平等性、離生性，法定法住實際虛空界不思議界**」。這一大串名詞的內涵都是施設，依什麼而施設的？依如來藏的不可想像、不可思惟的自性而施設，是因爲如來藏有這樣的無漏功德性。

這表示什麼呢？表示說，這些法性的名相施設出來，是爲了顯示如來藏的那些法性；也表示說，這一些法性是祕密藏眞如心所顯示出來的法性，表明說眞如心不是施設法，而祂的眞如法性也不是施設法。可是爲了讓菩薩證悟之後，可以觀察得更深入更廣泛，所以要作「**眞如法界法性**」的「**不虛妄性**」等五種施設，由這些名相的施設而讓證悟的菩薩們更深入去觀察。這是經由 佛陀的詳細開示，幫助證悟的菩薩們一一觀察如來藏心眞有這一些法性的存在。可是這一些法性的名相施設出來，以及祂的內容被敘述出來，不表示「**眞如法界法性**」與「**不虛妄性**」等法是眞實的，因爲都是依附於如來藏才能有眞如法界可以施設，是依如來藏才能有眞如法界的法性可以施設。

這與無餘涅槃是依第八識眞如心體離五蘊十八界而施設，道理是相同的，因此而說涅槃不是實有。同樣的道理，都是依如來藏才能有不虛妄性等五種不可思議法性的施設；而般若波羅蜜多是依如來藏心才能成立的，所以結論就是：這些法相顯示出來的各種法性，全都是依實相智慧到彼岸的如來藏所說法的緣故，才能夠施設出來。

那麼這樣子，就得請問大家了：般若波羅蜜多所說的這些法，是虛妄法、還是眞實法？當然是眞實法。依這些法的自身來說固然是不眞實的，但這些都只是在顯示如來藏這個祕密藏的各種法性，收歸眞實法如來藏心時，這些法性就是眞實法了。可是，有個糊塗人卻判定般若的性質叫作性空唯名，他認爲般若的體性是空，只是把解脫道的緣起性空重講一遍，所以只有名相。那我們說他是糊塗蛋，有沒有過分？沒有啊！一點都不過分，因爲他眞的夠糊塗。所以般若講的是實相法，不是講虛相法。既然不是講虛相法，就不該說它是性空唯名。所以，他的判教是錯得一塌糊塗，偏離三乘菩提的眞實義太遠、太遠了，不只十萬八千里啊！

那麼大家對這段經文已經瞭解了，我們就說，「**眞如法界**」其實只是實相智慧所證的祕密藏所出生的法界，也就是如來藏出生的各種功能差別所顯示的眞實如如等各種法相之一。但，事實上仍然是以第八識心體作爲所歸，才能夠有這些法相，而這個「般若波羅蜜多祕密藏」就是指第八識心體。如果有人否定第八識心體，他就沒有眞如可證，也沒有般若波羅蜜多了；因爲眞如是第八識心體在運作的過程中所顯示出來的法相，所以眞實與如如的法性就是第八識心顯現出來的行相，菩薩們都依第八識這個「眞如法界」——眞如心的功能差別，才能悟後進修而次第成佛的。可是第八識心如果都不運作，譬如說入無餘涅槃去了，還能顯示祂的眞如法性嗎？沒辦法顯示出來了；所以這表示，眞如法界的法性是第八識在三界中運作的過程當中顯示出來的眞實性與如如性，一定有個行相——有運行的法相。

譬如說，你在路上開車，前面那一輛車子是不是要轉彎？是不是要直走？你是憑什麼來判斷的？你是不是單憑一刹那間的所見而判斷的？是不是？（有人答：是。）是喔？如果你是單憑一刹那就下判斷，一定會出車禍，因爲你觀察對方運行法相的時間太短，不足以作出正確的判斷。所以你其實是經過一秒鐘、二秒鐘乃至三秒鐘，才能正確判斷出他的意向，而能知道他確實要直直走，不是單憑一剎那的所見。因爲這三秒鐘或二秒鐘以來，他都沒有打出方向燈，他顯然是要一直走啊！而且這二、三秒時間裡顯示出他的車速越來越快，顯然不準備轉彎，於是你可以正確判斷而沒有錯誤。都是有一段運作的過程，讓你來看見他的意向。如果這一秒鐘還沒有，下一秒鐘車子一邊的黃燈閃了，所以你確定他現在要右轉了；因此你看的時候，不是光看某一剎那的表相。剛才他沒有閃亮方向燈，下一秒的現在閃燈了，有這前後二秒的變化過程，就是他顯示想要右轉的表示過程，這叫作行爲的法相，簡稱爲「行相」。

同樣的道理，如來藏爲什麼會有眞如法性可以被看見？就是祂在運作的過程當中，證悟的菩薩們都可以看得見祂在運作的過程中，確實有眞實性也有如如性，所以才說祂有眞如法性。這個眞如其實就是如來藏阿賴耶識的眞實性與如如性，而這個眞如性是如來藏在五陰中運行的過程所顯示出來的，所以玄奘菩薩在《成唯識論》裡面說「**眞如亦是識之實性**」，又說「**眞如是心眞實性故**」，心就是指第八識如來藏。所以說，眞如其實是依如來藏而說的，三界世間沒有另外一個可以單獨存在的眞如。眞如是阿賴耶識在運作過程裡面顯示出來的，在運行過程中顯示祂自己是眞實與如如的；如果祂不再出生後有而入了無餘涅槃，你還看得到祂的眞如法界嗎？全都看不見了。所以我們說眞如是第八識運作時所顯示的法相，因此說眞如—眞如無爲—顯然是八識心王和合運行時的所顯法，不是所生法；因爲眞如法性沒有作用，如來藏與所生的七轉識才有作用，但如來藏自己顯示出了眞如法性。

所以，以前有人學法時自己迷迷糊糊，我在增上班的課程中所說，他都沒有好好聽；這個眞如妙理，我在《成唯識論》四年半的課程中都已經講完了，他竟然還沒有聽進去，也許那個時候他正在打瞌睡。後來離開同修會竟然主張說：「阿賴耶識是被眞如所生的。」我說：「那不是其心顚倒嗎？眞如是阿賴耶識的所顯性，怎麼可能是反過來出生阿賴耶識這個心呢？」譬如說美麗，美麗是花的所顯性，若沒有花體，還有花的美麗嗎？都沒有了嘛！妳可以說：「有啊！我長得很美啊！」妳長得很美，還是由妳這個五陰顯現；如果沒有妳這個五陰，也就沒有這個美。美是由五陰所顯示出來的，所以美永遠是所顯性。花如果滅了，就沒有花的美麗了，如今竟然有個糊塗蛋跳出來說：「美麗出生了花，所以美麗才是花的根本。」當你聽了這個說法時，臉都黑掉一半：「我怎麼會教出這樣的學生來呢！」所以他後來還向別人抱怨說：「蕭老師以前怎麼不講這個？」我回應說：「我沒講嗎？我以前講《成唯識論》講好久、講得好詳細，都還有錄音帶存檔呢。」

所以，如果有人一時糊塗把第八識否定了以後，哪來的眞如可知可證呢？當然就沒有眞如可證了。沒有阿賴耶識的眞如可以現觀的時候，他所說的眞如就是想像法，不是眞實可以現觀之眞如，又如何能有那樣的眞如來出生第八識阿賴耶心？譬如花枯萎了、臭爛了，就沒有美麗了，那時候叫作臭爛，不叫作美麗；那時花爛掉而不存在了，已經沒有美麗的時候，還會有美麗來出生花嗎？如果你把一朵好美的花揉爛了，你說這花還可以再生，認爲還會被美麗所生；那麼別人聽了都要大笑了：**美麗都不在了，還能有美麗再出生花朵嗎？**

所以說，不應該去否定第八識的存在，也不該增益八識心成爲九個識。如果把第八識如來藏否定了以後，就沒有眞如法界的法性可以被你看到；既然沒有如來藏的眞如法界法性被你看到，你又如何能有眞如可證呢？既無眞如可證，顯然這個人所說的一切佛法的修證，全部都是戲論。爲什麼是戲論？

因爲言不及義。他的所說，凡有所說都不能達到第一義諦，那就是戲論啊！反過來說，如果增益了八識心而自己想像施設了第九識時，第九識是不存在的想像法，又如何能有第九識的眞如可證呢？所以損減八識論正法，或者增益八識論正法，都有過與不及的過失，想要求證眞如可就完全沒有可能了，就只好永遠當個凡夫了。

這一段經文，如果是一般大師們，他們會怎麼解釋？他們會說：「我們要如如不動，覺知心眞實存在而一念不生、如如不動，不論是誰來罵我都沒關係，他們來褒揚我、供養我的時候，我也都不生歡喜心，一樣都如如不動。能夠這樣的話，就是證得眞如法界了，就是實相智慧到彼岸；由這個法的緣故，所以世間才有眞如法界的不虛妄性。所以你們可以看到我如如不動，也是不虛妄、不變異、平等性、離生性。」像這樣解釋下來，眞的叫作戲論，因爲完全不能說到第一義。凡有所言，言不及義，當然就叫作戲論。什麼人一定會落到戲論呢？就是六識論者，因爲他們以意識或識陰六識爲歸。可是這經文中講的是第八識眞如法界的法性，並不是在講意識勉強壓抑自己去住於那種法性中。實際上意識也是永遠都作不到的，因爲當他講得口若懸河的時候，如果你在座下突然就一聲「呸！」那你想，他會怎麼樣？他會盯著你看，然後越來越生氣，滿臉通紅，不然就青筋暴露或者抖著聲音說：「**我是大師欸！在這裡講經，你竟然敢這樣當眾對我大聲『呸』！**」這時他有沒有如如不動呢？還有沒有平等性？都沒有了！當他盯著你瞧時，不是平等普遍地看待一切人，這時還有平等性嗎？這時候也是有變異性了，因爲他的臉色都變了，何況覺知心能夠不變呢？這個時候就成爲生滅法，不再叫作離生性了。

所以，凡是用意識來解釋第八識的眞如心性時，都是講不通的；如果口才很好世智辯聰，當代剛好也沒有善知識出來弘法，還可以勉強由著他胡說一氣；可是一旦有善知識出來弘法以後，他就只能閉嘴而沒辦法回應的。因爲《般若經》講的法義本來就是在開示第八識的法性，他竟把第八識的「**眞如法界法性**」拿來移植到意識上頭解釋，可是意識明明不是那個體性，怎能講得通呢？就好像有人把一輛勞斯萊斯或者法拉利的體性，拿來套到一輛小孩子坐的玩具四輪車來解釋性能，你想：通不通呢？絕對不通。這就是說，凡是落到六識論裡面，他所講的般若就一定成爲戲論。所以很簡單一句話：

不管是誰，只要他否定如來藏，你就知道這個人一定悟錯了。不必作第二句說明，因爲凡有言說都不能及於第一義。

接著再從另一個層面對已悟的菩薩們說，應該放下眞如法性而不要老是住在眞如法性境界中，才能好好地悟後修除性障，所以《大般若波羅蜜多經》卷一百四十七說：

【眞如，眞如自性空；法界法性、不虛妄性、不變異性、平等性、離生性，法定法住實際虛空界不思議界，法界乃至不思議界自性空；是眞如自性即非自性，是法界乃至不思議界自性亦非自性；若非自性，即是般若波羅蜜多。於此般若波羅蜜多，眞如不可得，彼淨、不淨亦不可得；法界乃至不思議界皆不可得，彼淨、不淨亦不可得。所以者何？此中尚無眞如等可得，何況有彼淨與不淨？汝若能修如是般若，是修般若波羅蜜多。憍尸迦！是善男子、善女人等作此等說，是爲宣說眞正般若波羅蜜多。】

這一段經文跟剛才那段又有一點不同了，這就是 佛陀的爲人悉檀。爲證悟的菩薩們該怎麼作不同的說法，有許多方便善巧，就是要把聖弟子們在這一世之中拉拔到初地去，這就是 如來的功德。有很多大阿羅漢們

就這樣被 佛在那一世拉到初地去；所以有幸追隨在 佛陀身邊，眞是幸福得不得了。可是你們不要錯會喔！他們在物質生活上其實是很貧乏的，眞的非常、非常貧乏，可是在佛道上是非常豐富、非常富有的，每天都有許多的法樂讓他們獲得，就這樣跟著 佛陀一世進到初地去。當年一千二百五十位大阿羅漢中大約一千位大阿羅漢們都是這樣，很難想像說有哪個大阿羅漢在 佛陀那一世沒有入地，只有大約五十位大阿羅漢是不迴心、不肯轉入大乘法中的聲聞大阿羅漢，才會在死時入無餘涅槃。

現在請你們來看這一段經文跟剛才那一段有什麼不同？剛才是卷一百三十一，現在是卷一百四十七，這表示 佛陀前面已經說了很多法了，才繼續講到這裡來。如今這段經文是不一樣的喔！佛陀說：「眞如，眞如的自性空。」剛悟的時候看到說：我這個如來藏果然眞實又如如，眞的是不變異性、無生性，原來眞我是本來無生的，何妨我的五陰一世又一世有生死，可是眞實的內我如來藏是本來就無生的。當時心裡好高興說：「我證得眞如了，果然是眞實又如如。」證眞如時是很高興，可是當他很高興的時候是誰在高興呢？是意識、覺知心在高興，那就是留在意識境界裡面，是站在意識的立場來看自己這個眞如。但是悟後得要提升，不要原地踏步；如果佛菩提道只是悟後一直原地踏步就夠了，那麼 佛陀只要幫人家找到如來藏就好，不必繼續講十九年的《般若經》；如果這時 佛陀就離開人間了，是不是正法馬上就會消滅了？因爲這都還是很粗淺的法，所以要趕快幫大約一千二百位迴小向大的大阿羅漢悟了以後，再趕快把他們拉到初地。

不趕快拉上去還眞不行欸！因爲八相成道的示現就只能有幾十年的時間，然後 佛陀就要帶著 文殊等一大票人到別的星球受生，再去示現而演出八相成道的大戲，那祂們離開以後這裡的佛弟子們該怎麼辦？得要有人固守家業才行啊！所以必須趕快把這些人拉拔上來。世尊與 文殊等人這一世在地球上應化，上一世在別處應化，那邊的示現成佛應化時間已經過二、三百年了，也許得要趕快再派人回去支援一下，所以 佛陀需要用很多人，就要趕快拉拔大家。如果你不趕快把人給扶持上去，你離開以後就是樹倒猢猻散，正法難以久住啊！我也是這樣的想法，必須要讓你們不斷地快速前進；否則將來我離開了，正覺恐怕也會跟那些大山頭一樣樹倒猢猻散，那怎麼行！所以我堅持要建立制度，還要不斷地說法拉拔諸位悟後快速上進。由於往世對徒弟拉拔得不夠多、不夠好，所以一代、二代以後，正法力量往往就萎縮到不像樣了；即使能夠勉勉強強延續下來，也沒有什麼大成就。佛陀住世時也是預先料到這樣的情況，所以必須要趕快幫大家拉拔上來。

這一段經文講的與前段不同，剛才是說眞如眞實有、眞實可證，說眞實有祂的自性，而且是離生性、不變異性等等。講了很多而教大家要現前觀察：你所證的如來藏是不是如此？大家跟著 佛陀的開示一面聽、一面現觀，發覺果然如此，那智慧就比以前通達了；不像以前歪七扭八就是不通，現在智慧眞是通達了。接著要教你遠離對眞如法性的執著，才能入地，否則你沒辦法入地，因此得要趕快把它通達才行。所以接著說：「**眞如，眞如自性是空。**」現在諸位可以理解，因爲剛才我講得很詳細，因爲眞如是第八識所顯示出來的運作過程的行相中，所顯示的眞實性與如如性。這表示說，「**眞如**」只是在顯示第八識心的眞實與如如性，合稱爲「**眞如**」，所以「**眞如**」本身沒有自性，你證悟以後不能拿你如來藏的「**眞如**」法性來作事情。

譬如說一朵花好美，你能不能夠說：「我不用花的本身，我用花的美來炒成菜餚或來作什麼？」不行，花的美是花的所顯性，只能欣賞而沒有功能；可是花本身有功能，你可以拿來嗅一嗅，拿來看一看、摸一摸，甚至將來可以當作肥料……等。美是花顯示的，美本身你看不到，你是因爲看到花才看到它的美；所以花有功能，美本身沒有功能；花有香的功能，可是不能夠說美有什麼功能，美只是花體的所顯性。香就是它的所生性，可以拿來嗅，讓房間香起來。然後你說今天剛好沒菜，下山去買菜那麼遠，算了，這一大叢花摘下來炒菜就能吃了，那麼花有沒有功能？有啊！還可以當食物。不然等過六、七天萎了凋了，拿去當肥料也還有功能。可是美有什麼功能？不能吃，也不能嗅，也不能嚐，也不能作什麼，所以所顯性是沒有功能的。

同樣的道理，眞如是如來藏阿賴耶識所顯示出來的，如果沒有如來藏就沒有眞如法性看得見，所以眞如法性沒有自性，眞如法性是如來藏顯示出來的一個清淨自性。眞如法性本身有什麼自性？沒有！所以先提點一下：「**眞如，眞如自性空。**」但是，《般若經》中有時談到眞如時，是指第八識如來藏心體，那時說的眞如就有種種界，也就是有種種功能差別，就說是能生名色、能生萬法的心。禪宗祖師往往也是這麼說的，所以眞如二字的定義，要依前後文字段落來判別；若講眞如是第八識非心心、無住心的眞實性、如如性時，則是說明第八識心的眞如性，不是講第八識心的功能，當然這時的眞如就是第八識的所顯性，就不可能是有作用的了。

接下來說「**法界法性、不虛妄性、不變異性、平等性、離生性，法定法住實際虛空界不思議界**」。世尊爲大家提示了這一些法相，然而這一些法相是在指稱什麼？也是說明如來藏的所顯性，所以說「**法界法性**」乃至「**不思議界**」都是「**自性空**」，又全部是空了，就是要依眞如心的無所得境界而全部泯除任何法上的執著，才是究竟的解脫。悟後要不要一天到晚把「**眞如**」乃至「**不思議界**」等等抱得緊緊的原地踏步？不須要了！你得到了以後放在口袋裡，富有法財而安心地繼續往前走就行了。前面還有更好的寶物等著你，不必說：「**我現在賺到了一個白金戒指，好高興！好高興！**」心裡就滿足了，就這樣停頓下來了。在世間法上面可以滿足，在佛法中不可以滿足，因爲前面還有更好的法寶在等著你，如今也還未成佛；所以這個白金戒指不算什麼，只是先讓你得了這個，證明佛法是可以實證的，讓你有信心可以繼續往前走，前面還有更好的要給你；所以證得眞如時不需要以少爲足，還要放下它，繼續進修更深妙的上地智慧境界。

接著說「**是眞如自性即非自性**」，這個眞如自性就不是自性，這個法界乃至不思議界的自性，也不是自性，因爲這只是如來藏顯示出來的功德性，只是所顯法而非所生法，只能顯示而沒有世間法中的作用，你不能拿它來用，所以它不是功能差別等自性，而是假名來表顯出祂在行相中所顯示的自性。如果觀察出來眞如不是有自己作用的性能，只是顯示出眞實及如如的特性，就不再執著於眞如，這就是智慧到彼岸。當你依止於這樣的智慧到彼岸的時候，你才能眞正到達無生無死的彼岸。你們從如來藏來看時是不是這樣？正是如此。接著說，於這個智慧到彼岸，你住在眞如無生無死——住在如來藏本身無生無死的境界中，來看剛才所說的「**眞如自性空**」乃至「**不思議界自性空**」，還能看得見眞如與不思議界嗎？當你從如來藏的立場來看這一些法時，發覺如來藏根本不看這一些，祂在無生無死的彼岸中從來都不看這個也不理會這個，祂既不知這個也不解這個，所以從眞如心如來藏的立場來看，沒有眞如乃至沒有不思議界可說。

還記得《心經》說的嗎：「**無眼耳鼻舌身意，無色聲香味觸法，**」乃至「**無無明，亦無無明盡。**」不正是在講這個道理嗎？是啊！只是講得太簡略，就把它集中在一起講，其實只是在總結《大般若經》中的法義，但在《大般若經》中則是加以細說的。所以你如果站在如來藏自身的境界來看待這些法的時候，你會發覺全都是一樣的空：「**眞如、眞如空，自性、自性空；法界、法界自性空，不思議界、不思議界自性空，**」那麼當你這樣看的時候，眞如也不可得了；連眞如都不可得的時候，還有所謂的眞如清淨不清淨的問題存在嗎？也沒有了啊！那還會有五陰是否清淨的問題嗎？也沒有啊！因爲如來藏永遠都不理會這個，也就是無餘涅槃境界中並不理會這個，這時「**彼淨、不淨**」亦不可得。要這樣子現觀，才是眞正修學實相般若，所以說：「**汝若能修如是般若，是修般若波羅蜜多。**」

接著說，法界乃至不思議界，乃至有很多、很多界；剛才前三句講的，「**法界**」乃至「**不思議界**」皆不可得，所以「**法界**」乃至「**不思議界**」的

「清淨、不清淨」也就不可得。為什麼這樣呢？因為從如來藏的自住境界來說，這裡面尚且沒有眞如可得，也沒有眞如法界法性可得，更沒有法界法性乃至不思議界性可得；既然連眞如等等都不存在，何況還有淨與不淨可說呢？接著宣示說：「你如果能夠這樣來修般若，才是眞正在修般若波羅蜜多。」最後 佛陀交代：「釋提桓因啊！這善男子、善女人這樣說般若，就是眞正在宣說智慧到彼岸。」可是問題來了，所有的六識論者，不管他們名氣多大，都會告訴你說：「這一段經文的意思就是告訴你，什麼都要放下，一切法空；你什麼都不要理會，都把它丟光了，那就對了。」他們就是這樣，認為經中說的就是什麼都不可得，是說一切法空，所以最後的結論就是「般若諸經的義理就是性空唯名」，就是這樣子胡亂判定法教。他們的錯誤結論就是這樣誤會經文而來的，這眞是大誤會！

所以證眞如的人應當要多劫修習《大般若經》，因為《大般若經》可以使你遠離對所證眞如及一切法的執著。對所證眞如與一切法的執著可以遠離了，就可以使你的解脫智轉為清淨；解脫智轉清淨了，般若的智慧也會進一步再轉清淨，那就眞的不再執著於眞如了。不會於自己所證眞如法性以外，再生妄想而想要另外尋求別的眞如來證；因爲你很清楚眞如是阿賴耶識如來藏的所顯性，除了第八識心所顯現的眞如性以外，再也無法找到別的哪一個法能顯示眞如法性了，這樣才叫作般若到彼岸清淨了。假使於第八識如來藏的眞如法性以外，想要或眞的已經另外去尋求別的眞如，或者說對於所證的眞如產生了執著，那就是智慧到彼岸還沒有清淨。那麼智慧到彼岸清淨的緣故，菩薩六度就清淨了；六度清淨的緣故，才能夠圓滿三賢位的果德。

世尊因爲想要使菩薩們快速圓滿三賢位的果德，所以在阿含部的解脫道之後，繼續用第二轉法輪的《般若經》來解說，並且用了十九年時間來詳細解說，令所有迴心大乘的大阿羅漢菩薩們都不退轉於實相般若；由這個事實，你就知道 佛陀對大眾的恩德有多大。如果不是那十九年繼續不斷地宣講實相般若，不免會有很多人退轉而回墮聲聞道中，捨壽後不免會入無餘涅槃。世尊慈悲廣爲宣說第八識的眞如法性等妙法，從此以後，不論是直修解脫道或者直修菩薩道的人，聽完了般若經典以後就永遠不會再落入意識層次裡面，更不可能再去執取離念靈知而回墮於凡夫位。譬如《大般若波羅蜜多經》卷一百八十，須菩提這麼說：

【眞如寂靜故，當知般若波羅蜜多亦寂靜；法界乃至不思議界寂靜故，當知般若波羅蜜多亦寂靜。眞如不可得故，當知般若波羅蜜多亦不可得；法界乃至不思議界不可得故，當知般若波羅蜜多亦不可得。眞如不可思議故，當知般若波羅蜜多亦不可思議；法界乃至不思議界不可思議故，當知般若波羅蜜多亦不可思議。**眞如無覺知故，當知般若波羅蜜多亦無覺知**；法界乃至不思議界無覺知故，當知般若波羅蜜多亦無覺知。眞如勢力不成就故，當知般若波羅蜜多勢力亦不成就；法界乃至不思議界勢力不成就故，當知般若波羅蜜多勢力亦不成就。世尊！我緣此意故，說菩薩摩訶薩般若波羅蜜多名**大波羅蜜多**。】

這是《大般若經》第一百八十卷的經文。諸位還記得嗎？我們那張〈佛菩提道二主要道次第表〉中說，開悟明心的時候是什麼般若波羅蜜多？是「遠般若波羅蜜多」。等到入地的時候是什麼呢？是「近波羅蜜多」。什麼時候是「大波羅蜜多」？是八地，八地開始叫作「大波羅蜜多」。爲什麼這樣子？因爲必須要讓三賢位的菩薩們理解：並不是悟了就已成佛；也要讓菩薩們理解整個佛道的次第，所以從剛開始的眞如眞實有來演說，講解祂有不變異性、眞實性、如如性等自性；講到後來就說大家都不應該執著祂，要把祂放下，因爲從如來藏本身的究竟解脫境界中來看，都沒有這些自性可得，這才是最究竟的轉依。可是最後當你修到入了八地，八地是什麼境界也得要講一講；菩薩們在三賢位中把這些般若智慧熏習完了，就知道說：原來成佛之道是這樣子，原來整個道次第應該是這樣子。把整個佛道次第都知道以後，再來修學增上慧學才能入地，邁入第二大阿僧祇劫的修行過程。所以證悟眞如以後，還要具體知道成佛之道的次第與內涵，才能入地，才叫作眞實佛子，才稱爲「**生如來家、住如來家**」。

你們女眾可別說：「**我怎麼可能成爲如來的兒子？我燙了髮，又擦脂抹粉的，還有兒女，又是個女人家，我怎麼可能稱爲如來的兒子？**」誰說不行？那勝鬘夫人不是嗎？《法華經》中說的龍女不是嗎？她們都是佛陀授記爲「**生如來家、成如來子**」的菩薩，眞正是佛陀的兒子。那不迴心的聲聞大阿羅漢縱使是男子身，佛陀還不肯承認他們是眞兒子，只把他們當作螟蛉子。可是聲聞大阿羅漢們一旦迴小向大，眞正發起堅強的菩薩性了，佛陀一定要幫他們開悟明心，然後趕快把他們拉拔進入初地，很快就成爲眞正佛子，不過是十九年功夫。當然，迴小向大而開悟般若的大阿羅漢們，在此世之前已經跟隨 世尊修學菩薩道很久了，這是後話，將來在《法華經講義》中我們再來說明。

這意思就是說，在三賢位裡面就得要教導大家：悟了以後要怎麼樣去瞭解整個成佛之道的次第與般若的別相智——後得無分別智。把這些都瞭解了，你才能通達般若，不然要怎麼通達呢？沒辦法通達也就入不了初地，那麼 佛陀怎能放心說：「我幾十年在地球爲眾生奮鬥出來這個家業，是不是就這麼化爲烏有？」當然不行哪！當然要有人在 世尊離開地球時好好來住持，這可得要把已悟的大阿羅漢位菩薩們趕快圓滿三賢位的功德，才能繼續住持正法於這個人間啊！所以接著這一段講到「大波羅蜜多」，就是爲大家先講一個梗概；至於詳細的部分——「大波羅蜜多」的道種智，可就是大乘法的增上慧學了，這得等到第三轉法輪時期再來宣講。第三轉法輪宣講唯識諸經，就是說明入地以後要怎麼實修才能成佛，這是第三轉法輪時期才開始說的。

這一段經文中在講什麼呢：「**眞如很寂靜的緣故，應當知道智慧到彼岸也是寂靜的。**」這樣大家可以理解呵？對啊！如來藏的眞如法性有沒有言語可說？有沒有六塵可說？根本就沒有；因爲眞如法性境界中沒有六塵境界，所以言語道斷，當然眞如法性的境界就是寂靜的。眞如寂靜的緣故，所以智慧到彼岸也是寂靜的，那就是如來藏自住的境界。法界乃至不思議界寂靜的緣故，應當知道智慧到彼岸也是寂靜。請問諸法的功能差別是顯示什麼？是顯示如來藏的功能。「**法界**」這個諸法的功能差別本身有沒有語言文字？一樣是言語道斷。「**法界**」是這樣，乃至「**不思議界**」也是這樣，都是寂靜。眞如寂靜的緣故，所以智慧到彼岸當然也寂靜，因爲你就是憑著眞如法性的**法界乃至不思議界**來現觀，而證得智慧到彼岸。現在還要進一步去觀察祂：眞如寂靜的緣故所以智慧到彼岸也寂靜，那就不再落入六塵中了。因此，很難看見八地菩薩在人間示現，因爲他是十方世界到處去，不會常常與五濁惡世的人類共住的，這就是八地菩薩。

接下來說，眞如不可得故，當知智慧到彼岸也不可得。請你站在如來藏的境界來看眞如，如來藏離見聞覺知，從祂的境界中來看時有沒有眞如？沒有嘛！是因爲你意識、五陰在看如來藏時，才說如來藏有眞如法性顯現出來；可是如來藏自己從來不看，就沒有眞如可說了。在唯識學中有一句形容意根與如來藏一種自性的話，叫作「如刀不自割」，這在顯示如來藏眞如心沒有證自證分，意根同樣沒有證自證分，所以眠熟後意識中斷了就不知道自己正在睡覺了。

換句話說，你意識會返觀自己：「我現在沒有妄想，我現在有妄想；我現在正在生氣，我現在好高興；我現在正在了知，我思故我在。」會返觀。但如來藏與意根都是從來不觀察自己，祂們也不觀察六塵中的一切法。雖然眞如心如來藏對諸法了了而知、了了常知，可是祂所了知的都是六塵外的法，從來不分別六塵境界中的任何一法。好奇怪喔？可是實相法界中的事實正是這樣子。你從如來藏祂的立場來看，可以證明「眞如不可得」。如來藏心顯示的眞如，是從意識的立場來看，才有如來藏心的眞如法性可說。可是從如來藏境界來看諸法的時候，如來藏從來都不看自己的眞如法性，也不看所謂的諸法，所以說「眞如不可得」。當「眞如不可得」時，請問：智慧到彼岸—般若波羅蜜多—還可得嗎？你從如來藏來看，有沒有智慧到彼岸這回事？根本就沒有。

「**法界乃至不思議界不可得故，當知般若波羅蜜多亦不可得**」，是說從法界的不生滅性、平等性、不變異性，乃至不思議界都不可得的緣故，應當知道智慧到彼岸也不可得；這還是要請你繼續站在如來藏的立場來看，當你這樣子看的時候，是不是這樣？是啊！所以你只要證得如來藏，來讀般若諸經都很容易懂。如果還沒有證得如來藏的時候，就好像以前（大概十來年有了），有一次陳履安先生去中央信託局佛學社演講，有人就邀請我說：「**他有開悟了，他一定有悟啦！你來聽聽看。**」因爲難逢家裡人，在佛教界裡始終都沒有知音，既然有人開悟了，多麼難得，我就去聽他說法了。那回我就坐在最後邊很不起眼的地方看他講什麼，他說是因爲孫春華師姊教他要讀六百卷的《大般若經》，他說是半年就讀完了。我當時心裡面起一個念頭說：「**囫圇吞棗。**」因爲他只有半年就讀完了，那只能整顆吞下去，沒有咀嚼就沒辦法體會其中的味道，他整顆吞下去以後當然是完全沒有消化。還沒有證得第八識如來藏，否定如來藏，如何可能讀懂《大般若經》？因爲《大般若經》全都是在講解如來藏的眞如法性，如果用意識的境界套上去，怎麼可能套得通？當然是囫圇吞棗的。

現在這段經文中說的仍然一樣，還是繼續從如來藏的立場來看：「眞如不可思議故，當知般若波羅蜜多亦不可思議。」這一句倒也可以模仿他們從六識論來理解，他們會認爲：「眞如可以思議，因爲我離念靈知眞實存在，我是如如不動啊！可是如果沒有證得離念靈知的人，他們眞的也是不能思議的，所以我還是同意這一段經文的說法。」他們往往會這麼說。可是實際上，他們眞的能思議眞如嗎？他們其實還是不能思議。連二乘聖者都不能思議眞如了，何況是落在意識心離念靈知六塵境界中的六識論凡夫？可是你如果從如來藏的立場來看時，如來藏對自己的眞如是沒有辦法思議的。當你覺知心意識轉依如來藏的立場時，再來觀察看看如來藏能不能思議祂自己的眞如法性？眞的不可思議，沒辦法思議。同樣的道理，智慧到彼岸當然也是如來藏所不能思議的，是要由意識心來證知眞如才能夠由意識來思議的，當意識設身處地站在如來藏自己的立場，就會發覺如來藏是不可能思議自己眞如法性的。

接下來說：「法界乃至不思議界不可思議故，當知般若波羅蜜多亦不可思議。」從眞如法界的離生性、不思議性、平等性乃至虛空界都不可思議的緣故，所以應當知道般若到彼岸也是不可思議的。因爲凡夫們連眞如法界法性都不能看得清楚，完全不知道是什麼的時候，如何能思議這一些不可思議性？既然不可思議，當然智慧到彼岸也就變成不可思議了。然而凡夫們還沒有聽到眞善知識說法以前，總是會認爲自己是知道的。

接下來說：「**眞如無覺知故，當知般若波羅蜜多亦無覺知；法界乃至不思議界無覺知故，當知般若波羅蜜多亦無覺知。**」那些自以爲知、自以爲悟的凡夫大師們，這一下子可就慘了，那些離念靈知的大師與信徒們，這時要怎麼解釋呢？也許有人聰明，突發奇想說：「**這還不簡單？我只要一直打坐，坐到什麼都不知道了，那不就是無覺知了嗎？那就是證得實相般若了。**」實相般若是不是這樣子證的呢？那叫作證得白癡！如果人類學佛想要的般若智慧是要這樣的話，那麼學佛人生來就只要跟木頭石塊一樣就行了，那乾脆抹脖子走人算了，死後把屍體留著，無覺無知的屍體應該更像是實證般若波羅蜜多的聖者了，因爲屍體完全是無覺知的嘛！

實際上不是這樣，般若，你雖然知道它本身無覺無知，但你覺知心意識卻變得更有智慧，遠比以前更有智慧，應該是這樣才對，才能成爲一切智者。如果學佛以後都要像木頭石塊一樣不能分別是非善惡，不能分別世間與實相的差別，又怎能叫作證悟般若的智者？所以這裡講的無覺知是什麼呢？是說眞如自身無覺知，不是要你意識覺知心無覺知。如來藏顯示出來的眞如法性是不覺不知的，因爲它只是顯示如來藏的眞如法性，所以那個被顯示的眞如法性是無覺知的；由於祂的眞如境界中無覺無知，當你由證眞如得到智慧到彼岸而轉依眞如離見聞覺知的境界來看一切法時，般若波羅蜜多當然同樣是無覺無知，因爲眞如本際如來藏心是無覺知的。那麼由此衍生出來的法界乃至不思議界，一樣也是無覺知的。由於這個緣故，應當知道智慧到彼岸也是沒有覺知。

既然是這樣的話，再從如來藏自住境界來看，就說：「眞如勢力不成就故，當知般若波羅蜜多勢力亦不成就；法界乃至不思議界勢力不成就故，當知般若波羅蜜多勢力亦不成就。」從如來藏的境界中來看，眞如的勢力能不能成就？不可能成就。因爲如來藏離見聞覺知，而「眞如」這個法相其實是從意識的立場來看如來藏顯示出來的眞如法性；可是從如來藏本身而言，如來藏從來都不看自己所顯示的眞如法性，既然這樣，還有眞如的勢力可以建立嗎？也就是說，這時還有眞如的功能可以建立嗎？當然沒有了。「**眞如**」法性如果勉強要說它有功能，可以這麼方便說：它引生了菩薩意識心中的實相智慧。可以這麼說。但你不能拿眞如法性來作什麼。當你有了現觀眞如法性的智慧以後，你能不能夠說：「**我把眞如法性拿出來給你看，這就是證得眞如法性的智慧。**」你拿不出來的，你只能講一大堆的言語來形容如來藏的眞如法性，可是人家還是聽不懂，所以你拿不出來啊！這好像啞巴吃黃蓮，眞的有苦說不出；但也可以叫作啞巴吃湯圓，心裡有數卻無法講出數目來。

所以很多人問我說：「**老師！你怎麼到了會外就都不說法了？**」我說：「**我要怎麼說法呢？對那些還沒有實證眞如卻又很執著離念靈知意識的凡夫們，我沒辦法說欸！除非他們願意放下意識境界，誠心聽我說說看。**」對於那些大妄語人，如果我說已證眞如了，人家會說：「**那你證眞如了，就拿出來給我看看啊！**」眞如哪裡能夠拿出來給他看？只能教他實證如來藏以後，由他們自己去看，才能看得見啊！如果他們問我說：「**你證如來藏了，拿出來給我看看。」這個我倒可以辦到，就當場給他五爪金龍。可是對於還沒有證得如來藏實相心的人，眞如法性要怎麼拿出來給他們看？他們又沒有證得如來藏，你再怎麼顯示眞如，他們也是看不見的。明明我與他們講一大堆佛法的時候，就已經同時把眞如法性顯現出來了，他們卻眼見如盲，那我還要怎麼拿出來給他們看呢？就好像遇到一個眼盲的人，你對他說：「我有五兩黃金。」他說：「你哪裡有五兩黃金？你拿出來我看。」你拿出來時他也看不見。也許你說：「不然，我就叫他用摸的。」他摸了以後說：「這個東西我怎麼知道是不是黃金？也許你只是拿個鉛塊給我摸摸看。」他也無法看得見，因爲他看不見黃澄澄的金光，眼見如盲，那你要怎麼說服他？眞的是這樣。

當你從眞如境界或從如來藏的立場來看，眞是眼見如盲，沒有覺知。「你怎麼罵起如來藏來了？竟然說祂眼見如盲。」我說：「我不是罵祂，我是讚歎祂。」如來藏就是眼見如盲，所以明明祂自己有眞如勢力，結果眞如勢力卻建立不起來，因爲祂不見自己的眞如，所以眞如勢力在祂自己的境界中便不成就了，那你就應當知道般若波羅蜜多的勢力也不能成就。

既然根本不成就，這眞如法性衍生出來的法界法住法性乃至不思議界虛空界的勢力就不成就。這些都不成就，當知般若波羅蜜多也是不成就。這樣子，般若不就都通了嗎？而且不必囫圇吞棗，這有什麼困難的？凡是有困難，全都是因爲否定了第八識實相心，就不會想要求證第八識實相心；沒有證得第八識實相心，就無法現觀第八識如來藏的眞如法性，那麼《般若經》中說的這些勝妙法義可就全都讀不懂了。

由於這樣的緣故，須菩提就當眾向 世尊報告說：「**世尊！我是緣於這種眞意的緣故，所以我說菩薩摩訶薩的般若波羅蜜多名爲大波羅蜜多。**」意思就是說，八地以上菩薩根本不在意所謂的眞如法性、所謂的般若等等，他們在意的是異熟種子的具足親證以及轉變清淨圓滿。他們只在意這個，根本不在意他已經完全住在如來藏的眞如境界中。這些是七地以下仍在修學「近波羅蜜多」的菩薩們應該修學的，也是未到初地的三賢位還在「遠波羅蜜多」的菩薩們應該修學的，不是八地以上菩薩應該修學的。須菩提的意思就是這樣：「**他們八地以上菩薩都不必修這個。**」他們對眞如等等的看法就是這樣。剛剛這麼講了，大眾們聽了跟著也就瞭解，當然前

面是有 佛陀引導的過程，來引導他這麼說。

我們接著要說到二〇〇三年時，楊先生他們回頭再落入離念靈知裡面去，而自以爲證得佛地眞如了；原因就是沒有眞實去修學般若系列諸經。這說起來，還是得要怪我；所以我不怪他們，只怪我自己，因爲我希望跳過這一段歷程而把大家直接拉拔過去。沒想到有的人韌度不夠，一拉就被我拉斷了，好可惜呵！但是話說回來，我雖然有過失，因爲我一向都不演說般若；如今我總算也講了般若，《金剛經宗通》與《實相經宗通》，就是宣講般若還附帶了宗通，而且我還住於世間繼續寫書出來攝受他們，並且還把一切種智盡量灌輸給大家，讓大家快速縮短了第一大阿僧祇劫的時程，所以眞要說起來，我還是功大於過。雖然也有一些過失，不過像是種了一些樹木花草，而我澆花時把水澆得多一些，樹木們都很歡喜接受而得大利益了，小草可就折斷了，我的過失就只是這樣而已。這個道理，六祖和永嘉大師以前也有講過，我們就不必再重複說明；將來在《法華經講義》中，世尊還是會爲我們說明這個道理的。

話說回頭，如果是像二乘聖者一樣，捨離蘊處界或者厭惡蘊處界，一心想要在捨壽時入無餘涅槃，他就會落入涅槃作意中，就沒辦法證眞如了。反過頭來，從另一個方向來說，如果像凡夫們去執著蘊處界——我在這裡特別是指那些錯認離念靈知爲眞如的人，他們也沒辦法證眞如，這個道理在《大般若波羅蜜多經》卷三百二十之中也有這麼說：

【若菩薩爲攝取色故行，爲棄捨色故行；爲攝取受想行識故行，爲棄捨受想行識故行；是菩薩不能修般若波羅蜜多，亦不能修靜慮、精進、安忍、淨戒、布施波羅蜜多。是菩薩不能證內空，亦不能證外空、內外空、空空、大空、勝義空、有爲空、無爲空、畢竟空、無際空、散空、無變異空、本性空、自相空、共相空、一切法空、不可得空、無性空、自性空、無性自性空，是菩薩不能證眞如。（共二十空）】

你們證得如來藏的人都可以來觀察看看，是不是眞的如此？是眞的如此啊！這個眞如是悟後都可以現前驗證的，不必用一大堆言語在那邊討論，還要開什麼學術會議去討論說這是不是可證？眞的都不須要啦！因爲這是現前可以觀見祂本來就是這樣的。法界的實相不可以經由討論去定義的，你只能夠實證以後去敘述眞如，不能經由想像思惟而用討論的方式去定義眞如；

因爲祂是一切法界背後的實相，是本來就這樣，無始以來都不曾改變，未來無量劫以後也不會演變的，怎麼能經由討論而定義祂、而演變祂？因此你只能夠在實證以後從你的所見去敘述，而不是大家討論後來定義祂。

所以學術會議的討論是討論什麼呢？是討論看看：你有沒有講錯，我有沒有講錯，只是以思惟想像的內容互相討論一番，這倒是可以討論。可是如果一大堆學術研究者全都是沒有實證的人，講來講去都將只說：你講得好，我也講得好。大家互捧一番以後，對於實相依舊沒有能力討論出法理上眞正的是非，那麼究竟有沒有學術思想中追求眞、善、美的實質？全都沒有啦！所以眞要說起來，佛學的學術會議是誰有資格開會討論？只有親證如來藏的菩薩們才有資格召開及討論。可是咱們正覺反而不想召開，由著他們去開會討論；因爲他們辦家家酒也辦得很歡喜，咱們別討人厭，也就隨喜吧！

但這一段經文在說什麼道理呢？是說：「如果菩薩爲了攝取色陰而作種種修行，或者爲了棄捨色陰而作種種修行；」色陰講過了，就換「名」來解說：「爲了攝取受、想、行、識而作種種修行，或者爲了棄捨受、想、行、識而作種種修行，這位菩薩沒有辦法修證般若波羅蜜多，」因爲這個菩薩只能成爲通教菩薩，不可能成爲別教菩薩；他既不能眞正修學般若波羅蜜多，「當然也不能眞修靜慮、精進、安忍、淨戒、布施等波羅蜜多，」因爲他完全用心在聲聞道裡面。大乘通教之法是跟聲聞道的解脫道修行一樣的，都只是在蘊處界的苦、空、無我、無常上面觀行，修學的是聲聞法中的緣起性空觀而不能涉及實相般若。爲了棄捨五陰而精進修行，不免落入聲聞道中，他只會針對五陰的虛妄、苦、空、無常、無我而作觀行，最後就是死後入無餘涅槃；只因爲有菩薩願而不取無餘涅槃，成爲菩薩聲聞，但永遠都不會想要取證般若波羅蜜多，這樣的菩薩所證內涵就與聲聞人一樣。

或者有人爲了攝取五陰而修行，就會落入世間法中，例如密宗就是一個明顯的實例，口說般若空性卻專門執取五陰以及五陰的我所——執著要每天都有淫行中的最大樂受，於是沈浸在雙身法的境界中無法捨離，永遠都不會想要取證離見聞覺知的眞如。像假藏傳佛教喇嘛教這樣的人，不但聲聞道的觀行沒有辦法成功，而不斷的去執著五陰及我所淫樂，永遠無法實證極寂靜的眞如法界。這兩類人都是落於這兩邊：或者是棄捨、或者去貪著五蘊及我所，結果永遠都在聲聞道裡面，或者永遠落入常見外道法中。貪著五蘊就是沒有辦法棄捨五陰的人，落入攝取五陰的一邊，成爲凡夫；能眞的究竟棄捨五蘊就是證解脫果了，就落入棄捨一邊；這兩種人不論落到哪一邊，他們號稱的般若修行其實都與實相般若不相干，就是沒有辦法修學般若波羅蜜多的人。如果連般若波羅蜜多都不能修，那麼前五度的靜慮、精進、安忍、淨戒、布施等波羅蜜多，當然根本都不曾眞的修行過，所以第六度般若才會沒有因緣可以實修。

譬如說布施到彼岸——布施波羅蜜多，如何是布施到彼岸？得要三輪體空才算數啊！布施的時候哪裡三輪體空？當他落在蘊處界裡面而布施時怎麼能夠三輪體空？落到蘊處界中是說，當他布施的時候有我蘊處界，有受施者的蘊處界，也有自我所布施的財物，哪裡能談得上三輪體空？必須是證得如來藏以後用蘊處界付出財物在作布施，卻是從般若本際，也就是從如來藏的眞如法性境界來看自己的五陰在布施時的情況，那時意識心的所見是如來藏在布施的過程中，繼續顯示眞如法性而不觀自己的五陰，不觀受施者的五陰，也不觀正在布施這件事情，都不曾認知這三輪，這樣才能說是現觀布施之時的三輪體空，才能叫作布施到彼岸的實證；否則布施再多，永遠都要輪迴生死，因爲會被那些福業綁住了。被福業綁住了，當然要這麼說：「我下一輩子還要當慈濟人。」因爲他布施了很多，下輩子繼續當慈濟人的時候，比這一輩子還富有，還可以布施更多，都落在蘊處界中，那他能不能有智慧到彼岸？因爲都在蘊處界裡面，這樣子布施的人是沒有波羅蜜多的人；所以《優婆塞戒經》裡面 佛講得很清楚，這叫作：有布施，無波羅蜜多。

然而，菩薩布施時應該是有布施、也有波羅蜜多才對，因爲布施的時候看見三輪體空時，又無妨從現象法界中看到有布施者，有布施這件事情，也有受施者，也有受施與布施所產生的功德與未來世的福德，全部具足。但是從眞如法界實際理地來看布施這件事情時，一切都無，三輪體空，這樣才叫作布施到彼岸的實證，才能說是布施波羅蜜多。因爲你是在無生死的眞如彼岸中，來用這個五陰生死法在作布施，這樣才有布施到彼岸的功德。布施波羅蜜多如此，持戒波羅蜜多乃至靜慮波羅蜜多亦復如是，這是因爲他已經有了般若波羅蜜多。若是沒有般若波羅蜜多，不能實證這個眞實理，當然他「亦不能修靜慮、精進、安忍、淨戒、布施波羅蜜多。」

所以，這段經文在告訴我們說，如果有菩薩是修大乘通教解脫道的佛法，那他就是落在蘊處界裡面而想要捨棄五陰，或者猶如凡夫想要證得解脫道卻是在繼續執著五陰，那他們就沒有辦法修學般若波羅蜜多，因爲他們都落在現象界裡面，跟實相法界眞如法性的修證都不相干。他們所觀行的範圍都達不到實相法界，都是在現象界中的蘊處界五陰範圍之內，他們當然沒有辦法證眞如。既沒辦法證眞如，就無法實修般若波羅蜜多，那麼要修證其餘的五度到彼岸就不可能了，因爲前五度的波羅蜜多要依般若波羅蜜多才能成立，否則就是只有前五度而沒有波羅蜜多。

接著說：「**像這樣修行的菩薩，不可能證得二十種空。**」不論是「**內空、外空、內外空、一切法空、無性自性空**」等等，所有的空義他都證不到，因爲他無法現觀。這一些空都只能從如來藏來看，才能夠說這一些法性都是空。所以最後作個結論說：「**像這樣一直都在蘊處界的範圍裡面觀行的菩薩，是不可能證眞如的。**」

你如果懂了這一段經文，並且能夠現觀而一一證實，那你把所有善知識的著作（不論是古時候、現代的，甚至有許多已被收入《龍藏》或《大正藏》裡面的古德論著），你都可以拿來觀察：他所說的範圍有沒有超出蘊處界？如果他的論裡面所說都沒有超出蘊處界範圍，你就知道他不可能證眞如；不管他的論中所說名相是不是在講眞如，因爲他講的眞如還是沒有眞如，因爲他講眞如時所講的範圍全都在蘊處界裡面的緣起性空，不曾涉及第八識實相法界中的眞如法性。這段經文末後早就講了：「**是菩薩不能證眞如**。」因爲眞如正是蘊處界等現象界法以上的實相法界，也就是第八識如來藏心的所顯性。而蘊處界是被恆時顯示眞如法性的如來藏生出來的，但那論主在論中所說、所觀察的對象，全都在如來藏的範圍之外，始終觀察不到如來藏心——觀察不到這個實相法界的眞如法性，那他的論雖然已被收入《大藏經》中，他其實依舊是凡夫，反而不如「名不見經傳」而實證眞如的「籍籍無名」的今人。

蘊處界本身始終不會有眞如法性可以被他觀察出來。眞如法性是更高層次的如來藏心所有的，現象界裡的蘊處界永遠都是緣起性空而沒有眞如法性；這樣，他的觀行全部都在蘊處界裡面，永遠觀行不到實相法界，那他當然不可能證眞如。《大般若經》的經文中已經講得這麼明白了，雖然我這一世並沒有去讀《大般若經》，但是你從如來藏的眞如法性來說，本來就應該如此。所以我書裡面針對某些誤導眾生的大師們常常會寫說：「**他的觀行範**

圍都在蘊處界裡面，他不可能證眞如。」如今你們看，經裡面也已幫我預先證明了。

那麼證眞如以後，又怎麼樣呢？證眞如以後應當要學習住在眞如法性中。也就是說，不要剛剛證眞如就想要馬上像八地菩薩說：「我要把眞如的智慧放下了，我要住在如來藏無境界的境界裡面。」你都還沒有通達，怎麼就要把祂放下了？譬如過河時上了船，得要過了河以後才能把船給丟棄，不該還沒過完河就在此岸先把船丟棄，那是永遠過不了生死河的。人家大菩薩們，不管是遠離眞如或是不取眞如作意，全都是大波羅蜜多階段中的修行，不但已斷除分段生死，而且早已斷盡習氣種子永遠沒有生死了；而你證眞如時都還沒有離開遠波羅蜜多，連近波羅蜜多都還到不了，怎能就放下眞如法性的智慧而捨棄眞如行？是不是呢？正是這樣嘛！

所以說法時爲了攝受有情瞭解成佛之道的五十二位階，有時可以講高層次的法，但是自己的腳還是要在大地上一步一步踏實地走，可別踩空才好，否則只有跌倒的分。悟後往前走的未來遠路，你當然得要知道一步又一步該怎麼走，可是眼前下腳時還是要在當地一步一腳印地實行。你可以說：「我是要爬到那個最高峰。」眼睛看著那裡沒關係，但也要常常瞄一瞄眼前的地上；還是要在這裡一步一步往上走，不是眼睛看到在那裡就等於已經到達了，所以說菩薩悟後要學著住眞如。那麼學住眞如的意思是什麼？是增上慧學中所說的轉依於眞如法性而安住，就是一切剛剛證悟的人所應該要學的。什麼叫作學住眞如呢？眞如的法性無見聞覺知的緣故所以極寂靜，無取著性的緣故所以離貪，無分別性的緣故所以離瞋，是智慧的緣故所以離愚癡；像這樣子轉依眞如，學著住於眞如，未來一定能夠取證通教解脫道的第三果。

取證聲聞法中的第三果跟佛菩提有什麼關係？那明明是聲聞果，究竟有沒有關係？有！絕對有關係。因爲想要圓滿佛菩提道的三賢位而入初地，至少要證得解脫道的三果。佛陀在世時並不是教菩薩們證三果來入地的，佛陀那個年代是大阿羅漢們迴心大乘實證眞如以後來入地的。但是對於從佛菩提道直接下手的你們來講，因爲我不是先教你們修解脫道，我是直接教你們佛菩提道，這跟二千五百多年前的時空狀況不一樣，所以對你們來講，我不能要求你們先證阿羅漢果，否則我們正覺早就要關門了，大乘妙法還有誰能夠繼承下去？所以，我要求你們的，就是你們要趕快取證三果。

取證三果並不難，就看轉依有沒有深入？有沒有下定決心？捨不捨得掉欲界法的貪愛？就看這些。因此說，最少要能取證三果；取證了三果以後五下分結斷除，是已經發起聖性了，這時依憑證眞如的功德，加上已修廣大福德了，才能圓滿三賢位的般若波羅蜜多。因爲圓滿三賢位的般若波羅蜜多時，不是只把六百卷的《大般若經》全部都熏習完成就夠了，另一方面還要配合廣大的福德；就是說，你想要入地，得要有足夠的大福德。若是福德還不夠，你的般若智慧夠了也沒法子入地；即使你先證得阿羅漢果德也沒有用，還得要有大福德。福德的修集，就從護持了義正法上面去作，增長最快；你布施了五十億元的福德，不如護持了義正法三年的福德。說老實話，就是這樣；因爲布施廣大錢財時，那是世間有爲福德。

廣大的福德有了，還要永伏性障如阿羅漢，才能入地。三果人在外表上看起來跟阿羅漢一模一樣，他們額頭都沒有寫「四果、三果」；但他們確實證果了，要從哪裡看呢？從身口意行。三果人外表上看起來是與阿羅漢一樣的，差別就在「有漏、無明漏」還沒有斷盡，所以他成爲三果人，不能成爲阿羅漢。如果有漏、無明漏已斷盡了，他就成爲阿羅漢了。但三果人的身口意行跟阿羅漢完全一樣，這叫作永伏性障如阿羅漢，所以入地的菩薩們至少要同時取證三果的解脫功德。好了！廣大福德有了，高品質的三果證量也有了，悟後把《大般若經》全部熏習完成，剩下的只是要把十無盡願印出來，到佛前胡跪好好唸三遍，從心裡至誠唸出來，你就是入地了。

從這個時候起，誰拿刀子架在你脖子上，威脅你要否定自己所證的第八識心，你都無所畏懼；不管多麼大的惡勢力，你也都不怕，隨時隨地願意爲正法喪身捨命，心性有這樣雄猛時，那麼你發完十無盡願時就是入地了。可別佛前發了十無盡願，結果遇到境界現前時心裡想：「**我的媽呀！眞危險，我先溜了。**」那是假名入地，宣稱入地時就是欺師滅祖。這意思就是說，必須要先轉依眞如，轉依以後學著住於眞如，然後如實住於眞如時才能取證三果。取證了三果，繼續努力修學，修集廣大的福德，然後就能圓滿三賢位的般若波羅蜜多。所以這時只要熏習一切種智，然後勇發十無盡願，你就進入初地心中了。

接下來說，如果離開了第八識心的眞如性——離開了八識心王所生萬法之中由第八識顯現的眞如法性，就沒有眞如可證了，就沒有眞如可修。離開了眞如法性的修證以後，就沒有佛菩提可修可證。所以，《般若經》裡面說，一切世間與出世間法，「皆以眞如爲定量」。由此可見眞如的重要性了吧！所以你不要小看說：「我禪三回來，是找到這個如來藏，觀察祂確實是眞實而又如如；這雖然沒有錯，可是好像也沒什麼。」眞的沒什麼？那你剛找到眞如心的時候，爲什麼痛哭流涕？又爲什麼現在於佛法中說話跟以前不一樣？爲什麼以前不懂的般若諸經，現在懂了？是因爲一切佛菩提道裡面的一切法，從三賢位的遠波羅蜜多，到入地後的近波羅蜜多，乃至八地到成佛之前的大波羅蜜多，全部「皆以眞如爲定量」，所以你讀懂了。爲什麼「皆以眞如爲定量」呢？這個道理，下週分解，所以《實相經》今天還是沒講完。

這一次講不講得完？我說大概會吧！依舊是大概。也許有人說：「這個叫作歹戲拖棚。」可是這樣講不好，因爲我們後面這些法義眞的很重要。我演說的《金剛經》《實相經》既然講的是「宗通」，總不能夠只把那經文講完就算數；因爲我講經時都希望首尾相照，最後結束的時候得要跟一開始講的宗旨互相輝映，所以後面這些戲可不是爛戲喔！我從《大品般若經》裡面取了一些互相有關聯的法義，成爲連貫性的法義，放到這後面來講，可以跟《金剛經宗通》《實相經宗通》剛開始講的宗旨互相輝映。就好像人家寫文章，或者寫一齣戲劇，都講究要如何首尾相照，所以這後面的補充法義是跟一開始講的內容有互相輝映、互相關聯的；而且等於是把它作一個圓滿的結尾，所以不是爛戲。請大家把這些法義都當作妙法，因爲它眞的不是普通法，晚近五百年來的佛教界裡聽不到也讀不到這樣講解的內容。這是特別針對已經觸證到如來藏但還沒有被印證的人，或者已經被印證後在增上班上課的人來說的妙法，所以這些都是重要的法義。言歸正傳，上週我們唸完了《大般若波羅蜜多經》卷三百六十四的經文，但還沒有講解的是：

【諸菩薩摩訶薩**於此真如修學圓滿**，證得無**上正**等菩提，故名如來應正等覺。是故善現！應知菩薩摩訶薩即是如來應正等覺，以一切法、一切有情，**皆以真如為定量故**。】

現在要講這一段。這一段經文中說的眞如是指第八識心和祂的眞如法性，所以說：「諸菩薩摩訶薩們，」這是指已經開悟般若的明心菩薩們，你們之中很多人都被含攝在這一句話裡面了，「諸菩薩摩訶薩於這個眞如修學圓滿以後，證得無上正等正覺了，所以名爲如來應正等覺。」這意思已經表明了因地修證與果地功德之間的緊密關聯，就是眞如心——如來藏心和祂的眞如法性。果地覺的無垢識佛地眞如，既是第八識的眞如法性，那麼因地的覺悟、因地的開悟，也應當是這個第八識如來藏的眞如法性，不可以因地和果地的所證不同；所以《楞嚴經》中 世尊說：「應當審觀因地發心與果地覺爲同爲異。」就是說，證悟的大菩薩們於這個眞如親證之後，依這個眞如心繼續修學圓滿的時候，就成爲無上正等正覺，才能夠名爲「如來應正等覺」；換句話說，如果因地發心所證的眞如法性，不是將來佛地所證的眞如法性，就不能叫作菩薩摩訶薩，只能叫作菩薩凡夫僧。

接著說：「由於這個緣故，須菩提啊！應該要知道菩薩摩訶薩就是如來應正等覺，」因爲菩薩摩訶薩與究竟位的如來是同一個實證，「是與一切法、一切有情同樣，全都以眞如爲定量的緣故。」「皆以眞如爲定量」很少人談過，據我所知，現代還沒有看過誰註解出「皆以眞如爲定量」的法義來。目前所知，只有我們同修會的學術論文中，有人寫過這句話。這意思是說，一切法，不論世間法、出世間法、世出世間法；也不論什麼樣的有情，不論是我們這個娑婆世界的六道三界有情，或是十方三世一切有情，同樣「皆以眞如為定量」。因為每一個有情的如來藏都是眞如法性，這正是所有證悟菩薩決定不變的現量境界，所以說「一切法、一切有情，皆以眞如為定量」。既然是一切有情，那就包含菩薩摩訶薩，也包含凡夫六道眾生，也包含四聖法界賢聖。

既然是說「一切法」，就包括世間法、出世間法、世出世間法；一切法全都一樣「皆以眞如為定量」。因為，如果一切法中或一切有情諸法之中，沒有顯示出必然都有眞如法性的時候，就不是在一切法之中，那他就一定不在一切有情量中，那就是無情或無情生。而這個全部都以眞如為決定而不可改變的境界——「皆以眞如為定量」，是菩薩摩訶薩與諸佛的同一所證，以及檢驗的唯一標準。「以眞如為定量」，「定量」是指什麼？定量就是決定而不可改變的現實或者事實。世尊既然開示說，一切法、一切有情全部都以眞如為定量，當然菩薩因地證悟時也必須要證眞如，必須以證眞如作為實證般若的定量。一切佛成佛時，也一定要證眞如，因為都不能外於眞如這個定量。而眞如正是一切法、一切有情的定量，只是凡夫與二乘四果等愚人不知不證罷了。這表示說，如果不證眞如，他就不能稱為菩薩摩訶薩，只能稱為菩薩凡夫薩，沒有資格談到摩訶薩。所以，一切法、一切有情都以眞如爲定量的緣故，菩薩摩訶薩取證實相般若時當然都必須要證眞如。

接下來說：一切世間法、三乘菩提，全都由第八識所成就的緣故，說第八識是世出世間法的根本，由於這個緣故，《大般若波羅蜜多經》卷五百二十六明載：

【佛告善現：「菩提者是空義，是眞如義，是實際義，是法界義，是法性義。復次善現！假立名相施設言說，能眞實覺最上最妙，故名菩提。」】

菩提也就是覺悟。這意思是說，覺悟就是證得空的眞實義。空是什麼？空就是眞如，不是一切法緣生性空後的斷滅空，而是說眞如空性，是空無形色而有眞實如如的自性，所以施設一個名稱爲空性。眞實空、畢竟空講的就是眞如空的自性，所以說：「菩提—覺悟—是空的眞實義，是眞如眞實義，是實際眞實義，」實際就是四阿含裡面講的無餘涅槃的實際或本際。「是法界眞實義，」是說眞如也是諸法功能差別的眞實義，「也是法性的眞實義」，因爲一切法性莫不依於眞如法性而存在；一定要有如來藏的眞實如如法性，才能夠有各種法性的眞實義可說，否則將會全部成爲諸法無因生了。然後世尊作一個結論說：「須菩提啊！假立名相施設來加以說明，而讓眾生藉著假立名相施設的言語說明，可以眞實覺悟最上最妙的法界中的眞實相，所以稱之爲覺悟。」所以不管誰解說開悟、覺悟的內涵時，都必須以證眞如作爲定量——作爲不可改變的現前實證的內涵。因爲佛菩提所講的是空，佛菩提講的證空性就是證眞如，眞如就是實際、就是法界、就是法性，又怎麼能夠離開或未證得如來藏的眞如法性而說他開悟了呢？

請諸位檢查一下：這四百年來的中原地區（其實應該說五百年來，因爲從明朝末年開始就已如此了），從明末一百年到清朝的二百九十餘年，再加上民國以來也快一百年了（編案：這是二〇〇九年七月初所說），這樣前後五百年，中原地區包括台灣在內（台灣其實是這幾十年才有佛法，如果不是咱們過來，還不會有眞正的了義佛法出現），在這一段期間且暫時不談西藏的覺囊巴，只談這一段期間的中原地區，有沒有誰是證眞如的？結論是只有一位從福建來到台灣開山的廣欽老和尚。但他不會講經說法，終其一生只當禪師，他最輕鬆；他先來台灣開疆闢土也很好，然後我們再繼續支持及發揚起來，使大乘佛菩提的實證成爲可能，也使悟後進修入地成爲可能，但正覺同修會打從一開始就與經中所說一樣，都以證眞如作爲開悟的內涵；如今《大般若經》中世尊的開示也是這麼說的。

所以說，沒有證眞如的人而說他開悟了，那個悟究竟有沒有表裡如一呢？諸位想一想啊！就好像說，鍍金的鉛與黃金同樣都很重；這鉛跟黃金幾乎一樣重，但只有一層表皮是黃金，裡面只是烏鉛，表面包覆著一層極薄的黃金皮，然而眾人都不知道那只是鍍金的烏鉛。末法時代正法之可貴就在這裡，因爲第八識了義正法在相似像法的六識論環境中存在時，數量其實非常稀少。然而我還是要再說一句話：正法的未來就在諸位身上，要設法一代一代不斷地傳下去，令佛教四眾的法身慧命可以綿延不斷，這才是最重要的。而那一些大山頭們，我是已經在很多年前就失望了，如今完全不冀望他們。現在轉而冀望於年輕一代的學佛人，即將出家的人或者剛剛才出家的年輕人，將來是有希望的。比他們有希望一點的人是已經出家了，還肯進到同修會來，不怕會外的無知法師們指指點點。

但是畢竟還要從法的本質來看，因爲一切法「皆以眞如爲定量故」，才會有諸佛、諸菩薩、諸阿羅漢、諸眾生可說。然而不只是這樣，我們說一切都要以第八識心體的法性、眞如性、涅槃性、功能性、根本性作爲依歸，所以如果否定了第八識以後，就沒有任何一個世間法可得，也沒有任何世間存在，也不會有出世間法可修可證。我這樣講也許籠統了一些，不如敞開來講：如果不是第八識如來藏，根本就不可能有名色，不可能有五陰。沒有五陰的時候，還能有三界嗎？還有一切法嗎？還有世間法嗎？何況能有二乘出世間法及大乘世出世間法？當所有法都不存在了，有情的五陰會從哪裡來？從如來藏的眞如法性來。當有情的五陰即將出生之前，業力成熟了，一切共業有情的如來藏就會在某處出生有形的世界，供這些有情前來受生而接受果報，所以如來藏是一切法的源頭。但如來藏心體若不是眞實如如的法性，也不可能出生萬法而又如如不動，卻能繼續執行因果律；所以還得要有眞如法界的法性運作，才能有三界世間和一切有情的存在。

如來藏恆時顯示眞如法性，所以如果沒有眞如，就不可能有諸法法性可說；因爲尚且不可能有五陰，何況能有任何一法顯現出來呢？那也就沒有眞如性可證了。因爲眞如法性是如來藏藉著所生的五陰顯示出來，在五陰上面顯示祂的存在。那涅槃性更是如此，因爲阿羅漢滅了五陰十八界入無餘涅槃以後，阿羅漢的五蘊全都不在了，蘊處界都滅盡了，那他的無餘涅槃裡面是什麼？就是如來藏眞如心獨住的境界，所以阿羅漢所證的涅槃還是依如來藏施設。若沒有如來藏第八識心不生不死的涅槃性，哪能有涅槃可證？那麼阿羅漢入無餘涅槃就會成爲斷滅空。這正是否定如來藏眞如心的印順派法師居士們的最痛處，打從我弘法以後把它提了出來，他們對這一點是從來不敢講一句話的。不但二乘的涅槃是如此，大乘菩薩從七住位到等覺位、妙覺位的本來自性清淨涅槃，也還是依如來藏的眞如法性來施設的，仍然是「**皆以眞如爲定量**」。乃至成佛了，又加上一個無住處涅槃的實證，也還是以如來藏的「**眞如爲定量**」。所以，涅槃性還是依第八識的眞如法性而說的。

至於法界，經文中說「**是法界義**」，這法界是講什麼？法界就是諸法的功能差別。也就是說，一切法的功能性都要以第八識心爲主體，沒有第八識心就沒有任何一法的功能可說，哪裡還有「**法界**」呢？第八識是一切法的根本，這才叫作「**法性義**」。一切法的眞實自性，就是如來藏性，仍然是以如來藏的眞如法界作爲定量，因爲這是永遠不能改變、不能演變的事實。所以如果沒有第八識心體，那麼所謂的法性、眞如性、涅槃性、功能性、根本性就無可言說了；因爲都會成爲假名施設而無實質之法，就成爲性空唯名的戲論了；因此說，世間法如此，出世間法亦復如此。

而菩薩藏所說的法是無上妙道成佛之法，這個世出世間法的菩薩藏，是以什麼爲體呢？以第八識如來藏心爲體。也就是說，菩薩藏是以第八識心爲根本，若沒有第八識心體的眞實如如法性，就沒有眞如可證。因此我們說：凡是毀謗第八識的人，就是謗菩薩藏。謗菩薩藏的人，無可避免地成爲一闡提人，也就是斷善根人，世尊早在《楞伽經》開示過了。將來諸位如果遇到哪位法師毀謗如來藏說：「**那是假名施設，是外道見。**」那時你還認不認爲他是佛門中的僧寶？不能再認爲了。因爲他開口毀謗菩薩藏時，他的聲聞僧及菩薩僧的僧寶戒體已經不在了，已成爲斷善根人了。

當他聲聞戒的戒體、菩薩戒的戒體都不存在時，又加上謗菩薩藏的緣故，他已經遠不如一個在酒家裡喝得醉醺醺的凡夫了。因爲凡夫花天酒地以後還不會下墮地獄，來世仍可當人，他卻因爲謗菩薩藏而在死後要下墮地獄了。所以他謗菩薩藏而成爲一闡提人時，你如果還要把他認作佛門中的僧寶，恭恭敬敬禮拜供養，你就是在幫助他造惡業，也在幫助他擴大惡業而成就共業了。請諸位行行好，遇到那種人，千萬不要恭敬、禮拜、供養，你要想辦法救他：「你謗菩薩藏時已成爲斷善根人，這是《楞伽經》中世尊親口所講的，所以你要趕快面對大眾懺悔，改往修來，彌補以往所造的大惡業。」救他免下地獄，才是幫助他，這樣作才是恭敬、禮拜、供養。請諸位把恭敬禮拜供養的觀念改一下，救他們不墮地獄才是眞正的恭敬禮拜供養。讚歎或護持他們繼續謗菩薩藏，那是在擴大他的惡業，眞的不可取。

回頭來說這個第八識的眞如法性，是常如其性、永不變易的，所以《大般若波羅蜜多經》卷五百六十，佛說：

【善現當知，如來眞如即五蘊眞如，五蘊眞如即世間眞如，世間眞如即一切法眞如，一切法眞如即預流果眞如，預流果眞如即一來果眞如，一來果眞如即不還果眞如，不還果眞如即阿羅漢果眞如，阿羅漢果眞如即獨覺菩提眞如，獨覺菩提眞如即一切菩薩摩訶薩行眞如，一切菩薩摩訶薩行眞如即諸佛無上正等菩提眞如，諸佛無上正等菩提眞如即一切如來應正等覺眞如，一切如來應正等覺眞如即一切有情眞如。善現當知，**如是真如皆不相離，非一非異，無盡無二，亦無二分，不可分別。**】

這還是首尾相照的，就要像一輪明月一樣，你從另外一邊繞過來看，還是同一個點，得要這樣與《金剛經》《實相經》的意涵首尾相照，才是圓滿的佛法。這一段經文中 佛陀這麼說：「如來的眞如就是五蘊的眞如，」成佛以後在人間還是有五蘊，應身佛都是有五蘊的，可是究竟佛所證的眞如就是現前五蘊中的眞如；「這個五蘊眞如就是世間人的眞如，而世間眞如就是一切法中的眞如，」因爲世間人就在一切法中存在而擁有一切法，可是一切法中顯現出來的眞如就是世間人的眞如。「這個一切法中的眞如，」也就是世間眞如、五蘊眞如，其實「就是預流果的眞如，」就是聲聞初果人顯示出來的眞如；但不能解釋爲初果人也有證眞如，因爲這是從證悟的菩薩智慧來看初果人的眞如，因爲初果人的如來藏也顯示出他的眞如法性。

「這個初果人的眞如就是二果人的眞如，」因爲沒有差別；「二果人的眞如就是三果人的眞如，三果人的眞如就是四果人的眞如，四果人的眞如就是獨覺辟支佛的眞如，辟支佛的眞如就是一切證悟菩薩在悟後修各種菩薩行中的眞如，而一切菩薩摩訶薩修菩薩行中的眞如，其實就是佛地無上正等菩提的眞如；佛地無上正等的眞如就是一切如來的正等覺眞如，」就是究竟位的眞如。然而「究竟位的眞如—佛地究竟位的眞如—卻跟一切有情的眞如一樣。」世尊說的眞如，從凡夫位一直往上說，最後繞回來又接上一切凡夫有情的眞如，這正是一輪明月首尾相照。

這在告訴我們什麼道理呢？就是說，第八識心體的眞如法性，在因地本來如是，乃至成佛而到究竟位的時候，仍然是這樣的眞如法性，始終不易其性。所以如果有人說：「我這樣修行，我的眞如就一分一分成就。」那就是錯會眞如的義理了，因爲眞如是本來就如此，佛地的圓滿眞如是在因地就已經顯現了，只是這眞如心裡面的種子由於悟後的修行而有變異差別而已，可是第八識心體本身的眞如法性是從來不變異的，是因地就已經全部如此了，怎麼可能說眞如法性是一分又一分去修行累積起來的？如果眞是他講的這樣，那麼將來「修緣」散壞時，他的第八識眞如法性是不是也要跟著散壞呢？那他的眞如法性就變成生滅法了。啊！這麼一說，那些假名善知識終於聽懂了：「啊！原來眞如是本來如是。」既然本來如是，怎麼可能是經由修行而成就眞如呢？所以證眞如是你悟的時候就全證了，不是一分一分修行累積而使眞如法性從不眞不如之中漸漸演變爲眞如的。那麼最後 世尊總結說：「一切如來應正等覺的眞如，就是一切有情的眞如。」這是明確告訴我們：眞如法性是打從無量劫前的無始之際，就已經是眞實而如如的了，不是修行以後把不眞不如的意識轉變成眞實如如，而是第八識在因地或凡夫地就本來已是眞如。

佛陀最後作了個結論說：「善現啊！你應該知道，這樣的眞如是從來不相離的，」換句話說，不論哪個有情，他身上都有眞如法性顯現，從來不與各該有情互相分離。可是這個眞如法性，雖然是第八識如來藏顯示出來的，卻不能單由如來藏來顯現，要藉著如來藏所生有情的蘊處界來顯現，因此說：「這個眞如與有情的蘊處界非一非異，而且是無盡無二，」因爲這個眞如法性不可能窮盡的，即使阿羅漢入了無餘涅槃，他入涅槃前聞熏了一些佛法，有一絲欣樂之心，入涅槃以後也許幾百萬億阿僧祇劫以後，他當年聞熏大乘法而有一些欣樂的種子突然發動了，他又來三界中受生，就成爲眞正菩薩了；那時他的眞如法性還是依舊存在的，沒有消失分毫；只是在無餘涅槃之中無法顯現出來而已，所以眞如是無盡的。

但這個眞如法性也與有情無二，可是不能像那一些否定如來藏的人說：

「我知道眞如是什麼，我證了眞如。」我就說他們是在自欺欺人，因爲他們並沒有眞正懂得什麼是眞如，因爲他們否定眞如法性所依的理體如來藏識。雖然說「眞如與眾生蘊處界無二」，但也不等於眾生的蘊處界，因爲眞如法性只是第八識藉所生的蘊處界而顯示出來，眞如終究不等於眾生的蘊處界。而這個「眞如與眾生無二分」，因爲這個眞如本來就是眾生所有，本來就跟眾生同在一起，不能把祂從眾生五陰身中獨立出去。我記得達賴喇嘛的書裡面有一句話說：「眞如在虛空。」大意是如此。如果他說的是正確的，那麼眞如是不是跟眾生成爲二分了？因爲眞如在虛空，而眾生在人間大地上。可是明明 佛說是「無二分」，說眞如與眾生是合在一起的，所以是無二分嘛！當然不可以把它區分爲二個不同的個體。爲度眾生時，可以把二者分開來詳加說明，但不可以作切割，應當一體看待，所以 世尊開示說：「不可分別。」

這意思就是說，諸佛的眞如不異於菩薩的眞如，菩薩的眞如不異於緣覺的眞如，緣覺的眞如不異於阿羅漢的眞如，阿羅漢的眞如不異於凡夫眞如，凡夫眞如不異於三惡道有情的眞如，三惡道有情的眞如不異於色界天中初禪天人的眞如，初禪天人的眞如也不異於二禪中的眞如，無所有定中的眞如不異非想非非想定中的眞如，乃至非想非非想定中的眞如不異於無想定、滅盡定中的眞如。我們還要這麼說：五根的眞如不異五力眞如，五力眞如不異七覺支眞如，七覺支眞如不異八正道眞如，八正道眞如不異菩薩眞如，菩薩眞如不異諸佛眞如，諸佛眞如不異一切有情眞如。這是因爲第八識的眞如法性遍一切境界、遍五趣眾生一切境界都是常住不變的緣故，所以說爲一切法眞如；一切法眞如既然不異於菩薩眞如，就應當知道有禪定的人所證的眞如，與沒有禪定的人身中的眞如，都是同樣的一類眞如，因此所證的眞如不分定中與定外。

接下來說，如果有人妄執定中所證才是眞的開悟，我說這個人就是沒有證眞如的凡夫，因爲他顯然是還沒有能力現觀眞如的凡夫；因爲有定力的人住在定外時，所見還是一樣的眞如。因此，縱使他知道了眞如法性的密意，也屬於臆想猜測，或者打聽密意而得的，不能生起實相般若智慧，所以導致他的實相智慧還沒有生起——還沒有與眞如的智慧相應；因爲不論是定中與定外所證眞如，或者住於定中、出於定外所觀的眞如，都是同一種自性，從來不曾有所變異，這也有經文爲證：

【爾時慧命摩訶迦旃延白佛言：「世尊！若人有法相、非法相，依此二相說法者，是人名爲住無明中。何以故？若人見非法，如實見，即是眞法。世尊！若菩薩如實見非法，即是眞如。世尊！夫眞法者，無所從來、無所至去，法不依人。世尊！法於人不遠不近，法於處所亦無遠近。世尊！法無是念：『我於上衆生行，於下中衆生不行。於下中衆生行，於上衆生不行。』世尊！法非相得名，亦非非相得名，何以故？世尊！聖人見所有相者皆見縛，非相者亦是縛。世尊！法非離，亦非修行，世尊！能知法者遠離修行。世尊！法不與他，亦不自取，而隨所欲利益不同，以無作者故。世尊！法於諸佛不生親想，毛道、凡夫不起怨心，世尊！以無分別戲論想故。世尊！法不近佛，不遠凡夫，而隨所行得法不同。世尊！如是之法，是名法集。世尊！我所說法集，爲得隨順如來所說法集不耶？」佛言：「摩訶迦旃延！汝之所說，隨順佛意。」」(《佛說法集經》卷五)】

這幾週以來，你們明心的人聽經時，就必須要不斷地跟著往上走，應該是每聽完一段經文後，所住的心境都會是不一樣的，才是步步都往通達的方向邁進，這樣我才不算浪費了脣舌。

回到經文來說。摩訶迦旃延向 佛陀這麼說：「如果某人心中還有法相與非法相，依法相與非法相等二相來說法的人，這個人就是住於無明之中的人。」這句話罵得可厲害了吧？現在請大家檢查一下，請你們普觀當今全球佛教，曾有哪些人說法時是遠離法相與非法相的？可都沒有啊！他們都在說什麼呢？都在說「非法相」，連「法相」都還談不到。他們都在說非法相：「我們修行佛法時心中不要有妄想，不要起分別。所以每天都要打坐，每天最少要坐一座；每一座兩個鐘頭裡都不許打妄想，打妄想時就是凡夫境界。」這是不是非法相？是啊！還有大師說：「我們什麼都要放下，如果有一點點放不下，有煩惱留在心中，那就是凡夫。當你都沒有煩惱生起了，全部都放下了，才能叫作開悟。」請問：煩惱是不是非法相？再問：放下煩惱的是什麼心？是意識。意識是不是「非法相」？是啊！仍然是「非法相」。所以他們連「法相」都談不上，都在談非法，這叫作無明凡夫。摩訶迦旃延都先幫我罵了，不必我來講；而「法相」其實是指眞如法性的相貌，所以證眞如以後，弄清楚了就不必再執著自己的眞如法性，就開始轉依眞如法性而斷除各種法執，依眞如境界來看，可就看不見有「法相」了。

那如果換成另一個方向來說，有些法師是循規蹈矩的，把五根、五力、七覺支、八聖道、十二因緣，全都安分守己一一爲大眾宣揚，這是不是「法」？是。都是在說「**法**」。對啊！是說法。像這樣子說「**法**」的人，無法依眞如境界而不見一切法——不見眞如，所以永遠只會看見因緣法，經中就說「**是人名爲住無明中**」。請問法與非法之外，還有什麼法？或者說，法與非法之上還有什麼法？（有人答：真如。）是眞如啊！眞如的境界永遠都不會墮於法與非法之中，這才是眞正的「法」。所以若是「**皆以眞如爲定量**」來說法時，我們就說：「**是人有明，無無明。**」這就是摩訶迦旃延這一句話的意思。

從此以後，你就看看哪個大師出了什麼新書，假使有人推薦，假使有哪個人告訴你：「**某某大師出一本書，寫得很好。**」你就先問他：「**好與不好，我有一個標準來衡量。**」他會問你是什麼標準，你就問他：「**他書中有沒有講眞如？**」那對方就要回去檢查。檢查完了，明天告訴你說：「**什麼叫作眞如？我師父書中都沒有講到眞如。**」你就說：「**那一定不是好書，因爲他一定落在各種『法』裡面，不然就落在『非法』裡面。**」他如果問你：「**你是根據什麼這樣講？**」你就把摩訶迦旃延這句話送給他——E-mail 給他，或者傳眞給他也行，不然寫在紙上寄給他也行，那他就會稍微懂一點點了。你等於開了一扇窗，他可以由這扇窗來看一切善知識。雖然那個窗這麼小，不像你家般若窗戶那麼大，但是已經足夠他去觀察，去看那些大小善知識有沒有誰能講到眞如。這樣子，他的世界就會漸漸開闊，他的那一扇窗就慢慢地越來越大、越來越大，將來就有機會跟你家的窗戶一樣大。

所以，「**是人名爲住無明中**」，因爲他若不是講法，就是講非法。爲什麼這麼說呢？摩訶迦旃延說：「**如果有人看見一切法、非法，而他有如實見，**」當然不是釋印順的「**性空唯名**」邪見，而是如實見，如同眞實法那樣見，「**這個就是眞法。**」請問，什麼是眞法？如來藏的眞如法性就是眞法。從如來藏的眞如法性來看一切法的時候，一切法全都是非法。還記得《金剛經》講的嗎？大家得要首尾相照才行：「**若見諸相非相，則見如來。**」如來就是第八識眞如心，就是眞「**法**」。但如果見到眞法以後，還抱得緊緊地，不能轉依於眞法離見聞覺知的眞如境界，就成爲法執，就是沒有全部轉依成功，那他這樣子爲人說法時，就說「**是人名爲住無明中**」，因爲他還有一部分無明啊！這段經文中說的也是同樣的道理，這裡只是再加以發揮出來而已。有智慧的人看見一切法都是非法，表示他親證二乘菩提了；然後他也有如實見，也就是看見如來藏的眞實如如法性了，對於如來藏的眞如法性已經親眼明見了，卻又無所執著，這樣就是眞實法。「如果菩薩如實看見非法，就是眞如。」當他看見一切法都是「非法」時，那他看見的唯一剩下的法，是不是看見了眞如？只有看見如來藏的眞如法性的時候，才能夠親見一切法都是非法——沒有任何一法不是非法。你從如來藏的眞如法性來看一切法時，正是如此。

所以接著又說：「夫眞法者，」什麼叫作眞法呢？就是「無所從來、無所至去，法不依人。」眞正的法是沒有一個來處的，你無法追溯到你自己的如來藏是從哪裡來的；你證悟時如此，將來很久以後成佛而具足十八不共法與十力時，所見也還是如此，始終無法追溯到祂從哪裡來的。因爲祂法爾如是，所以無所從來，「無所從來、無所至去」的法才是眞法。諸方大師們所說「放下煩惱的心」或者「離念靈知」，這些法有沒有所從來之處？都有啊！因爲投胎以後有了五色根，這覺知心才出生；而覺知心從哪裡來？藉著五色根從如來藏中來，是這一世才有而不是從上一世來的，是有所從來，有所從來的法就不是眞法。

又說祂「無所至去」，我現在要問你們已經證悟的人：有沒有誰能夠觀察自己的如來藏或別人的如來藏，將來要歸到哪裡去？有沒有辦法觀察出來？都沒辦法。因爲祂本身就是眞主，你要叫祂歸到哪裡去？世間的國王、世間的皇帝也都還要有所歸，所以每年到了一定的節氣，就要去祭天祭地；那時他居於天地之中，完成三才的格局。天、地、人三才，他居於中間，那時得要祭天拜地，顯示他是天子，所以說世間皇帝還是有所歸的——以天爲父。可是眞如心，你永遠都無法推究祂應該要歸到哪裡去啊！因爲祂是萬法的根源，是一切法之所歸；只有別人歸命於祂，祂不可能歸命於誰，那你怎麼可能說祂有所去？所以祂是「無所至去」。祂應該要去到哪裡？譬如說，阿羅漢入無餘涅槃，他的眞如心要歸去哪裡？祂無所去啊！所以說「無所至去」。得要是證得這樣的法，才是眞法。離念靈知或放下煩惱的覺知心，去的時候有沒有所至？有，要回歸到如來藏心裡面去，那就表示「非眞法」。

爲什麼說是「無所從來、無所至去」？因爲這個眞法空性無形色而本自存在，不依他法而存在，所以這個眞法不依人。人得依祂，祂不依人，所以摩訶迦旃延說：「法不依人。」凡夫都是顚倒過來，在深層意識裡面把如來藏抓得緊緊的，據爲己有，得要等他悟了以後才懂得痛哭流涕說：「**我被騙了幾十年，現在才知道原來我是假的，祂才是眞的。**」被騙了幾十年，到底是誰騙誰？其實是五陰自己騙自己，是自己把自己騙了幾十年。如今找到如來藏而知道自己是依祂而有、依祂而存在，才懂得說：「**原來祂才是主人，我是依祂而有。**」所以說人得要依於法而「**法不依人**」。

人在世間存在，命根當盡，祂就走了，你無法繼續依存祂，所以就死了，這時祂不再理你了。今後祂要理的是下一世另一個全新的你，已不是這一世的你，是另一個全新的覺知心，不是這一世的覺知心。下一世的你得要依靠祂在母胎中把你出生，然後再依存於祂；而祂不必依你就可以獨自存在，所以祂這個眞法不依於五陰的你，當然要說「**法不依人**」。講到這裡，又要請問大家：離念靈知、放下煩惱妄想的心，需不需要依人而存在？（眾答：要。）是要啊！要依這個五色根的「人」，如果五色根壞了，他的離念靈知就不能存在了，那時候還有放下煩惱的自己嗎？不但如此，還得要依如來藏藉扶塵根與勝義根變現出來的六塵才能存在，若不依六塵就不能存在。離念靈知、放下煩惱的覺知心離開六塵可就不能存在了，那時候倒要問問看說：「請問大師！你死的時候有沒有辦法清楚明白把握住自己？」這得要問啊！因爲大師都叫人要把握自己、要作自己。可惜他來入夢的時候，我沒有時間問他這一點，我應該問他這一點：「師父！你不是都叫人要把握自己嗎？你死了，把握住自己了沒有？」原來還是把握不了，所以是「人依法，法不依人」。

大迦旃延接著又說：「法於人不遠不近。」這可說得妙吧！這眞法如來藏對於五陰這個人眞是不遠也不近。祂曾經哪一天離開過你？從來不曾離開，怎麼可以說祂離你好遠？可是眞要說是近嘛，當你參禪參到頭昏腦脹，腦袋幾乎要爆裂了，可就是找不到祂老人家；因爲祂眞的夠老，祂到底幾歲？誰都不知道；你不知道祂幾歲，可以問祂，可是祂自己也不知道。話說回來，你如果要說祂和你很近，卻又找不到祂，當代諸方大師們都找不到祂，連不迴心的大阿羅漢們也找不到祂，又怎能說是近？可是若不說近嘛，祂明明不遠，就在你身上，那到底是遠還是近？就只能說「不遠」也「不近」，你眞的無法修改大迦旃延的說法。再強調一下：若要說近，爲什麼老是找不到？若要說遠，人家證悟者卻告訴你說：「明明就跟你在一起。」哪能說遠？所以有人問老趙州：「學人參禪這麼辛苦，爲什麼老是悟不了？」接著就問：「那佛法何在？」老趙州說：「在你鼻孔上。」有人問：「在他的鼻孔上？應該看得見啊！可我怎麼看不見？」玄沙就說：「只爲太近。」所以摩訶迦旃延當然要說：「法於人不遠不近。」

啊！都因爲太近而看不見，所以轉遠了。找不到可就遠了，然而卻是在你身中，所以說「法於人不遠不近」。不但如此，「法於處所亦無遠近」；六根是處，六塵也是處，這十二處的所在，妙法實相心也就在。可是你如果說：「那這樣子，我從眼根來找、耳根來找，鼻舌身根來找；不然就從意根來找。」當然也可以啊！可是大迦旃延已經說了：「法於六根等六處一樣是不遠也不近。」狀況還是一樣，於是又回到原點。「再不然，我就從六塵來找吧！」對啊！六塵是十二處所攝，六塵從眞法實相心中出生，那你從六塵一直往上追，試著追追看。能不能追到？結果還是追不到；爲什麼追不到？只爲太近。都因爲太近了，也就變遠了；可是法與六根、六塵其實都在一起，所以說「法於處所亦無遠近」。

接著摩訶迦旃延又說「法無是念」，說這個眞實法不會生起各種想法或念頭，所以《大般若經》中說祂叫作「不念心」，又說祂是不戲論心、不動心，菩薩們都應該如此轉依而行道。既是「不念心」，所以祂不會起這樣的念頭：「我於上等眾生中運行，於下等中等眾生裡面，我就不運行。」也不會這樣想：「如果我於下等中等眾生裡面運行，將來我於上等眾生身中就不運行。」眞實法一定不會生起這樣的念頭。如果眞實法會起這樣的念頭，三界中的萬法會變成怎麼樣？（有人答：全都錯亂了。）豈止錯亂，反而是單純。爲什麼說是單純呢？因爲再也不會有三惡道有情了。既然「法於下中眾生不行」，三惡道都是下中眾生，甚至可能人間也不會有人類存在了，因爲人間的人類是中等眾生，法只於「上等眾生中行」，那至少也得是欲界天才行吧！這一來，地球可就會有「寂靜的春天」了，因爲不再有人類及三惡道眾生了，狗、鳥、蚯蚓全部都沒了，人類也沒有了。可是眞實法不會生起這樣的念頭，所以祂平等平等：於上眾生行，於下中眾生亦復如是行。

大迦旃延接著又說：「法非相得名，亦非非相得名，何以故？世尊！聖人見所有相者皆見縛，非相者亦是縛。」這個眞實法不是因爲祂有相而得名，也不是因爲祂無相而得名。爲什麼這樣說呢？因爲聖人看見所有相的時候，都看見那是繫縛。只要落於相中就被繫縛了，被什麼繫縛？被見所繫縛。請問：把握自己是不是有相？有蘊處界相。還加上個什麼相？我執相。放下煩惱，什麼都放下了，結果放下自我了沒有？放不下。因爲只是放下我所的煩惱：「唉呀！我老公最近在外面花天酒地。啊！放下啦！不理他。」「我兒子把我的家財亂花，啊！放下啦！不理他。」放到最後，總是有個覺知心的自己放不下，把覺知心自己抓得緊緊的：「我得要把握自己。」結果落於有相中，這就是被所見的我相繫縛了，所以叫作「見縛」。

菩薩看見所有相時，都知道那叫作「見縛」，因爲已落入能見之相中；可是反過來，如果見「非相者亦是縛」。譬如說：「我要把它們都放下，什麼都放下了，全部丟掉，因爲一切相都屬於非相。」所以看見老公時，心想：「我不甩你，不管你。」兒子回來了，心想：「那也跟我無關，因爲這叫作非相。」但是這樣理解而以如此態度對待家人，全都視爲非相時，這個看見非相也是「見縛」，爲什麼呢？因爲相與非相兩邊都是五陰的境界，既然落在五陰的境界中，當然也是縛，被能見所綁住了。如果所證之眞實法不在這兩邊，是在眞如法性中住；就是說，證眞法的人，依實相智慧住於眞如法性中，不在相與非相兩邊，不落入有相與無相兩邊，才是已離見縛的見道位菩薩。

所以大迦旃延接著說：「法非離，亦非修行，世尊！能知法者遠離修行。」放下煩惱時是不是在修行？是修行。既是修行，便叫作「非法」，已經不是「法」，因爲這個能修行的心並不是眞實法。如果是「不修行」呢？不修行的則是凡夫，那還要談什麼？眞實的「法」既非修行亦非不修行，因爲眞實法是如來藏實相心，如來藏心從來不修行；你悟得祂以後，修行還是你家的事，祂依舊不修行。你想要修行，好好修行了以後，如來藏還是和你修行前一樣的眞如法性，但如來藏裡面你五陰的種子轉變清淨了，所以是你清淨了，含攝著你五陰的如來藏還是原來的清淨性而不改變；所以修行的結果還是你自己的，那結果並不是如來藏的；所以，證實相心如來藏的人非修行非不修行，這樣親證了才是眞實的「法」。凡是要靠修行去達成某一個清淨性，那個清淨性並非本有，而是會修行的覺知心所有的清淨性，在實相般若中都叫作非法。所以說，「法」是一直都與修行者同在，非離，但是亦非修行。眞實法是不離一切法的，貪瞋癡等法存在的當下，眞實法就存在了。眞實法不遠離貪瞋癡，可是眞實法又不落於貪瞋癡中，所以眞實法不用修行，因此才說「法非離，亦非修行」。

大迦旃延又向世尊報告說：「能知法者遠離修行。」所以，如果人家罵你說：「唉呀！你這個人眞沒修行，還說什麼開悟了。」你說：「謝謝褒獎！因爲我眞的沒有修行。」這個回答出乎他的意料之外，他一定質問說：「你不是每週都去正覺上課，爲什麼又說沒修行？」你說：「我五陰是有修行，但我還有另一個從來不修行的。」他說：「那你是不是雙重人格？」你就說：「菩薩摩訶薩永遠都是雙重人格。」因爲兼具修行與不修行兩邊嘛！他一定質問：「菩薩摩訶薩都是雙重人格，那你有精神分裂？」你說：「沒有啊！我比你還要正常，不信咱們來論法看看。」然後你就告訴他：「眞實法離修行，也離不修行；非修行非非修行，眞實法從來不修行。」他一聽完，一定迷糊了：「剛剛還說非修行非不修行，怎麼現在又說不修行。」他又迷糊了，可是對你而言，完全沒有衝突，完全如實，因爲你是依「一切法、一切有情，皆以眞如爲定量」而說的，而他一定還是不懂，會認爲你是賣弄語言文字在耍他。

所以這個結論就是說，能知道眞實法的人是遠離修行的人，因爲你依於眞如法的時候，還有什麼修行可說？修行的永遠是蘊處界的自己，非干眞如法性的事，而你轉依於眞實法妙眞如心以後，你能把眞如心這個眞實法怎麼修行呢？根本無法修祂啊！所以大迦旃延說：「**能知法者遠離修行**。」因爲這個眞實法不是藉修行才得到的，而是參究般若禪時去找到祂，不是用五陰來修行自己而把自己變成眞實法。

大迦旃延接著又說：「**世尊！法不與他，亦不自取，而隨所欲利益不同，以無作者故**。」自古至今所有證悟者，從來不曾有誰可以把眞實法如來藏送給別人，可是你也沒有辦法說：「**我要去取得如來藏**。」因爲這個眞實不壞的「**法**」是人人各自從本而有，不必去向誰取得。而如來藏也不會說：「**我要去取得什麼**。」祂是任運而爲的。「**法不與他**」，這跟一神教的見解是完全不一樣的。一神教裡面說，一切人的根本是靈魂，而靈魂是上帝給的，但人類可以背叛上帝而將自己的靈魂用來跟魔鬼交易。你們讀過嗎？我相信有很多人讀過。好啊！你如果把《浮世德》拿來讀一讀，悟前你會覺得說：這是在講什麼？書中講的都是好奇怪的想法。可是等你悟後，全部瀏覽以後就幫他提一句評語：**滿紙荒唐言**！

為什麼呢？因爲生命本源是眞實法如來藏，不是靈魂，不能拿來跟魔鬼交易啊！就算他們認爲生命的本源是靈魂，也不能跟魔鬼交易，因爲靈魂就只是中陰身，只能存在七天而已。好啦！就算有人突發奇想說：「**我把靈魂的七天生命賣給你好了。**」魔鬼能拿得走他的中陰身嗎？也拿不走。所以說「**法不與他**」，你絕對無法把祂送給誰。但是法「**亦不自取**」，請問你證得如來藏以後，你的如來藏有沒有辦法攝取別人心裡面的種子過來？不行！因爲你自己本來就已經圓滿了一切種子，別人如果說：「**我如來藏心中有一些功能差別，我把那些送給你好了。**」送不送得來？送不來！因爲別人的如來藏無法取你如來藏心中的種子，所以「**亦不自取**」。

雖然如此，卻是「**隨所欲利益不同**」，因爲「**無作者故**」。如來藏雖然出生一切法，但祂不是作者，不是像一神教所講的「造物主」。一神教講造物主，那叫作能作者：作出山河大地，作出有情的五陰，那個造物主上帝是有五陰的，是有「欲、勝解、慧（了別）」等心所在運作的，是會想要怎樣或不想要怎樣的心，正是識陰，無異於天界的凡夫眾生。然而眞實法不是作者，因爲祂只是如實地任運而依照業種去執行，祂沒有人我的分別，從來都沒有

「欲、勝解、慧（了別）」等心所法運作，所以永遠無分別；但因爲眾生各自所造的業行不同，各自的眞實法如來藏隨著業種任運執行的結果，就出生了各種不同種類、不同果報的有情，但都同樣是任運而無分別地贈送了各自應該獲得的不同五陰，讓各類有情可以繼續生存於世間，所以說「**隨所欲利益不同**」。

這句話在講什麼呢？譬如說，某甲上一輩子行善、護持正法，所以如來藏爲他出生一個聰明健康的五陰，讓他這一世可以來到正覺學法；這眞實法照樣像過去世一樣，對他利益而沒有改變。他這一世因爲初學佛以來，不過三十劫、一百劫，是個新學菩薩，百劫之前沒有接觸過正法，現在因緣際會碰上了勝妙法，善知識又是個濫好人而濫作人情讓他明心了；然後他的心有所懷疑，就不能住在如來藏金剛三昧裡面了，那麼他就失去功德而使實相智慧開始轉退，對如來藏心已經不能心得決定，所以不是三摩地了。這時候他開始謗法，好在他在謗法的過程中，關於謗法的根本罪、方便罪、成已罪等三罪並沒有具足；譬如只有一個成已罪，無心之中作了謗法的惡事，但沒有根本罪與方便罪，只是隨口謗法；於是下輩子去當狗，而他的眞實法如來藏也照樣會利益他：上一輩子是利益他成爲張三人同分的五陰，這一世是利益他成爲李四人同分的五陰，下一世則是利益他成爲畜生同分的狗類五陰，這也是「隨所欲利益不同」。雖然三世的五陰不一樣，但同樣是利益而賜給五陰，也同樣給予利益而不叫他短命。

如果牠在畜生道中而通人類的語言，墮在狗類裡面還要繼續謗法，可就具足根本、方便、成已三罪；好了，下輩子落到無間地獄去了，那時他心中希望著：「讓我趕快死，可以早點離開地獄道。」可是他的眞實法如來藏照樣會繼續利益他，讓他在地獄道裡無量世不斷地受生，在地獄道中生活八萬四千大劫，也是「隨所欲利益不同」，同樣是給他不同的利益。凡是增益他的每一世生命，或是每一世都維持他應該有的長壽，就叫作利益嘛！不是嗎？有沒有人反對這一點？沒有嘛！如果有人反對這一點的話，等一下我就拿刀把他殺了，因爲他認爲使人長壽時不是利益對方；依他的認知，我就該把他殺了，這樣才符合他對利益二字的認知嘛！因爲增益他的生命若不是利益，那麼殺掉他就應該是利益他了；那我身爲菩薩，爲了要利益他，當然要殺掉他。好了，如來藏也是一樣，利益那個地獄道中的五陰，讓他每一世都整整活上八萬四千歲，也是「隨所欲利益不同」，這都可以啊！你看，爲什麼如來藏眞實法能這樣？因爲祂不作分別，「以無作者故」。祂不會自覺說：「我想要製造你這一世的五陰，我正在製造你這個五陰，我正在幫助你延長生命。」祂不會這樣想，所以不是作者，就說祂「無作者」。

大迦旃延接著又說：「世尊！法於諸佛不生親想，毛道、凡夫不起怨心，世尊！以無分別戲論想故。」這是說這個眞實法第八識心，當祂在諸佛身中的時候，祂不會說：「現在我所生的這個五蘊成佛了，我要多親近，也要讓佛永生不死。」絕對不會，還是如同以前一樣。如果上一世的五陰造作謗法壞法的惡業，「法」如來藏在他死後爲他製造出畜生身，所以他這一世落入那種身上長了毛、身體橫著走的畜生有情時，牠的眞實「法」如來藏心也不會起怨心說：「唉呀！你這一世爲什麼變成畜生，你眞的讓我很生氣，讓我覺得好羞愧啦！眞是羞於見人。」不會因此就怨那個毛道，也就是怨那個畜生道有情。眞實的「法」永遠不怨，對於凡夫位的人類也不怨。

如果眞實「法」如來藏是有分別想、有戲論想的心，那些還沒有悟的大法師們看見蕭平實出世弘法，他們的如來藏應該就會覺得羞愧而趕快離開他們的五陰了，因爲有分別戲論想時就會這麼想：「**我爲什麼要住持在這個凡夫身中？**」就會想要離開大師的五陰身心了。可是從來都不會這樣，那些大師們看到蕭平實一本又一本書不斷地寫出來，讀了就生氣：「**他又寫上我的不是了！**」可是他們的如來藏這時候都不作分別戲論想，所以他們氣歸氣，也許想說：「**我乾脆氣死也就算了。**」可是眞實「法」如來藏照樣繼續利益他，照樣讓他羞愧地活到壽終正寢，想要提早走人都不行。

釋印順不正是這樣嗎？活到一百〇三歲，活著讓我慢慢寫他（大眾笑…）。對啊！早期有人向我抗議說：「**老師！你都只寫已死的人，那不算數啦！人家都死了，又沒有辦法抗辯。**」我說：「**你講的也有道理。好嘛！我改爲寫活人總行了吧！**」這就開始寫釋印順法義的嚴重錯誤，讓釋印順無法抗辯。他這個人很喜歡抗辯，不論誰寫了他，他就很快寫出回應的文章來，但就是無法抗辯我書中評論他的法義。他死前那十年的日子都不是光彩的，可是你看他的如來藏仍然「**隨所欲利益不同**」而繼續利益他，對凡夫性的釋印順不起怨心而讓他繼續長壽百歲，是因爲祂沒有分別也沒有戲論想的緣故。

大迦旃延接著說：「世尊！法不近佛，不遠凡夫，而隨所行得法不同。」眞實法如來藏不會說：「現在我的這個五陰是當世尊，位在究竟佛地，我得要多親近一點。若是想要多親近，當然要讓祂活久一點，最好讓祂活整整一小劫、二小劫。」如果眞實法如來藏會有這種「分別戲論想」，當然就會這樣。可是從來都沒有，你看 釋迦佛示現八十幾歲的一生，法事圓滿時就走了。雖然 世尊說可以延壽一個小劫，可是並不願意這樣作，因爲這樣一來，世間人就生輕想：「我上輩子看見釋迦如來，我重新受生長大了的這輩子祂也還在。既然如此，我還是繼續享受我的人間五欲快樂，等很多輩子以後祂宣示要離開我們了，那時我遇見了再來學佛。」眾生就是會這樣想，所以時間到了 世尊就走了。在究竟佛地時，如來藏不會主動想要親近於佛。

可是那一些凡夫眾生們的眞實法如來藏，也不會因爲是凡夫就想要遠離；所以當凡夫眾生五陰看見 佛世尊的時候，他們的如來藏都不會說：「唉呀！好羞愧，人家都成佛了，我這個五陰還在當凡夫。」就想要離開凡夫的五陰。從來沒有這回事，所以說「不遠凡夫」。但是「隨所行得法不同」，因此隨著眾生的種種所行不同，他的眞實法就出現不同的眾生諸法：同樣是人，有的人生來聰明伶俐，有的人生來愚癡遲鈍。這就是說，「隨所行得法不同」。

且不說那麼大的差別，就說我個人好了；我這個人學世間法很笨，學賺錢、學作人，我都作不好，都學不好。所以我在世間法中的那二十幾年，是錢來找我，不是我去找錢！因爲我連算錢都不太會算，可是這個從小讓人家嫌說「撿角（台語，詳後註）」的一個孩子，長大後竟然寫出這種深妙的佛法書籍，大學裡的哲學教授、佛學教授也讀不懂，這可怪了！是怪！這就是「隨所行得法不同」。因爲我一世又一世以來都不管錢，既不管錢，我學算術幹嘛？不需要嘛！不管多少錢進來，都有人幫我數。要用的時候開口，就有人幫我用出去了，也不必我動手，那我學數錢幹什麼？我學算術又幹什麼？所以我生來不會算術。可是文學方面就不必人教，尤其你看禪宗公案那些東西，國文教授們也不懂，有的國文教授、哲學教授都解釋錯了，但我一定不會講錯，眞的好奇怪呵！這是爲什麼呢？也是因爲「隨所行得法不同」，我往世的所學積累在眞法如來藏中的種子就是這樣的內容，流注出來時就能正確理解。（註：台灣鄉下罵人的俚語。意謂找不到肉可吃，只能撿到別人丟棄的無法吃的角，就是愚笨而沒有能力的人。）

這樣講完了以後，大迦旃延說：「世尊！像這樣的法，我把它叫作法集；而我所說的法集，是不是隨順如來所說的法集呢？有沒有違背世尊說的法集呢？」佛說：「摩訶迦旃延啊！」就是回應說：「大迦旃延啊！你所說的法義是隨順於佛所說的。」那這樣子，請問諸位：你對如來藏的理解，是不是跟以前又不一樣了？這個《佛說法集經》中從不同方向、不同層次的說法，就好像為悟後的三賢位菩薩們打大補針一樣，使大家進步神速。

接下來，我要說明的是：為什麼在最後我要舉出這兩部經的經文來？舉說這兩段經文的目的，也是想要度有緣的人來聽受、熏習時，以及聽受熏習完了以後，也有機會可以悟入，不單單是幫助已證悟者快速增長實相般若。如果能夠幫助別人悟入，那功德很大；只有一個例外，就是悟緣還沒有成熟的人，你去強行幫他悟入，反而會成為「虧損如來」的大惡業，也會使對方失去參究時釐清淆訛的過程，無法生起足夠讓他受用的智慧功德，於是他在未來可能心疑而導致退轉甚至謗法。這是我以前幹過的惡事，我還是對眾發露懺悔，以後不會再這樣作。但是對於已有悟緣的人，我是應該幫忙的。至於緣熟了沒有，那就是你自個兒的事了；你自己想要幫助自己，就得促使自己證悟的法緣趕快成熟，我要幫助的就是緣已經熟的人。你如果覺得說：「我的緣還差那麼一點點。」那沒關係，你把那一點點補足以後參禪也就悟了。

接著說，如果能夠藉著這些經文的宣講，而使得你們未悟的人之中能有一個人悟入，這功德有多大？現在不是說全部，是說只要有一個人經由聽聞我解說這些經典的法義而悟入，這個功德有多大？爲什麼要這樣講？要讓諸位知道說，這個第八識眞如法的可貴性，所以我再舉一段經文來證實這個說法，《大般若波羅蜜多經》卷一百三十一：

【佛云：「憍尸迦！若善男子、善女人等，教一有情住預流果，所獲福聚猶勝教化小千世界諸有情類皆令修學十善業道。何以故？憍尸迦！諸有修行十善業道，不免地獄、傍生、鬼趣；若諸有情住預流果，便得永脫三惡趣故。況教令住一來、不還、阿羅漢果，所獲福聚而不勝彼？憍尸迦！若善男子、善女人等，教小千界諸有情類皆住預流、一來、不還、阿羅漢果，所獲福聚，不如有人教一有情令其安住獨覺菩提，何以故？憍尸迦！獨覺菩提所有功德，勝預流等百千倍故。憍尸迦！若善男子、善女人等，教小千界諸有情類皆令安住獨覺菩提，所獲福聚，不如有人教一有情令趣無上正等菩提，何以故？憍尸迦！若教有情令趣無上正等菩提，則令世間佛眼不斷，所以者何？**由有菩薩摩訶薩故便有預流、一來、不還、阿羅漢果、獨覺菩提，由有菩薩摩訶薩故便有如來應正等覺證得無上正等菩提，由有菩薩摩訶薩故便有佛寶、法寶、僧寶，一切世間歸依供養**；以是故，憍尸迦！一切世間，若天、若魔、若梵、若沙門、若婆羅門及阿素洛、人、非人等，應以無量上妙華鬘、塗散等香、衣服、瓔珞、寶幢幡蓋、眾妙珍奇、伎樂、燈明，盡諸所有，供養恭敬尊重讚歎菩薩摩訶薩。」〕

這是在讚歎諸位。對啊！就是這樣啊！你看，佛陀這麼說：「釋提桓因啊！」釋提桓因就是中國人崇拜的玉皇上帝，「如果有善男子、善女人教化一個有情住於初果境界，所獲得及累積的福德還勝過教化一個小千世界的一切有情都修學十善業道。爲何這麼說呢？因爲凡是修行十善業道的人，未來多世還免不掉會有地獄、傍生、鬼趣的果報，」因爲還沒有斷除異生性。斷我見了才算斷除異生性，才不會迷信大道場、大名聲等表相而否定名聲不大的眞善知識與正法。請問：台灣佛教專門修學十善業道的是什麼人？（有數人回答：慈濟。）諸位都知道，不是我這麼講的。實際上，我也是認同這段經文的說法，因爲她們所謂的行菩薩道，所說的修行內容與法義，全都言不及義，都只是在行世間善就認爲眞的在行菩薩道，把世間境界當作是成佛境界。

行世間善的結果是往生欲界天享福，福報享盡了以後，剩下小惡業，所以在天道享福完了以後，該去哪裡投胎？畜生道、鬼趣或者地獄。如果有人發願說：「**我下一輩子要繼續當慈濟人。**」好，下一輩子在人間把福報享完以後，如果沒有繼續努力布施修福，死後該到哪裡去？還是三惡道。至於一般人修十善業道以後，若不生天，下輩子會很有錢財，就因爲有錢而爲非作歹，當然死後要下墮三惡道；而且爲非作歹時如果造的是大惡業，在人間把福報享盡了，下一世死後不免地獄、傍生、鬼趣的果報，所以，修十善業道是不値得憑藉的。只要度一個人證初果，遠勝過度小千世界的所有眾生修十善業道；地球只是小千世界裡面的一個星球而已，大約是小千世界中的千分或萬分之一；所以說，如果能夠教導整個地球的人都行十善業道，那還眞的不夠瞧，因爲不如我度一個人證初果。我們去到禪三精進共修時，剛一開始就是殺掉大家的三縛結，那時至少也有一半同修眞斷了三縛結。所以不要小看大溪鎭那個小地方，鎭雖小，有個正覺祖師堂在，可就不該小看了。

可是度一個人證初果算啥？因爲度一個人，且不說度一個人，就算是度一個小千世界中的所有人都證初果、二果、三果、四果，這夠偉大了吧？夠啊！可是還不如度一個人證得辟支佛果。度人證辟支佛果的道理，我們也講了，《阿含正義》裡面也有詳細說明了，就看他們肯不肯如實修證。可是這也不夠瞧，假使有人度別人證得獨覺菩提，「這個獨覺菩提所擁有的功德，勝過初果人乃至阿羅漢們的功德百千倍的緣故。」雖然超勝於度小千世界的人都住於阿羅漢果裡面，那福德眞是太大了，可是依然遠不如度一個人明心不退。世尊說：「假使有善男子或善女人，教化一個小千世界的各種有情全都實證因緣法而安住於獨覺菩提，所獲得的福德大聚，卻不如有人只教導一個人趣入無上正等菩提。」開悟明心就是「趣無上正等菩提」，是已經進入無上正等菩提妙慧之中。

「爲何這麼說呢？憍尸迦！因爲如果你度得一個人證得無上正等菩提，」也就是度一個人開悟明心了，「你就可以讓這個世間的佛法慧眼不會中斷；」因爲這個人將來必定次第修道而成佛，一定不會中途進入無餘涅槃中，因爲他的開悟是證得佛菩提而不是二乘菩提；「如果這個人證得佛菩提了，將來世間就會有辟支佛、會有阿羅漢，乃至初果人，」因爲這樣的菩薩摩訶薩，不單是會度人成爲菩薩，也會爲大眾演說二乘菩提而教導大家可以實證，所以這福德聚可就更廣大了。所以說，由於有這樣的菩薩摩訶薩住於人間，人間就會有人因爲他的教導而證得辟支佛果，證阿羅漢果下至初果。

這正好是我們的期待，《阿含正義》寫出來了，就是希望南傳佛法地區能不能有人翻譯過去流通，可以度人成就聲聞初果乃至四果。這也許是我來世或下下輩子才能看見的事情，然後他們如獲至寶說：「原來以前偉大的覺音論師寫的《清淨道論》都是言不及義。」於是他們開始把他的論著丟棄，從此就用《阿含正義》去修行，未來證初果、阿羅漢果乃至辟支佛果，不是不可能的。然而爲什麼能這樣呢？因爲有菩薩摩訶薩住持於人間，他一定會同時弘傳二乘菩提而不只是大乘菩提。世尊接著開示說：「由於有這樣的菩薩摩訶薩住世的緣故，將來就會有如來應正等覺證得無上正等菩提，」因爲菩薩能使佛種不中斷的緣故，菩薩摩訶薩所教授的法不會單單弘傳菩薩法，也不會單單是二乘法，一定是函蓋整體佛法；所以，「由於這樣的緣故，將來就會有人陸續成佛，因此就具備了佛寶、法寶、僧寶，而這三寶是一切世間所歸依、所應供養的。由於這個緣故，憍尸迦！一切世間不論是天、魔、梵天，或者出家人、在家修行人，乃至阿修羅、人、非人等，都應該以無量上妙的花鬘以及塗香、散香、衣服、瓔珞、寶幢幡蓋、眾妙珍奇、伎樂、燈明，盡諸所有，來供養、恭敬、尊重、讚歎這位菩薩摩訶薩。」

你看，幫一個人證悟，功德有這麼大，請問諸位：我們每年兩次四個梯次的禪三精進共修，要不要繼續辦？（眾答：要。）當然要嘛！因爲這功德這麼大。不過，這話好像你們最喜歡聽，卻是要累死護三菩薩們，累死監香老師們。我們說完了這些經，就已經兼顧悟後起修的人了，因爲我希望同修會中，所有證悟的人要迅速的圓滿三賢位的證德，將來九千多年的正法才能延續而久住。那麼，我們接著再來講，證眞如的人所應該要了知的深般若波羅蜜多，《大般若波羅蜜多經》卷五百五十：

【佛告善現：「於意云何？即眞如是心不？」善現對曰：「不也！世尊！」佛告善現：「於意云何？離眞如有心不？」善現對曰：「不也！世尊！」佛告

善現：「於意云何？即心是眞如不？」善現對曰：「不也！世尊！」佛告善現：「於意云何？離心有眞如不？」善現對曰：「不也！世尊。」佛告善現：「於意云何？眞如爲能見眞如不？」善現對曰：「不也！世尊。」佛告善現：「於意云何？汝爲見有實眞如不？」善現對曰：「不也！世尊。」佛告善現：「於意云何？若菩薩摩訶薩能如是行，是行深般若波羅蜜多不？」善現對曰：「如是！世尊！若菩薩摩訶薩能如是行，是行深般若波羅蜜多。」】

你們看，世尊說法眞的厲害！從負面一直說過來，你全都只能回答說：「不也！世尊！」可是講到最後，話鋒一轉，世尊卻讓須菩提不得不說：「如是！世尊！」佛要這麼當欸！如果像那些沒有斷我見的人也自稱成佛，那叫什麼佛？那叫作理即佛、名字即佛，連觀行即佛位都還不懂呢，因爲他都還不懂什麼叫作觀行。這一段經文中說「深般若波羅蜜多」，也就是很深妙的智慧到彼岸。這表示說，剛證悟的時候，還不是深妙的智慧到彼岸，因爲這時的智慧眞的還很粗淺，因此千萬不能開口說：「一悟即至佛地，我去打禪三明心回來了，我如今成佛了。」也對啦！這個成佛叫作相似即佛，只是很像佛而已，所證確實是與佛相似，但都還不是分證即佛位，何況能是究竟即佛位呢！

佛陀告訴善現說：「你的意下怎麼樣呢？這個眞如就是心嗎？」眞如是不是心？不是。眞如只是眞實心第八識的所顯性而已，這個心在蘊處界中運作的時候，顯示出這個心有眞實如如的法性，所以《成唯識論》中說：「眞如亦是識之實性。」就是說，眞如其實也只是如來藏阿賴耶識的眞實法性，第八識如來藏的眞實法性就是眞實與如如。眞如不等於心，所以不能夠說眞如就是心（禪宗祖師說眞如就是心，只是有時用眞如來指稱第八識）。所以善現只能夠說：「不也！世尊。」佛陀又說：「那你的意下如何呢？離開了眞如可以有心嗎？」離開了眞如法性而宣稱說：「我找到如來藏心了，但是祂沒有眞如。」有沒有這樣的事？永遠都沒有啦！一定同時有眞如法性顯現出來，才是眞的有這個第八識心在，所以不能夠說離開眞如還有眞實心可得。

換句話說，沒有證眞如的人根本就是還沒有找到眞實心如來藏，反過來說時就是這樣解釋的。佛陀接著又問：「你的意下如何？這個心就是眞如嗎？」因爲剛才問「眞如就是心嗎？」須菩提回答說「不是」。「那麼離開眞如有心嗎？」也不是，「那麼這個心就是眞如了？」一般人大約會這樣想，因爲末法時代的大法師們不都是如此說的嗎？所以世尊故意問：「這個心就是眞如嗎？」善現回答說：「也不是這樣。」好，如果以前不是常常聽我說眞如是心的所顯性，這經文是怎麼讀也讀不懂的。有誰眞的能讀懂？從我出來弘法到現在，沒有看過誰能講解這類經文。可是當你證得眞如心如來藏以後，我一面講，你就可以一面現觀而證實：「果然是這樣。」經文中的這些法義都是可證的，不是名言施設，所以祂不是戲論，是義學而非玄學；因爲祂是實相，是可以親證的。當你證得以後就可以現觀，當我一面依著經文講解時，你就可以從所證的第八識心同時現觀，證明經文說的以及我說的，是不是如此。

佛陀又告訴善現說：「你的意下如何呢？眞如能不能見眞如？」因爲以前那些宣稱證得眞如的大法師們說：「我時時可以反觀自己是很清淨而不分別的，這就是證眞如。」這眞是睜眼說瞎話嘛！既然能反觀自己沒有在分別，那就已經分別完成了，還說能夠觀察自己不分別。可是他們睜眼說瞎話的時候，並不知道自己講的都是瞎話；等我們指出來以後，他們還向徒眾們辯解說：「我講的這個並不是瞎話。」啊！這就是末法時代學法者可悲之處。眞如是如來藏顯示出來的眞實如如法性，所以眞如並不是心；既不是心，怎麼能反觀自己是眞如呢？連如來藏都不反觀如來藏自己了，何況如來藏顯示出來的眞如法性怎麼能觀察自己呢？

就好像一朵花很美麗，而美麗是花的所顯性，這美麗會觀察自己美麗嗎？所以善現當然回答說：「**不也！世尊！**」因爲眞如不可能見眞如。那麼那一些人一天到晚在說：「**我隨時照見自己了了分明而不分別，這時就是證得眞如心了。**」那麼依同一個邏輯而換成這一句經文來講時就變成「**眞如見眞如**」了；因爲依照他們的邏輯，當他們時時反照自己了了分明時，就等於是眞如見眞如了；而他們宣稱已證眞如時，那他們的眞如就該能見眞如了。那他們是不是在說：「**這須菩提還沒有開悟，世尊也是悟錯了**，所以跟我們證**眞如時不一樣。**」眞是要命，變成是尊者善現—須菩提—沒有開悟欸！可是善現的答覆，世尊是認可的，所以那些大師們其實都是錯會《般若經》的眞義啊！

世尊又說了：「**你的意下如何？你是不是看見有眞實法性的眞如？**」是問他說：「**是不是有一個具有眞實法作用的眞如被你看見了？**」我也用這句

話來問你們之中已經證得如來藏的人：「你們看見的眞如是有眞實作用的嗎？或者如來藏才是有眞實作用的心？」對嘛！你不能夠說花的美麗是眞實，你可以說花是眞實的，因爲它眞實存在，你可以拿來嗅啊、聞啊、看啊，還可以切了、炒了來吃，它眞的存在而且有作用；可是美麗是附在那花上面的，美麗並不是有眞實作用的法，不能拿來作什麼，只能附在花上面被觀賞而不像花有各種作用，所以美麗不眞實。同樣的意思，如來藏有各種的神用，可是如來藏顯示出來的眞如法性，不能夠說是眞實法，因爲眞如只是如來藏心在運作過程中的所顯性，所以它沒有功能差別。所以佛陀問說：「你的意下如何啊？你是看見有眞實體的眞如嗎？」須菩提說：「沒有啊！世尊！」因爲眞如不是眞實法，如來藏才是眞實法，眞如只是如來藏運作的過程中顯示出來的第八識法性而已。

佛陀又問：「那你的意下如何呢？如果菩薩摩訶薩，」也就是說菩薩證悟以後成爲摩訶薩了，「能夠這樣子運行其心，」就是覺知心轉依於這樣的所見而運作、而行菩薩道，「這樣是不是行於深般若波羅蜜多啊？」善現回答說：「正是這樣啊！如果菩薩摩訶薩能夠這樣行，就是行於深般若波羅蜜多。」好！今天諸位可以開始「行深般若波羅蜜多」了。這樣才符合《心經》所說「觀自在菩薩行深般若波羅蜜多時」的眞意，還記得嗎？這時候眞的可以「照見五蘊皆空」等等。這意思在說明什麼？意思是說，眞如只是假名施設，但是眞實可證，卻沒有眞實法，只是第八識的識性，不像第八識如來藏有眞實自性可以運作。就好像美麗是假名施設，卻眞的可以從花上面看見美麗；但你不是直接看見美麗，而是看見花所附帶的美麗；你從來都沒有單獨看見美麗，只能從花體上面看見美麗。

同樣的道理，你只能從實相心如來藏上面看見祂的眞如法性，你不可能看見一個外於如來藏心體的眞如。所以沒有「實眞如」，眞如是如來藏運作過程中顯示出來的眞實與如如的法性，要在如來藏實相心上面才能看得見，所以沒有「實眞如」。可是證眞如時卻是可證的，但眞如要怎麼證？要證得實相心如來藏；證得如來藏以後，才有智慧現前觀察如來藏顯示出來的眞如法性，而眞如不是眞實有；這樣子實證，就能漸漸通達《實相經》中的眞實義。因此說眞如只是假名施設，依於眞實心如來藏而說，所以眞如即是第八識的眞實性，所以《成唯識論》裡面說「**眞如亦是識之實性**」，又說「**眞如**

是心眞實性故」。結果今天還是沒講完，不過今天諸位已經進展到「深般若波羅蜜多」了，下回來聽《實相經》時再看可以進展到什麼地步。

這兩天很悶熱，空氣中充滿了溼氣，不過咱們不理它。今年到前天爲止眞的太熱，我家佛堂裡已經升到三十二度了，我才終於第一次開了冷氣。不是因爲我們負擔得起電費就可以盡量開，我要盡量試著去適應比較原始的，去過五十年前沒有冷氣的夏天生活。但是在正覺講堂裡不適用這個原則，這是說法聚會的時節，冷氣一定要開著。照例，今天有人問：「今天講不講得完？」我說：「應該是要講完了，總不能繼續再拖著了。而且深般若也講得差不多了。」雖然如此說，後面這些般若法義也都是很精彩的，不聽就太可惜了。

上一回講解了「眞如是心、心是眞如」等等，因有時眞如二字是被用來指稱第八識心如來藏；又依經文回頭說眞如也是第八識實相心的眞實性，而眞如這個法性不是眞實法，是依第八識心而存在。那麼，接下來我們仍然是在同一個主軸上來解說，也就是針對你們證悟如來藏而現觀眞如法性以後的悟後進修智慧的部分，特別是在與性障的修除有關的部分來講。所以今天接著說，悟後應當要轉依如來藏心體的眞如法性，這樣修行六度萬行才是眞正的菩薩。如果要說到如來藏的密意，或者說眞如法性的密意，其實也有不少人是去禪三精進共修之前就知道了；或者已經去參加過了但還沒有被印證完成，有不少這樣的人是已經知道的。然而知道般若密意了，算不算是開悟了？這是一個很重要的課題。

如果未來，譬如說末法時期快過完了，剩下最後五十二年，那時候隨便一本書拿來一翻開，如來藏是哪一個心？都有記載，都是明講的。而眞如法性是什麼呢？也都已在書中明講了。或者說網際網路一點上去蒐尋「眞如」，喔！有了。蒐尋「如來藏」，也有了，全都明講了。那時候大家都知道如來藏在哪裡，也都知道眞如是什麼，都不需要經過參禪，請問他們算不算開悟？（眾答：不算。）諸位都很有智慧。這是說，知道歸知道，但是知道不等於開悟；知道密意與眞正開悟之間的差別是很大的，而這個「很大」的原因在哪裡？就在這兩個字——轉依。有沒有轉變妄心自己去依止所知道的如來藏顯示出來的眞實如如的法性，這才是重要的；眞悟與否的差別，就在於此。話雖如此，但轉依的成功與否，卻還得再看慧力、知見、定力是否具足，能否作爲他實證如來藏後的支撐力量。

如果已經知道如來藏，也能現觀如來藏顯示的眞實如如的法性了，卻仍然著眼在世間法的名利，仍在顧念名聞利養，他顯然沒有轉依眞如法性，那他就沒有金剛性，因爲他心中是有恐懼的——恐懼名聞與利養失去，顯然他是沒有轉依成功的，那他就不是眞正開悟的人。所以假使有一天遇到了某某團體來恐嚇說：「你再不退休下來，再繼續講而不否定如來藏，我就要殺掉你了。」並且，人也派出來了，這時候心中有恐懼，害怕命根不保，那時就退縮下來了；這表示他對眞如的轉依並沒有成功，他的轉依是失敗的，就不是眞正的開悟者。如果沒這麼嚴重的威脅，只說：「我要毀謗你，我要對付你，讓你身敗名裂。」那時心中就恐懼了，也表示他的轉依沒有絲毫成功。或者說已經悟了乃至被印證了，然後有點退轉，爲什麼有點退轉呢？比如說：「我作生意，這個產品只值得一百萬元，可是知道買方沒什麼知識，我想：『我可以騙他，賣他三百萬元。』」這叫作不當得利，這算不算詐欺？算！這也叫作貪財，有貪心。這就表示他沒有轉依成功，因爲他沒有轉依如來藏的眞實性與如如性。那這樣子，證悟有什麼用？都沒有解脫與智慧二種功德了。

如果有人未來是這樣的話，我就要把為他印證開悟的名義剝奪掉，吊銷以前給他的「證悟」這兩個字。就像世間法中的吊銷一樣，因為他後來轉依沒有成功。轉依沒成功，就表示那個開悟的內涵對他而言只是一個知識——佛學或佛法上的知識，並沒有開悟的實質，那他就不能叫作開悟者，我當然要把以前對他所作的開悟印證剝奪。就好像有人不認同自己的國家而否定自己的國家了，當然要把原來對他加以承認的本國國民身分剝奪掉。至於外面有人說：「你蕭老師怎麼能夠以前說人家有開悟，後來又說人家沒有開悟？」我當然可以說，因為他以前有轉依成功而且認定所悟的內容，當然我要印證他開悟；但他後來退轉而否定所悟的內容了，顯然沒有轉依成功，我當然要剝奪他開悟者的身分，這個道理去到哪裡都講得通。所以說，如果轉依沒有成功，那就不是眞實義菩薩。我們再舉經文來說，《善思童子經》的卷下裡面說：

【諸法無有體，猶如虛空行；既如虛空行，法眞如亦然；善能知此智，菩薩無所畏；巧解一切法，彼知眾生行。】

這就是說：「三界中一切法都沒有眞實體，大家要把它看清楚，要知道它的妄生妄滅、虛妄假合；既然都不是眞實有，心行就猶如虛空一般。既然猶如虛空一般而又確實有身口意等各種行，如是諸法的眞實本際當然也就是諸法眞如。」當你看見一切都是生滅無常，那麼看開了，有什麼橫逆打擊也不當一回事，因爲反正都是人生大夢中的事。證悟後一定要能現觀人生就是一場大夢，全都是法眞如的虛空行；既然是這樣，世間法都是得過且過而不計較。可是在世出世間法的大是大非之中，那就得要計較了，因爲事關自己與眾生的法身慧命的存亡。哪個世出世間法得要斤斤計較而不許打混呢？就是「**法眞如**」，佛法所說的法就是指眞如。對這個眞如可以現觀以後，你依止於眞如的境界來觀察一切法的時候，看見眞如對一切法都沒有任何所著——絲毫的執著都沒有，所以悟後繼續在人間行於種種世間法時，一樣都是虛空行，都屬於虛空無爲，結果竟然都相同。當你證得阿羅漢果以後，也是虛空行，因爲一切法都是緣起緣滅而無常，猶如虛空而不能永遠存在，這是聲聞法說的虛空行。當你證得眞如的時候，依眞如而行，也是虛空行；因爲你可以觀察自己的眞如心，看祂會不會執著說：「這是我的名聲啊！這是我的財產啊！這是我的眷屬啊！」會不會呢？根本不會。因此你就依於「法眞如」這樣的特性，在菩薩道中也是這樣行，結果一樣是虛空行，這叫作「法眞如亦然」。

那麼，「如果有方便善巧，能夠了知這樣的智慧，像這樣的菩薩是無所畏懼的；」所以不管誰怎樣威逼或利誘，或者威逼與利誘同時來，全都沒有用，菩薩是不受改變的，因此無所畏懼，而且「能夠有各種善巧來爲眾生解開對一切法的謎團，因爲菩薩修到這個地步時，已經能夠知道眾生身口意的行爲大約如何。」眾生的身口意無非就是十善業與十惡業，不超出十業之外，從來不知道解脫，更不知道法界的實相。菩薩當然了知眾生行，原因就是因爲證眞如，知道眾生一切善惡之行莫非同時在眞如境界中行善造惡，而且也了知諸法無有體，所以能巧解一切法，這樣才眞正是了眾生行的菩薩。

接著說，開悟了以後不需要生起慢心。悟得眞的人不會生起慢心，反而是悟錯的人慢心深重。所以那些一天到晚在罵我的人都說：「你蕭平實明弘禪宗，陰貶禪宗，因爲你都說禪宗證悟了只有第七住位，不是一悟即是成佛。你這個人眞傲慢，眞高傲啦！」可是他們罵人時都不知道自己的邏輯不通，因爲他們都說悟了就成佛了，而且是還沒有悟就宣稱他們開悟了，意思是說他們成佛了，而說自己這樣是沒有慢心；而我眞的證悟了，然後我判定大家開悟明心時爲第七住位，還沒有入地，他們竟說我傲慢。我都不知道他們那個邏輯是怎麼講的？其實悟得眞的人不會有慢，因爲從所見的如來藏去轉依眞如，然後再來觀察：理悟之後是否有完成自己跟 佛陀之間的廣大距離？這一觀察下來，嚇出一身冷汗說：「原來距離是那麼遙遠。」看清楚了以後，心中怎能有慢呢？當然要老老實實安分守己說：「眞正開悟明心了，才只有第七住位；還在賢位之中，距離入地的聖位都還很遙遠，何況是佛地。」

但是這樣安分守己而無慢的人，竟要被密宗那些未悟言悟而自認爲成佛的凡夫罵作是傲慢、高慢。密宗那些悟錯了卻說悟了就是成佛的凡夫，落入增上慢中，反而宣稱他們自己沒有慢，這只能叫作眾生顚倒。所以眞悟的人是不會生慢的，會生慢的人其實只是因爲蕭平實把事實眞相明講出來，害他們失去佛地身分與名聞利養。所以眞悟以後，原則上都不會生慢；只不過這是通例，偶爾還是有例外，因爲新學菩薩在善知識強送第一義密意給他們以後，一旦對法生疑而自創新佛法時，就是有增上慢了。因此，我們對這個意涵也得要講一講：於法、於師、於諸菩薩，不應當生慢心。這是因爲悟後的大眾之中仍會有新學菩薩，他們學佛以來不過幾萬大劫，難免仍有尚未完成轉依的漏網之魚，我得要預先提防有人因悟生慢而致退轉。

所以我們還是要用金色頭陀生慢心於 文殊菩薩的故事來講解。大阿羅漢大迦葉依聲聞戒爲正解脫戒而不依菩薩戒，就產生了一個故事，我就拿來跟諸位同修們分享，作爲自警；希望大家可以因此快速進道，就能早一些成佛。這一段故事是在《圓悟佛果禪師語錄》卷十一裡的記載：

【解夏小參云：「護生須殺，雖殺無傷；蠟人已冰，其功歷爾；可以駕鐵船入海，可以飛磨盤輪空；半合半開成團成塊，盡出箇大圓覺不得。若有出得大圓覺底，便能逆順縱橫殺活自在。是故文殊菩薩一夏，三處度夏：一月日在魔宮，一月日在長者家，一月日在婬房。既三處度夏，卻入世尊會中。解制極爲不平，所以迦葉欲白槌擯出文殊；纔舉此念，見會中有無量釋迦、無量文殊、無量迦葉、無量犍槌。迦葉既見恁麼，直得目瞪口呿。何故？過量人有過量見、有過量用，雖金色頭陀，到這裏縮手不得，展手不去。只如與麼時，是大圓覺裏耶？大圓覺外耶？須是通方作者，始能證明。何故？此

是文殊、普賢大人境界；若參得文殊、普賢境界，則無邊香水海、無量無數微塵佛剎，悉爲安居處。乃至現無邊身，處處行住坐臥，亦不相妨，亦不犯手；正當恁麼時，若是知音者，舉起便知。所以天寧雖與大眾九十日安居，必竟諸人還知麼？諸人若透頂透底去，即是文殊、普賢境界；若不透頂透底去，即是迦葉境界。離卻文殊、迦葉，收因結果一句，作麼生道？還委悉麼？九十日功今已滿，豁開布袋各優游。」】

看見 克勤大師了沒？這就是他的口氣。咱剛才學他的口氣唸了給諸位聽，算是爲諸位吧！如今且來說一說，克勤大師結夏安居九十天後解夏時，上堂開示說：「護惜眾生就必須要殺，」好奇怪呵？竟說護惜眾生得要殺，那不就殺生了嗎？問題是「雖殺無傷」，因爲眾生就是五陰十八界，把五陰十八界給推翻了，便叫作殺生；因爲殺得透的話，這個眾生就不再是眾生，他死後就入無餘涅槃去，這才是徹底殺生。那些耍流氓的黑社會人士，白的進、紅的出，把人殺死了，被殺者二十年後還是活生生一個人，照樣在世間行走，永遠都殺不盡的，當然就無法解脫；所以那不能叫作護生，只能叫作殺生。可是眞正要護生，還是得要殺，把他們的五陰殺盡，讓他們不再有未來世。

這樣好不好？不好？初學佛的人聽了都怕死了，都說不好，因爲覺得你太狠了，竟然要把人家殺盡；然而人家被殺了，二十年後還是一條好漢呢。不然女眾說：「**被殺了，二十年後也可以再繼續成爲十三太妹，也是綠林英雌嘛！可是你蕭老師竟然這麼狠，要把人殺了，要叫人家永遠不許再出生？**」但我就是要狠，把他們殺盡了——讓他們有能力入涅槃，後有永盡。然後我無妨再用活人劍來刺他一劍，讓他法身慧命又活轉過來；也就是使他成爲阿羅漢以後再迴心大乘的意思，這樣才是眞正的殺，才是眞正的護生。因爲大家的法身慧命在永盡後有以後因此而活轉過來了，因此說「**護生須殺，雖殺無傷**」。

雖然把人給殺盡了，可是「**蠟人已冰，其功歷爾**」；那蠟人作成以後把它冰凍起來了，一點生氣都沒有了，眞是三春無暖氣。雖然如此，可是你看它，活生生的模樣卻在那裡顯示著，眞的「**其功歷爾**」。所以阿羅漢們被 佛陀殺死而且死透了——後有永盡，後來他們在 佛陀教導下，大多數都已迴小向大——活過法身慧命來了，所以雖然殺了，「**其功歷爾**」；因爲成爲大阿

羅漢以後又被 世尊用活人劍刺了好多劍，個個都活過來，無妨乘願盡未來際受生於三界中利樂人天。所以說，到了這個時節，「你只要有這種通方手段，可以駕鐵船入海遨遊，可以飛起磨盤輪轉於虛空；」古時候的船沒有用鐵作的，一千年前哪有鐵船？是現代才有鐵船；一千年前的人不相信鐵船，因爲鐵船入水一定沉的。莫說古人，現在也是如此，磨坊裡的磨盤，就是在磨米、磨麥用的石磨；磨盤並不是指上面那個會轉動的，那個叫作磨輪；而是位在下面承接磨輪的底盤，才喚作磨盤；克勤大師說「可以飛磨盤輪空」，把磨盤飛在空中輪轉來去，是說悟後可以應用自在，不會受限於世俗人的世間智慧。

「半合半開成團成塊，盡出箇大圓覺不得。若有出得大圓覺底，便能逆順縱橫殺活自在。」也就是說，你可以隨意自在了；到這個節骨眼，當你爲大眾說法或教外別傳時，不論你是半合或半開都行，想要成團成塊也由著你；縱然如此，像這樣的所有證悟賢聖們，依舊是個個「盡出箇大圓覺不得」，還是像悟前那樣住在大圓覺海中。因爲沒有誰可以離開如來藏這個大圓覺海，全都還在這裡面。可是菩薩要利樂人天，卻得要施方設法跳出這個大圓覺境界，把自己客觀化，脫離於大圓覺海之外來看大圓覺海，所以才有許多祖師度化人天時手段出諸方，沒有一個外道、天神能及得上。因爲有這樣的智慧，所以能夠「**逆順縱橫殺活自在**」。

接著就要舉出個例子來說，所以說：「**由於這個緣故，文殊菩薩結夏安居是在三個地方度夏，**」「**一月日**」是河洛話，現在閩南語還這麼講：「**一月日**。（平實導師以閩南話說。）」也就是「**這一個月的日子裡**」。因爲現在的台灣話是一千年前中原河洛地區的語言，由於五胡亂華而有大遷徙才逐漸移居到福建、台灣來；所以現代的閩南這麼講，台灣也是這麼講：「一月日。」克勤大師是說：「**文殊菩薩一月日住在魔宮，**」因爲他要度魔民魔女；然後「**下個一月日住在長者家，**」是爲大長者的女眷們說法；「**最後一月日在婬房。**」度一些妓女好好學佛，「**就這樣子三處度夏。**」等到解夏那一天到了，他回來道場中了，怡怡然而入 世尊法會中。

「**解制**」就是掌管解夏的人，當時是誰當解制呢？就是聲聞人中的首領，就是大迦葉；他當然早就聽說 文殊菩薩結夏安居三個月中都與女人混在一起，心裡就非常不平。他想：結夏安居本應該住在道場中，文殊師利竟然分在三個地方安居，而且最後還跑到婬坊那裡去。他不能想像一個大菩薩竟然跑到妓女戶去幹什麼，因爲他不曉得妙覺菩薩境界不可思議，那些妓女哪能動得了大菩薩的心？「所以心裡覺得不平，就想要打雲板集眾，想要對文殊菩薩作羯磨。沒想到念頭剛生起而把木槌舉了起來，正準備打雲板時，突然看見滿天的釋迦佛，每一位釋迦佛面前都有文殊菩薩，也有大迦葉自己，所有大迦葉手中也都有那一支木槌舉起來。大迦葉看見這個景況，這時目瞪口呆，嘴巴也講不出話了。因爲他不懂的是，超過世間境界的人，一定有超過世間境界的見解，也一定有過世間量的大用。這金色頭陀到這個地步時只能愣在那裡，想要把手縮回來也不行，想要把手伸展開來打了雲板也不行，這時不知道該怎麼辦了。」

接著 克勤大師有話說了，他眞的是無風起浪；可是這個無風起浪，說白一點也只是想要利樂大眾罷了！因爲他是平白無故拿了個古人的公案來敘述一番。接著可要問大家了：「只如與麼時，」是說：只如這個節骨眼，「是在大圓覺裡面呢？還是大圓覺外呢？」他不是講 文殊，而是講大迦葉。這個聲聞頭陀第一的大迦葉，當他這個時候想要打雲板又不能打的時候，這時大迦葉是住在大圓覺海內呢？還是在大圓覺海外呢？你也許以為他只問到這裡就結束了，不然！在 克勤大師的手裡，眞是關關難過；不論是誰，想要過他的每一關都很難。追隨他一生，能夠通過他的每一關的人，就只有一個人（大眾笑…），其他的人或過一關、或過二關、或過三關，卻沒有辦法通過他所有的關；而他的手頭很儉，他手裡絕對不寬鬆，不像我很奢侈。

接著又說：「到這個節骨眼必須是通方作者，才能夠證明。」也就是說，得要四方都通達了。「作者」就是專家、行家，得要四方都通達的行家，才能夠證明這時究竟是在大圓覺裡或者大圓覺外。這應該怎麼說呢？換作是咱，咱們說：兩個都行，兩個也都不行。不管誰出來講：「在大圓覺裡。」我就說：「錯。」若是有誰說：「那是大圓覺外。」我還是說：「錯。」他如果改口說：「既是大圓覺裡，也是在大圓覺外。」我就說：「錯！錯！」可是等到該我說的時候，我卻說：「在大圓覺裡啊！」「你剛才不是說『錯』嗎？」「是錯啊！」「那不然是什麼？」我又說：「在大圓覺外。」作麼生解釋它？等到弄清楚了這個密意，才知道說：「原來既不在大圓覺裡，也不在大圓覺外。」般若眞的好生奇怪！然後他又說：「這個是文殊、普賢的大圓覺境界，如果能夠參得出文殊、普賢的境界，那麼華嚴世界無邊香水海裡面的無量無數微塵數的佛剎，隨便哪個佛剎都可以當作安居處。」眞的不必一定要住在娑婆世界裡或是必須往生極樂世界，十方諸佛世界都得自在。

「乃至現無邊身，到處行住坐臥，也不會互相妨礙，也不會犯手。」「犯手」的意思，懂嗎？禪門通常有四個字，叫作「**傷鋒犯手**」。劍，寶劍一旦開了鋒，又名開光；通常寶劍如果是收藏用的，不會把它磨利，那就是沒有開光，開光就是已經磨開了刀鋒。開了刀鋒以後，使劍時最怕的就是傷了刀鋒，成爲一個又一個的缺口，稱爲「**傷鋒**」。犯手，是說這個人劍術很差，耍劍的時候不小心還會傷了自己的手，就是「**犯手**」。所以武學之家就說這種功夫差的人是「**傷鋒犯手**」，表示說這個人拿的是不好的劍，功夫又差，行走江湖時就讓人瞧不起了。

克勤大師說：「**到這個地步都不會相妨，無妨化現無邊身，也都不會出差錯。**」不會照顧了這個就照顧不了那個。你如果化現十個化身出去，應該要怎麼照顧這十個化身？不說十個化身，單說一方面跟某甲講話，同時某乙也在跟你講話，你會不會漏聽？這就譬喻爲「**犯手**」。他說：「**這時候亦不相**

妨，亦不犯手；正當恁麼時，」正當這個時候，「如果是眞正知音底人，我克勤大師這麼一說起，他就知道了。所以我天寧，」天寧就是他自稱，因爲克勤大師當時住在天寧寺，就是常州的天寧寺，「我天寧雖然跟大眾九十天裡一起安居，」然後這樣與諸位共同結夏安居九十天以後，「必竟諸位還知道麼？」跟他安居九十天，可得要有成績才行；但他手裡很儉，竟然還反過來問你說：「你知不知道？」你看，如果像我這麼奢侈，到時候來問你說：「你知不知道？」倒還有道理；他老人家可不是這樣，手頭好儉，等九十天過了，解夏時開示，竟要問你說：「你知不知啊？」正當那時，答個不知，可要紅了耳根。

接著他又說：「大眾如果能夠透頂透底去，」「去」就是經歷過，「那你就是住在文殊、普賢的境界裡；如果不能透頂透底去，那你依舊是落在大迦葉的境界裡面。」大迦葉是沒有明心也沒有眼見佛性的人，因爲他是個聲聞人，沒有開悟實相般若；雖然是大阿羅漢，在佛法中還說他是個愚人；雖然已是聖人，還是要被菩薩罵是愚人，因爲他愚於法界實相。

講到這裡，克勤大師話鋒一轉又說：「暫且離開文殊與迦葉間的這件事，把剛剛所說的這些證道的生因收起來以後，現在得要有結果，」意思是說：「我講了那麼多，總不能沒有結果，如今把證因收起來不說了，對於結果的一句話，大眾作麼生道？」這句也是河洛話，就問大眾知不知道呢？所以說：「還委悉麼？」大眾聽完，一時沒來得及反應；這時候大慧宗杲是不該講話的，因爲那是大和尚開示的場合，是講給未悟的人聽的，當然他不能插話，只能默不吭聲。這時候 克勤大師就指示入處了：「九十日功今已滿，豁開布袋各優游。」是說：「九十天結夏安居的日子裡，大家努力精進共修，這個功德今天已經圓滿了；接著就應該把布袋和尚揹著的布袋，拿了下來打開給大家看，大家從此可以各自優游自在了。」那他到底講了般若密意沒？講了沒？（有人答話，但聽不清楚。）大聲一點！（有人說：「講了。」）眞的是講了！問題是，他講在何處？這才是重點。禪師家每一句話都有爲人處，這是所有菩薩都如此的。所以不管我是在扮演法師、扮演律師、扮演禪師或者扮演論師的時候，我也都有爲人處。但我何處爲人？諸位可得心知肚明才行。必須如此，才能稱爲菩薩摩訶薩，否則怎敢膽大妄爲，自稱是菩薩摩訶薩呢？

看他 克勤大師講到這裡，就算了嗎？他有時還會進一步逼拶呢。咱們再來看他的語錄卷十七還有一段記載：

【舉：（世尊於一處安居，至自恣日，文殊在會。迦葉問文殊：「何處安居？」文殊云：「今夏三處安居。」迦葉於是集眾白槌，欲擯文殊；即見無量世界，一一界中有一一佛、一一文殊、一一迦葉白槌欲擯文殊。世尊謂迦葉云：「汝今欲擯哪箇文殊？」迦葉茫然。）師云：「鐘不擊不響，鼓不打不鳴。迦葉既把斷要津，文殊乃十方坐斷。當時好一場佛事，放過一著。待釋迦老子道：『欲擯哪箇文殊？』便與擊一槌，看他作麼生合殺？」】

你看，同一件佛世的公案，他又來另一招了。本來講公案就應當如此，咱們寫《公案拈提》就是跟他學來底手段。他舉出這個公案說：世尊在一處結夏安居，到了解夏那天自恣的時候，文殊也來在自恣大會裡面；迦葉就問文殊（因為三個月都沒看見他）：「結夏三個月中，你在哪裡安居啊？」文殊說：「我這個夏天在三個地方安居。」這迦葉聽完了那三個安居的地方，不得了！就想要把大眾集合起來，正要打雲板集眾，想要把　文殊趕出去。沒想到突然看見無量世界裡都有　佛陀、都有　文殊、也都有自己，究竟哪個才是眞正的　文殊菩薩呢？這　文殊菩薩哪能夠隨便讓他趕的？莫說迦葉還沒有明心，只是個聲聞大阿羅漢；就算他迴心大乘又明心了，也只不過七住位菩薩，還要進修將近三大阿僧祇劫才能到得了 文殊那個階位。他眞的叫作膽大妄爲，莫說趕 文殊，他連趕我都趕不動。所以這時他看見了無量無邊世界都有 釋迦佛，都有 文殊，也都有他自己，所有迦葉手裡也都拿著槌子，這時只好杵在那邊不能動了，因爲他不知道該趕出哪個 文殊菩薩了。這時世尊輕描淡寫地問一句：「你大迦葉如今要趕出哪個文殊呢？」因爲遍十方世界都有 文殊，到底要趕出哪一個才對？這時他不知道該怎麼辦了。這時候才知道自己壞事了，他根本不知道 文殊菩薩的境界，根本沒有辦法跟 文殊相提並論的，實在相差太遠了。縱使他悟了，還只是三賢位的第七住，但文殊可是古佛倒駕慈航來幫忙 釋迦佛利樂眾生的。

公案講到這裡，已經提示完了，接著 克勤大師這一招厲害了，他緊接著說：「鐘不扣不響，鼓不打不鳴。迦葉當時若是眞的把斷要津，」雖然他還沒有悟，可是從 克勤大師對實相法界所見的立場來看，說他迦葉當時其實也能把斷要津，也就是處在最重要的節骨眼之中。當然並不是迦葉眞的抓住這個節骨眼，而是從 克勤大師的立場來看他，說他眞的抓住了節骨眼—

—把斷要津。因爲迦葉若是眞悟之人，這時要殺要活，全都看迦葉了，雖然迦葉自己還是不懂。如果換　克勤大師來站在迦葉的地位，那眞的叫作「把斷要津」，所以他乾脆就說「迦葉把斷要津」。但是你迦葉把斷了要津，「文殊照樣可以十方坐斷，」讓你迦葉沒作手腳處。

莫說迦葉，我今天也作不了手腳，不論是誰來到　文殊面前都作不了手腳的，沒有誰眞的那麼厲害。即使十地菩薩去到　文殊面前也作不了手腳，何況迦葉當時還沒有開悟明心。可是　克勤大師這麼說：「當時是非常棒的一場佛事，沒想到就這麼一著輕輕放過，成爲懸案了。」如今　克勤大師想要把它了結，他也有能力了結，於是就說：「當時等釋迦老爸説『想要擯出哪個文殊』的時候，迦葉把手裡的木槌就這麼一槌敲下去，看他釋迦老爸與文殊菩薩要怎麼再殺？」這才是通方作家的開示啊！如果有誰好奇弄不通，我就說：「咱們商量一下，你下回帶把木槌來，我就告訴你。」我這樣子，了掉這件公案了沒？了了沒有？了了啦！千年公案，我們就這樣子把它了了。二千五百年前的公案，一千年前　克勤大師把它了了；一千年前　克勤大師重提這件公案，我們現在換個方式再度把它了了。要能夠看清楚其中的關竅，才能夠叫作開悟般若了。可是我要問了：你們當年剛悟得般若的時候，我今天講的這種般若禪，能聽得懂嗎？保證聽不懂。所以悟後還是得要繼續修學，因爲這裡面的淆訛之處太多了。

由於這個緣故，我們要說：剛悟的菩薩根本不知道初地菩薩的心境與作略，何況等覺、妙覺菩薩的境界。等覺、妙覺菩薩們隨緣應物無不合轍，豈是初悟之人所能知道的呢？還沒有悟得如來藏的頭陀迦葉，當然更不知道了。若是剛開悟明心的人，跟一年前開悟明心的人，那又有很大差別了。如果是開悟一年的人，去跟明心後又進修了十年的人相比，那距離又更大了。所以悟了以後，不要隨便生起輕慢心，動不動就輕嫌他等覺、妙覺，因爲連自己所曾追隨的親教師的境界都還不知道呢。

例如以前的臨濟、德山二位，全都不足取法，那應該叫作狂禪；動不動就說「等妙二覺擔枷鎖漢，羅漢、辟支猶如廁穢」。說句不客氣的，當他們眞的明心了，如果不是阿羅漢迴小向大悟後乘願再來受生重新悟入的，思惑都還具足，有什麼資格嫌他羅漢、辟支呢？如果狂禪本質的禪師是羅漢、辟支迴小向大再來受生而明心的，我不敢對他們的作略說話，可就閉嘴由著他講，因爲那是他所經歷過的境界。若是連思惑都還沒有分分斷除，就輕嫌他羅漢、辟支，確實不足取。所以，有時候祖師們說話的口氣，後人不該隨便效法，因爲你得有說那些話的本質才行。像 克勤、玄奘這一些人，他們都是佛世大阿羅漢悟得般若乘願再來受生的，是迴小向大悟得般若以後再來的；他們要怎麼樣說法講禪，連六祖、臨濟、德山都沒有置喙的餘地，凡夫學人哪來的天大膽子？竟敢隨意月旦。

可是末法時代沒有人知道這個關節，所以古今一些悟錯的凡夫位大法師、小法師、小居士，動不動就罵羅漢、辟支佛，罵等覺、妙覺，卻顯現出他們自己的我見具足分明，竟然敢誇大口說他們一悟就是成佛了，又很長時間都示現爲證悟聖者之表相。等到我們把《護法集》等書籍寫了出來講解道理給他們看時，證明他們全都是凡夫俗子，竟沒有一人敢具名寫書出來自我辯解一下。這就是末法時代的學佛人最可悲的地方，老是無法遠離假名大師相似像法的誤導；我們得要站起來說明，讓大家作爲殷鑑，或是作爲現前的一面鏡子，讓大家每天有空的時候拿出來照一下自己：「**我有沒有像大師他們那樣顢頇？**」如果你往世是大阿羅漢迴小向大來明心（大阿羅漢座下的阿羅漢們不算數），然後不入涅槃而乘願世世受生於人間，你想要講這個話，我也不敢多說一句；你想要怎麼批評羅漢、辟支，也都由著你，因爲那是你已曾經歷過而如今猶在的境界。但是仍然不許你去罵等覺、妙覺，因爲你還不夠格；不但你，連我也都還是不夠格，何須隨意輕嫌等妙二覺呢！這樣才是眞正悟後轉依成功的人。回到這個公案最後說：「待釋迦老子道：『汝今欲擯哪箇文殊？』便與擊一槌，看他作麼生合殺？」克勤大師這話厲害，只是難會。那就看各人證法的時節因緣了。

接著我把話頭拉回來說：般若波羅蜜多能成就三乘菩提，由於這個緣故，受持「此經」如來藏的人——受持「此經」眞如法性的人，功德無邊際、不可思議。例如《大般若波羅蜜多經》卷九十八說：

【時天帝釋白善現言：「大德！菩薩摩訶薩所行般若波羅蜜多，是大波羅蜜多，是無量波羅蜜多，是無邊波羅蜜多。諸預流者於此中學，得預流果；諸一來者於此中學，得一來果；諸不還者於此中學，得不還果；諸阿羅漢於此中學，得阿羅漢果；諸獨覺者於此中學，得獨覺菩提；諸菩薩摩訶薩於此中學，能成熟有情嚴淨佛土，證得無上正等菩提。」善現告言：「如是如是，如汝所說。憍尸迦！菩薩摩訶薩所行般若波羅蜜多，是大波羅蜜多，是無量波羅蜜多，是無邊波羅蜜多。憍尸迦！若過去、若現在、若未來，諸預流者於此中學，得預流果；諸一來者於此中學，得一來果；諸不還者於此中學，得不還果；諸阿羅漢於此中學，得阿羅漢果；諸獨覺者於此中學，得獨覺菩提；諸菩薩摩訶薩於此中學，能成熟有情嚴淨佛土，證得無上正等菩提。」

這是說，你如果還沒有證得《金剛經》中說的「此經」，三乘菩提都無法實證。「此經」就是《實相經》，《金剛經》、《實相經》又名什麼？如來藏，這才是眞正的此經。證得此經的人，在此經裡面—在如來藏裡面—想要憑藉此經來證初果、二果、三果、四果，或是證辟支佛果，全都沒有問題。若是想要證得菩薩摩訶薩的果位，那更沒有問題；所以說：「諸菩薩摩訶薩，在此經裡面學能夠成熟有情，也能夠莊嚴清淨自己未來成佛時的佛土，所以能夠成就無上正等正覺。」

我們從《般若經》後面的經文，又要拉回來前面卷九十八的經文中來講；還是要首尾相照才行，因爲最後還是要回歸到根本法來。這意思在說什麼呢？是說成佛之道得要依止此經才能成就。乃至三乘菩提如果離了此經眞如心，也會全部變成戲論。二十年前我講這句話時，佛教界並不相信。如今我們把《阿含正義》寫了出來，把《阿含經》裡面隱說的第八識正理也寫了出來，現在大家不信也不行了。既然如此，那麼修學佛法而不是學羅漢法的人，首要之務是什麼？（有人答：證如來藏。）對嘛！就是證如來藏。可是我要跟諸位提醒一下，在親證如來藏以前，一定要先斷我見才行，先讓自己別再落入蘊處界裡面，以免不能通透而心疑，然後就開始謗法、謗賢聖。

在這裡我要預告一下，因為我們年底就要開始發行《楞嚴經講記》（編案：總共十五輯，已全部出版完畢）。《楞嚴經講記》主要在講什麼呢？是講什麼法門？哪一門？是耳根圓通法門。可是這個耳根圓通法門可都被講錯了，我們現在要把那些邪說扭轉回來，讓大家回到正確的耳根圓通法門來。世尊在《楞嚴經》中開示耳根圓通法門的眞實義時，有這麼說：**要先攝心為戒，因戒生定，然後才能因定發慧。**攝心，是要攝心於哪裡呢？要攝心於了義佛法中，也就是攝心於八識論正理中，不是要攝心於聽聲音；然而末法時代的大師們全都弄錯了，總教人要在聲音上面去聽。得要先攝心於佛菩提正法中，不能信受錯解後的佛法；要信受正確的佛菩提，決不動搖，以此為戒。

這就是菩薩戒裡面所講的：**菩薩要依止大乘常住經律**，不依止二乘經律。因爲二乘經律不是常住法，只在有生有滅的蘊處界上面觀行。得要攝心於此，以此爲戒，才是眞正的「**攝心爲戒**」。攝心爲戒之後會因爲這樣的戒而生起決定心，有了決定心，證得如來藏以後才不會退轉，才能夠生起實相智慧。那麼證得如來藏的時候就是證得金剛三昧，這才是耳根圓通法門中講的金剛三昧，也就是我們講的《金剛經》或《實相經》——此經。換句話說，耳根圓通法門裡面剛開始說的短短一、兩行話，內容其實就是要大家修學《金剛經》、《實相經》，但我們講「金剛經宗通、實相經宗通」卻得講這麼久。也就是說，要先能夠因戒生定，再因定生慧以後，才不會退轉；不退轉的人才能叫作「**入三摩地**」，這才是眞正的耳根圓通法門。

可是諸位要注意呵！在證金剛三昧、入三摩地以前，一開始是講什麼呢？是教你要「**入流亡所**」，將你所聽聞的蘊處界生滅諸法聽進來，然後全部要流掉；要流掉什麼呢？不是要流掉那些法，是要流掉那些邪知邪見：「**我是眞實的，我離念靈知是常住的。**」這些都是邪見，全都要流掉，這叫作「**入流**」。「**入流**」以後得要「**亡所**」，知道自我虛假就把自我否定，這時沒有自我存在了，還能有什麼自我所在呢？我見可就斷除了，這才是「入流亡所」的真義。

可不是一、二百年來那些大小善知識亂講的「聽聲音」而流掉——他們都說應該把聲音聽進來然後流掉，說要流到最後沒有覺知自我存在。那叫作鬼扯！完全誤解了！因爲他們沒有把耳根圓通法門的整整一大段開示去作前後首尾相照，才會產生這個問題。這個道理，我今晚先跟諸位預告，讓大家知道耳根圓通法門這麼勝妙。我們將在十一月底出版，十二月初上架，我還在趕著潤飾，可能要十三輯或十四輯。現在沒日沒夜都在趕書，沒時間去作別的事情；除了吃飯睡覺以及運動的時間以外，都坐在電腦前面，坐到屁股痛了才下來走一走，洗洗手又上電腦繼續作。預告完了，現在回來說，耳根圓通講的就是證「金剛三昧」，那就是實證金剛心如來藏，也就是證得《金剛經》或《實相經》。

想要求證金剛般若波羅蜜的實相智慧，在學法過程中千萬不要犯戒、謗法、謗賢聖，這是有大因果的，一定會障礙自己的佛道修行，更別說是實證了。在《師子月佛本生經》裡面這麼記載：

【佛告大王：「欲知此等八萬四千金色獼猴，乃是過去拘樓秦佛時波羅奈國、俱睒彌國，二國之中共有八萬四千比丘尼，行諸非法，與諸白衣通致信命、犯諸重禁；莊飾身體如乾闥婆女，無有慚愧，婬爲瓔珞，諸犯戒事用爲花鬘，豎憍慢幢、擊貢高鼓，彈放逸琴、讚惡聲歌，狂愚無智如癡獼猴；見好比丘善好有德，視之如賊。爾時彼世有一比丘尼名善安隱，得阿羅漢、三明六通、具八解脫，到諸比丘尼所告言：『姊妹！世尊在世常說此偈：

若有比丘尼，不修行八敬；此非釋種子，猶如旃陀羅。
若有比丘尼，放逸犯八重；當知是一切，天人中大賊；
恒處阿鼻獄，經由十八隔；其餘三惡道，爲己園林處；
百千無數劫，不聞三寶名；亦噉燒鐵丸，寒冰抱銅柱。
如是罪畢已，生於鳩鴿身，毒蛇與鼠狼，蜈蚣百足等，
如是諸雜類，皆應經歷中。』

時諸比丘尼聞阿羅漢比丘尼說此偈已，心懷忿恨，罵詈惡言：『此老獼猴從何處來？惡言妄語，橫說地獄。』時阿羅漢見諸惡人生不善心，即起慈悲，身昇虛空作十八變。時諸惡人見變化已，各脫金環散阿羅漢尼上：『願

我生生身作金色，前所作惡今悉懺悔，唯願慈哀憐愍我等，受我供養。』時彼阿羅漢比丘尼即從空下，受諸惡女種種供養。時諸惡人，身壞命終墮阿鼻獄，如蓮花敷、遍滿獄中；亦復次第經歷諸餘十八大獄，於諸獄中壽命正等各一大劫；如是展轉九十二劫，恒處地獄。從地獄出，五百身中恒爲餓鬼；從餓鬼出，一千身中常爲獼猴，身作金色。大王當知，爾時八萬四千犯戒比丘尼罵羅漢者，今此會中八萬四千諸金色獼猴是也；爾時供養諸惡比丘尼者，今大王是。此諸獼猴因宿習故，持花持香供養大王；爾時污彼比丘尼戒者，今瞿迦梨及王五百黃門是。」佛告大王：「身口意業不可不愼。」**】**

這個因果難以想像啊！這只是謗阿羅漢，還不是謗菩薩僧呢。假使阿羅漢座下的凡夫弟子發了菩薩願，雖然他仍然是個凡夫，大阿羅漢就不敢把他的行囊給這個徒弟揹了，他必須要拿過來自己揹，因爲那個徒弟已是菩薩，雖然還只是個凡夫菩薩。把行囊給菩薩揹，那個因果對他來說眞的太重了，所以他趕快拿過來自己揹。可是那個徒弟退轉於菩薩行，不想再當菩薩了；當他一旦不是菩薩，就回復爲大阿羅漢的徒弟了，所以阿羅漢師父又還給徒弟揹行囊。

現在這經文中說，八萬四千比丘尼謗大阿羅漢，雖然大阿羅漢憐憫她們，所以身昇虛空現十八變，讓她們知道這比丘尼確實是大阿羅漢，使她們懂得懺悔，使她們死後在三惡道裡面不必待更久。可是那些比丘尼們眞的叫作愚癡無智，經中不是說她們「**狂愚無智如癡獼猴**」嗎？眞的叫作「**狂愚無智如癡獼猴**」，懺悔而且供養了大阿羅漢以後，竟然發願說：「**我願意生生世世身得金色。**」都不懂得迴向說：「**讓我未來世中速得人身而證佛道。**」她們卻只發願想要世世身得金色，結果從地獄中回來人間時只能當獼猴，還眞的是金色猴。她們好不容易遇到一個三明六通大阿羅漢供養了以後，應該怎麼發願也不會，只在事相上發願說：**願未來世生生身作金色。**下了地獄受苦時得金色有什麼用？離開地獄去到餓鬼道中得金色身又有什麼用？還是得要繼續餓火中燒。來到人間變成畜生道的獼猴，成爲金絲猴以後也還是愚癡無智。因爲愚癡無智，所以 佛陀在世時成爲金色獼猴，摘了花竟不懂得去供養 世尊，卻去供養國王，眞是愚癡。

供佛的功德很大，我們早期有一位師兄，他有一次夢見 佛陀在世的狀況，當時他只是一隻鳥，眞的好可憐！當時他去找到一片沉香；鳥可以叼得動的沈香，當然不會很大一片，因爲沉香鑾重的；牠去叼來供養 佛陀，就因爲這樣子，這一世就回來當了人類，今生還悟了般若，你說供佛功德大不大呢？千萬不要看著自己那一世或這一世還沒有開悟，因爲在佛法中修學與實證的因果，並不是一世、二世之間的事，往往是歷劫千生。

這八萬四千比丘尼侮辱了善妙修行的比丘，也不肯遵守八敬法，結果就是放逸而毀犯八重。比丘有四棄法，比丘尼有八棄法。她們連八棄法都具足犯了，那就是僧殘了。好不容易有大阿羅漢憐憫她們，特地來示現神通，教她們懺悔；但她們懺悔供養了以後竟然只發願未來世要「身作金色」，不懂得發願在未來世要趕快見道。她們如果發願未來世要保住人身、快速見道，就不會當獮猴了，所以說她們眞的愚癡如獮猴。正因爲愚癡的緣故，才會在佛陀住世的年代成爲身得金色的獮猴，就是在法會中有那八萬四千金色獮猴。而往昔劫中在 拘樓秦佛時，供養那些惡比丘尼的人是誰？就是佛世的那個大王，所以他在那一世能夠證得聲聞果就算不錯了。而當時去玷污比丘尼們、去破壞比丘尼們守戒的，就是 佛陀年代的瞿迦梨以及大王宮中的五百個太監，沒有男根。果報就是如此，那你說這種果報嚴厲不嚴厲呢？對三乘賢聖們造口業的後世果報，就是這麼嚴厲，眞是很慘痛的事。

有很多人不愼口業，完全不在意，只爲了照顧這一世有生必死的五蘊身的名聞利養。我也曾經舉出自己往昔無量劫前的例子，說我有一次看見自己竟然當老鼠。在無量劫以前當老鼠，原因只爲了嫌棄一位證得第四禪的善知識一句話，都還沒有惡口惡語辱罵喔！就只是說：「**唉呀！他那個證量也不過如此，沒什麼啦！**」就這麼一句話，這還不算是罵人呢；如果毀謗對方是邪魔，那才眞的叫作罵人；那時我都還沒有罵人，只是輕嫌對方，但因爲對方有四禪的證量，雖然還沒有開悟，但我那一世捨壽後就受生爲老鼠了，當然一受生就馬上知道自己錯了，就懂得懺悔改過。

你們也不要隨便罵老鼠，老鼠和我們一樣是八識心王具足，老鼠很清楚知道人類在講什麼；只要牠在你家住久了，聽你說話以後觀察你作了什麼事，以後聽到同樣的話，牠就知道你講那些話是什麼意思。老鼠眞的聽懂，因爲牠們一樣八識心王具足。還好，那時的鼠才剛長大，還沒有成家立業，就被貓爪撲死了，捨生後立即又回到人間來，是因爲有修集了很多福德而又懂得懺悔。這是自己親眼所見，也因此體驗在那老鼠身中，原來也是八識心王具足的；原來人類在講什麼，當時的自己都聽懂，眞的是如此。

這意思就是說，口業很嚴重，特別是在正法中說的話。對還沒有證悟三乘菩提的證四禪凡夫加以輕嫌，就有很重的口業了；若是對已證二乘菩提的賢聖加以輕嫌，未來世就會像那八萬四千獮猴一樣可憐；若是對已經具足實證三乘菩提的賢聖加以辱罵，未來世的果報可眞令我不敢想像了。從另一方面來說，如果敘述事實時不是本末始終具足，也就會有口業，因爲會誤導別人。大妄語也是有口業的，在台灣最會方便大妄語的大師就是這麼說法的：「講開悟的人，他就是沒有開悟。」因爲我已經出來弘法了，我說我眞的開悟了，想要幫助大家也能開悟般若。那他就這麼講，隨後就說：「師父我從來沒有說我有開悟。」這就是方便大妄語，這也是有口業的；但他沒有毀謗賢聖，且死前懂得私下懺悔，我看見他未來大約四千年後，是一個仍在佛門中修行的女人，努力推行環保，她的大講堂四面都是綠色的，倒也還算好。所以大家都應該要愼口，不要造惡業，千萬別心裡面想說：「我都開悟了，講一點妄語又算什麼？我就算無根毀謗了誰，那也沒什麼。」千萬不要這麼想，那個因緣果報是如影隨形的。我是很怕後世果報的，可是那些還沒有證悟的凡夫們各個都不怕，特別是密宗喇嘛教那些人，他們各個都像敢死隊，一個一個前仆後繼。我若想到他們的未來世，腳底全都涼了，但他們自己的腳底卻都是熱騰騰的。熱騰騰的意思知道嗎？捨報的時候就是腳底熱騰騰的，然後緊接著就捨報而直接生在地獄中，但他們自己可都不知道嚴重性。

這樣子吩咐過了以後，既然大家已經懂得慎口了。以前由於慢心而曾經謗法、謗賢聖，但他其實有世間智慧，這種會外人士若有因緣讀到這本書，以後不再造作謗法、謗賢聖的惡業了，就不會繼續增長惡業而在未來世受更大的惡果。但我們接著應當要進一步說明如何轉業的事，也就是應該要轉而護持正法；護持正法擁護賢聖，不但是滅除以前所造惡業的最好方法，也可以進而求得見道的智慧與功德，能作實相懺就更好了。因爲護持了義正法確實是使福德增長最快速的方法，所以聰明人改往修來時，以護持正法的方式來修集見道的資糧是最快速的。在佛法中很公平，特別是在正覺同修會裡面。我們同修會中沒有四大山頭信徒中的那種億萬富翁，一捐就是一億、二億元的人，但是正覺裡面卻能有很多人證悟。我們有的會員，老實講，有許多是靠體力在作工的人，只能糊口，沒什麼錢，卻也能證悟；因爲他們爲了護持正法，眞的很努力，讓我們很感動。感動到我認爲這些人不開悟眞的不行，當然他們就得要悟了般若；就這麼簡單，並不困難。可是醜話也要說在前頭，如果菩薩性還不夠的話，想要開悟般若就很困難。即使有因緣聽聞到密意，縱使通過考驗了也還是會退轉，因爲眞正的智慧還是無法生起，轉依不會成功；所以說，藉著努力護持正法來發起菩薩性，進而具足菩薩性，才是修集見道資糧的良方。既然已經改往修來，也確實努力護持正法而修集見道資糧了，接著就是要求見道；一旦見道了就進入菩薩數中，不再是凡夫了。見道以後，即使燙了頭髮，擦脂抹粉，戴了項鍊、手釧、臂環，也都沒關係，依舊是菩薩僧；因爲菩薩是否屬於僧寶，是依五十二個階位來定義的。只有通教菩薩才依聲聞四果位階來定義，可是通教菩薩不能成佛，也沒有實相般若的見道智慧。只有別教菩薩是依五十二個階位來定果位，要依這樣的位階次第進修才能成佛。所以只要一明心了就入菩薩數中，不管你是現在家相、現出家相，全都是菩薩僧，不再是聲聞僧了；從此以後沒有誰可以再說你是聲聞僧了，雖然你是出家同時領受了聲聞戒而現聲聞相。

然而見道，是應該要從哪裡下手？不可以茫然無知，只憑著意識思惟想像，然後就開口說：「我已經進入大乘見道位了。」那樣空口說白話，猶如畫餅充飢，肚子還是餓，唯有名言終無實質，而且又犯了大妄語戒。既然是這樣，《實相經宗通》快要圓滿了，當然得要再有爲人處，所以咱們便舉黃龍慧南禪師的開示來利益大眾：

【上堂云：「擬心即差，動念即乖。不擬不動，土木無殊。行腳人，須得轉身一路。」遂拈拂子云：「遮箇是山僧拂子，汝等諸人作麼生轉？若也轉得，一爲無量，無量爲一。若轉不得，布袋裡老鴉，雖活如死。」】

你看，黃龍慧南雖然有了爲人處，到最後卻又罵人。怪不得這一類公案，現代大師們沒有一個人願意講，因爲才剛一講，就覺得自己被黃龍禪師罵在裡面了！是可忍，孰不可忍？

有一天，黃龍禪師晚間上堂。禪宗晚期，上堂普說或小參，大部分都是選在晚上；因爲自從百丈懷海禪師制訂了叢林清規以後，叫作：一日不作，一日不食。白天常常行普請之法，闔寺上下除了伙房的人留下來煮食以外，統統要到田裡去。一天工作完了，和尚晚上得要有爲人處，所以每個月選幾個晚上爲大眾講禪。因爲行普請的時候，和尚也得去田裡，但他只是轉了一圈，說個「不審」又回家了。自古以來叢林和尚都是如此，看田裡大家在工作，他走到田裡說個「不知道」，就回方丈室了。所以凡是有開示，都是在晚上。當大家用過藥石了，洗過澡了再集眾，最後和尚上堂。可是和尚上堂，不會像我們禪三晚上普說講兩個鐘頭以上，通常能夠爲大家講個十來分鐘就很好了，那已經表示他那天晚上特別老婆心切。

所以你看黃龍上堂來，只有這幾句話說：「如果心裡面有準備想要怎麼樣，或者準備住在什麼境界裡，可就錯了；」譬如想要住在離念靈知境界裡面，也就錯了，就是有所「擬」了。「我想要怎麼樣」就是有所擬，這就錯了。可是又說：「如果不準備住在離念靈知裡面，想要無所依而住。」這樣子有了無住的想法，那也不對。糟糕了！這要怎麼辦？如果以現代的大師們所謂開悟的離念靈知境界，這時該要怎麼辦？「不動念不行，動了念也不行，那你叫我怎麼辦？」眞的不能怎麼辦，來到禪師手裡就是這樣，這才是實相般若。依眞悟的實相法界來說，動念也不對，不動念也不對。因爲動念是一大堆妄想，是欲界六塵境界。如果不動念呢？一念不生、純清絕點猶如虛空，寶壽沼禪師卻又說：「**青天亦須喫棒。**」青天從來沒有過一念，即使萬里無雲，還是要吃棒；因爲實相境界中，沒有動念與離念這兩個法，從來不在這兩邊裡面。

也許會有人這麼說：「**如果擬心也錯，不動心也錯，那我就不擬也不動，總行了吧？**」黃龍禪師卻又說：「**你若是這樣子，可就跟土木沒有差別了。**」既不許擬心，也不許不擬心，好似木石一般，卻又不許和木石一樣，眞是難啊！所以凡夫大師們來到眞悟禪師面前，還是得挨罵；因爲擬物的是心，心怎麼會跟土木一樣？但你不擬也不動，那又是跟土木一樣了。聽說以前還有人上網罵我說：「**蕭平實講他證的如來藏是離見聞覺知的，那他悟的不是就跟木頭石塊一樣嗎？**」離見聞覺知就一定跟木石一樣？這可不一定，因爲木石一定是離見聞覺知的，但實相法界如來藏心也是離六塵等見聞覺知的，卻是能生名色等萬法而不等於木石。

黃龍禪師只講到這裡就不再講了，這樣才幾句話？總共才只有四句話：「**擬心即差，動念即乖。不擬不動，土木無殊。**」接著就說：「**凡是行腳參禪的人，得要知道還有轉身一路。**」關於「**轉身一路**」，大師們都這樣解釋：

「你看，人家悟了以後，去到哪個禪師那邊大喝一聲，然後轉身就走了，這叫作轉身一路。」如果哪天遇見了這種阿師，我問他：「請問是轉到承德路、或是百齡路？」凡夫大師在作家手裡是沒辦法瞞天過海的，古來禪門作家一定是要開口就見眞章的。好了，如果哪一天大師從百齡路趕了來問我說：「那麼請問您，是什麼路？」我就說：「百齡路。」他說：「你不是說百齡路不對嗎？到底哪一條路才對啊？」我說：「你如果眞要對的，我也可以給你。」「那是哪一條路？」「承德路。」「可是承德路到底是什麼意思？」我說：「你先回寺，把你以前寫的書都燒了，明天再來問我。」如果明天燒了書還不懂，還敢來問我，我就放他三十棒，把他痛打出門去。這樣的人度了有什麼用？

黃龍說：「行腳人，須得轉身一路。」既然這樣吩咐，他當然得要告訴人家轉身一路，所以就把案上的拂子舉了起來，我們就用這隻筆權充拂子吧！他這樣子拈起拂子來就說：「這個是山僧的拂子，你們諸人的拂子要怎麼運轉呢？如果你們也能夠轉得動，那麼一就是無量，無量就是一。你們如果轉不得，可就是布袋裡的老鴉，雖然還活著，其實也等於是死了。」因爲法身慧命眞的沒活過來，只能等死。你看，又罵人了！罵人是禪師家的專利，所以我寫《公案拈提》罵人是天經地義的，因爲只有眞悟的禪師才有這個權力。他們沒有資格罵我的，罵我是要犯口業的。言歸正傳，如果老鴉被人家捉進布袋裡了，牠當然知道自己死期到了。所以看見禪師家的拂子，自己轉不得，就如同布袋裡的老鴉一般等於沒命了。其實禪和子們自己手裡也都各有一把拂子，絕對不下於禪師家的拂子；偏偏轉不得，那就像布袋裡的老鴉一樣，縱使活著也還是死人，便叫作活死人。

所以禪師有時候罵道：「盡道是行腳人，看著黑漫漫地。」什麼意思呢？是罵行腳參禪的人們，個個都是無明籠罩；所以那些行腳參禪的無數出家人雖然剃光了頭，禪師們卻罵他們頭上全都是長長的黑髮。因此說，開悟不是那麼簡單的事，哪有可能普天下阿師們都悟了，卻只有一個蕭平實悟錯了？自古以來禪師就一直罵說，大部分的人都是沒有開悟的。古時候已經如此了，到了末法時代反而開悟變容易了，到處都是開悟者，只有一個蕭平實悟錯了，還眞奇怪！所以有智慧的人就從這種事相上來作判斷。

那麼，黃龍慧南禪師爲人處何在？現場有沒有個明眼人一眼瞅著了，明天一覺醒來，把《金剛般若波羅蜜經》請了出來：「啊！我懂了，從今不誦也。」於是高舉過頂放了下來，禮佛三拜就走了。後天早上醒來：「不行！我還是得要誦，我《金剛經》誦了三十年了，如今會了怎麼可以不誦？我還是得要受持才行。」於是來到 佛前捧起《金剛經》，高舉過頂隨即放下：「報告世尊！弟子誦完了。」禮佛三拜又走了。打從他證悟「此經」以後，每天就是這樣「讀誦」來轉經。如果沒有證悟，就要像我這樣子把《金剛經宗通》一講再講、三講四講。也許你聯想起來了，就說：「奇怪！你蕭老師不是早就悟了，怎麼如今講經、轉經這麼多言語，看來似乎又沒悟？」那我當然得要借位說話了：「我」當然從來都不曾開悟，「我」本來就不知也不覺，怎麼會開悟？開悟是蕭平實五蘊的事，怎麼能扯到「我」頭上來？

最後，我要講到最切身的問題，是說有一些人證悟了以後，一直停留在第七住位裡面，十幾年來還在原地踏步。他們不覺得難過，我心裡面倒是為他們難過。可是原地踏步的人自己並沒有警覺到，所以我最後還得要講一講。爲什麼會繼續原地踏步呢？當然是有原因的，最主要就是不願意努力修好次法。世尊在四阿含裡面再三強調「趣法次法」，修學佛法的人要趣向法的時候，也得要同時趣向次法。法，依解脫道來講，就是斷我見、我執而證聲聞果；依佛菩提道來講，就是要明心開悟發起實相般若，這就是法。可是爲什麼想要證得「法」的時候，必須要先有「次法」來配合才能證「法」？就好像說，你想要參加大學聯考，先得要高中畢業了，這個「次法」就是證「法」的基本條件。如果「次法」沒有具足就悟了，以後都會退轉或出現別的大問題。因爲我以前爛慈悲，不斷地把所有人都拉拔出來，都是不觀因緣就全部拉拔出來，所以後來就會有很多問題。這，當然最後我還是怪自己，還是得要公開發露懺悔，因爲我不想覆藏。都因爲我以前從來不教導「次法」，才會有這些問題存在。我是這兩年才開始講「次法」，以前都只講「法」而不講「次法」，因爲我以前是隨時準備要抽腿回家自修的。現在既然抽不了腿，得要努力使正法久住，就要盡義務，當然就得講一點次法給大家。

這就是說，在五蓋方面應該怎麼樣去修除，盡量別把自我看得太重；因爲有一些人悟後面對很多事情時都是這樣子想：「**我認爲應該這樣，我就是要這樣作。**」我希望大家以後不要像這些少數人固執己見，要與大眾「同事」。那麼也要盡量依佛教的未來而作考量，不是要依自己個人的道業來考量，也不要依自己在同修會裡面的身分地位來考量。這樣才不會被性障五蓋所遮障，才能夠自省；這樣在「次法」的修行上面有所進展了，才能夠在「法」上快速進步。有的人在「法」能快速進步的原因，都因爲他有照顧到「次法」。在「次法」上面有照顧到的人，「法」的修證一定會快速進步。

這是因爲他縱使不想快速進步，自己都不急，我這個太監倒是比他皇帝還要急。因爲佛教正法在未來能否久住，未來百年、千年須要很多的人共同來努力；我們要隨時準備著人——儘快把大家的護法弘法能力提升上來，到時世尊要派人運用時，才隨時都有人可以用。這很重要，所以我不希望有人悟後繼續原地踏步，希望大家悟後都能夠趕快邁開步伐往佛地前進。但是有人想要邁開步伐時卻邁不開，是爲什麼呢？因爲沒有在「次法」上努力，所以就被拖住了。得要趕快把「次法」具足了，才有「次法」利劍能把綁住另一條腿的「欠缺福德、具足性障」的鐵鍊砍斷，才能與另一隻「法」的大腳和合運作，才能邁開大步往前行。這就是我們《實相經宗通》最後的誠懇咐囑，《實相經宗通》講到這裡就全部圓滿了。

佛菩提二主要道次第概要表——二道並修，以外無別佛法

佛菩提道——大菩提道

遠波羅蜜多

資糧位

十信位修集信心 —— 一劫乃至一萬劫

初住位修集布施功德（以財施爲主）。

二住位修集持戒功德。

三住位修集忍辱功德。

四住位修集精進功德。

五住位修集禪定功德。

六住位修集般若功德（熏習般若中觀及斷我見，加行位也）。

外門廣修六度萬行

見道位

七住位明心般若正觀現前，親證本來自性清淨涅槃。

八住位起於一切法現觀般若中道。漸除性障。

十住位眼見佛性，世界如幻觀成就。

一至十行位，於廣行六度萬行中，依般若中道慧，現觀陰處界猶如陽焰，至第十行滿心位，陽焰觀成就。

一至十迴向位熏習一切種智；修除性障，唯留最後一分思惑不斷。第十迴向滿心位成就菩薩道如夢觀。

內門廣修六度萬行

初地：第十迴向位滿心時，成就道種智一分（八識心王一一親證後，領受五法、三自性、七種第一義、七種性自性、二種無我法）復由勇發十無盡願，成通達位菩薩。復又永伏性障而不具斷，能證慧解脫而不取證，由大願故留惑潤生。此地主修法施波羅蜜多及百法明門。證「猶如鏡像」現觀，故滿初地心。

二地：初地功德滿足以後，再成就道種智一分而入二地；主修戒波羅蜜多及一切種智。滿心位成就「猶如光影」現觀，戒行自然清淨。

解脫道：二乘菩提

→ 斷三縛結，成初果解脫

→ 薄貪瞋癡，成二果解脫

→ 斷五下分結，成三果解脫

入地前的四加行令煩惱障現行悉斷，成四果解脫，留惑潤生。分段生死已斷，煩惱障習氣種子開始斷除，兼斷無始無明上煩惱。

近波羅蜜多 — 大波羅蜜多 — 圓滿波羅蜜多

修道位

三地：二地滿心再證道種智一分，故入三地。此地主修忍波羅蜜多及四禪八定、四無量心、五神通。能成就俱解脫果而不取證，留惑潤生。滿心位成就「猶如谷響」現觀及無漏妙定意生身。

四地：由三地再證道種智一分故入四地。主修精進波羅蜜多，於此土及他方世界廣度有緣，無有疲倦。進修一切種智，滿心位成就「如水中月」現觀。

五地：由四地再證道種智一分故入五地。主修禪定波羅蜜多及一切種智，斷除下乘涅槃貪。滿心位成就「變化所成」現觀。

六地：由五地再證道種智一分故入六地。此地主修般若波羅蜜多——依道種智現觀十二因緣一一有支及意生身化身，皆自心眞如變化所現，「非有似有」，成就細相觀，不由加行而自然證得滅盡定，成俱解脫大乘無學。

七地：由六地「非有似有」現觀，再證道種智一分故入七地。此地主修一切種智及方便波羅蜜多，由重觀十二有支一一支中之流轉門及還滅門一切細相，成就方便善巧，念念隨入滅盡定。滿心位證得「如犍闥婆城」現觀。

八地：由七地極細相觀成就故再證道種智一分而入八地。此地主修一切種智及願波羅蜜多。至滿心位純無相觀任運恆起，故於相土自在，滿心位復證「如實覺知諸法相意生身」故。

九地：由八地再證道種智一分故入九地。主修力波羅蜜多及一切種智，成就四無礙，滿心位證得「種類俱生無行作意生身」。

十地：由九地再證道種智一分故入此地。此地主修一切種智——智波羅蜜多。滿心位起大法智雲，及現起大法智雲所含藏種種功德，成受職菩薩。

等覺：由十地道種智成就故入此地。此地應修一切種智，圓滿等覺地無生法忍；於百劫中修集極廣大福德，以之圓滿三十二大人相及無量隨形好。

究竟位

妙覺：示現受生人間已斷盡煩惱障一切習氣種子，並斷盡所知障一切隨眠，永斷變易生死無明，成就大般涅槃，四智圓明。人間捨壽後，報身常住色究竟天利樂十方地上菩薩；以諸化身利樂有情，永無盡期，成就究竟佛道。

七地滿心斷除故意保留之最後一分思惑時，煩惱障所攝色、受、想三陰有漏習氣種子全部斷盡。

→ 煩惱障所攝行、識二陰無漏習氣種子任運漸斷，所知障所攝上煩惱任運漸斷。

→ 斷盡變易生死成就大般涅槃

圓滿成就究竟佛果

佛子蕭平實 謹製
（二〇〇九、〇二 修訂）
（二〇一二、〇二 增補）

佛教正覺同修會〈修學佛道次第表〉

第一階段

* 以憶佛及拜佛方式修習動中定力。
* 學第一義佛法及禪法知見。
* 無相拜佛功夫成就。
* 具備一念相續功夫—動靜中皆能看話頭。
* 努力培植福德資糧，勤修三福淨業。

第二階段

* 參話頭，參公案。
* 開悟明心，一片悟境。
* 鍛鍊功夫求見佛性。
* 眼見佛性〈餘五根亦如是〉親見世界如幻，成就如幻觀。
* 學習禪門差別智。
* 深入第一義經典。
* 修除性障及隨分修學禪定。
* 修證十行位陽焰觀。

第三階段

* 學一切種智眞實正理—楞伽經、解深密經、成唯識論…。
* 參究末後句。
* 解悟末後句。
* 透牢關—親自體驗所悟末後句境界，親見實相，無得無失。
* 救護一切衆生迴向正道。護持了義正法，修證十迴向位如夢觀。
* 發十無盡願，修習百法明門，親證猶如鏡像現觀。
* 修除五蓋，發起禪定。持一切善法戒。親證猶如光影現觀。
* 進修四禪八定、四無量心、五神通。進修大乘種智，求證猶如谷響現觀。

佛教正覺同修會 共修現況 及 招生公告　2016/1/16

一、共修現況：（請在共修時間來電，以免無人接聽。）

台北正覺講堂 103 台北市承德路三段 277 號九樓 捷運淡水線圓山站旁
Tel..**總機** 02-25957295（晚上）（**分機**：**九樓**辦公室 10、11；知客櫃檯 12、13。 **十樓**知客櫃檯 15、16；書局櫃檯 14。 **五樓**辦公室 18；知客櫃檯 19。**二樓**辦公室 20；知客櫃檯 21。）
Fax..25954493

第一講堂 台北市承德路三段 277 號九樓

禪淨班：週一晚上班、週三晚上班、週四晚上班、週五晚上班、週六下午班、週六上午班（皆須報名建立學籍後始可參加共修，欲報名者詳見本公告末頁）

增上班：**瑜伽師地論詳解**：每月第一、三、五週之週末 17.50～20.50 平實導師講解（僅限已明心之會員參加）

禪門差別智：每月第一週日全天　平實導師主講（事冗暫停）。

佛藏經詳解　平實導師主講。已於 2013/12/17 開講，歡迎已發成佛大願的菩薩種性學人，攜眷共同參與此殊勝法會聽講。詳解 釋迦世尊於《佛藏經》中所開示的眞實義理，更爲今時後世佛子四眾，闡述佛陀演說此經的本懷。眞實尋求佛菩提道的有緣佛子，親承聽聞如是勝妙開示，當能如實理解經中義理，亦能了知於大乘法中：如何是諸法實相？善知識、惡知識要如何簡擇？如何才是清淨持戒？如何才能清淨說法？於此末法之世，眾生五濁益重，不知佛、不解法、不識僧，唯見表相，不信眞實，貪著五欲，諸方大師不淨說法，各各將導大量徒眾趣入三塗，如是師徒俱堪憐憫。是故，平實導師以大慈悲心，用淺白易懂之語句，佐以實例、譬喻而爲演說，普令聞者易解佛意，皆得契入佛法正道，如實了知佛法大藏。

此經中，對於實相念佛多所著墨，亦指出念佛要點：以實相爲依，念佛者應依止淨戒、依止清淨僧寶，捨離違犯重戒之師僧，應受學清淨之法，遠離邪見。本經是現代佛門大法師所厭惡之經典：一者由於大法師們已全都落入意識境界而無法親證實相，故於此經中所說實相全無所知，都不樂有人聞此經名，以免讀後提出問疑時無法回答；二者現代大乘佛法地區，已經普被藏密喇嘛教滲透，許多有名之大法師們大多已曾或繼續在修練雙身法，都已失去聲聞戒體及菩薩戒體，成爲地獄種姓人，已非眞正出家之人，本質只是身著僧衣而住在寺院中的世俗人。這些人對於此經都是讀不懂的，也是極爲厭惡的；他們尙不樂見此經之印行，何況流通與講解？今爲救護廣大學佛人，兼欲護持佛教血脈永續常傳，特選此經宣講之。每逢週二 18.50~20.50 開示，不限制聽講資格。會外人士需憑身分證件換證入內聽講（此是大樓管理處之安全規定，敬請見諒）。桃園、台中、台南、高雄等地講堂，亦於每週二晚上播放平實導師所講本經之 DVD，不必出示身分證件即可入內聽講，歡迎各地善信同霑法益。

第二講堂 台北市承德路三段 267 號十樓。

禪淨班：週一晚上班、週六下午班。

進階班：週三晚上班、週四晚上班、週五晚上班（禪淨班結業後轉入共修）。

佛藏經詳解：平實導師講解。每週二 18.50~20.50（影像音聲即時傳輸）。本會學員憑上課證進入聽講，會外學人請以身分證件換證進入聽講（此為大樓管理處安全管理規定之要求，敬請諒解）。

第三講堂 台北市承德路三段 277 號五樓。

進階班：週一晚上班、週三晚上班、週四晚上班、週五晚上班。

佛藏經詳解：平實導師講解。每週二 18.50~20.50（影像音聲即時傳輸）。本會學員憑上課證進入聽講，會外學人請以身分證件換證進入聽講（此為大樓管理處安全管理規定之要求，敬請諒解）。

第四講堂 台北市承德路三段 267 號二樓。

進階班：週一晚上班、週三晚上班、週四晚上班、週五晚上班（禪淨班結業後轉入共修）。

佛藏經詳解：平實導師講解。每週二 18.50~20.50（影像音聲即時傳輸）。本會學員憑上課證進入聽講，會外學人請以身分證件換證進入聽講（此為大樓管理處安全管理規定之要求，敬請諒解）。

第五、第六講堂 為**開放式講堂**，不需以身分證件換證即可進入聽講，台北市承德路三段 267 號地下一樓、地下二樓。已規劃整修完成，每逢週二晚上講經時段開放給會外人士自由聽經，請由大樓側面梯階逕行進入聽講。**聽講者請尊重講者的著作權及肖像權，請勿錄音錄影，以免違法；若有錄音錄影被查獲者，將依法處理。**

正覺祖師堂 大溪鎮美華里信義路 650 巷坑底 5 之 6 號（台 3 號省道 34 公里處 妙法寺對面斜坡道進入）電話 03-3886110 傳眞 03-3881692 本堂供奉 克勤圓悟大師，專供會員每年四月、十月各二次精進禪三共修，兼作本會出家菩薩掛單常住之用。除禪三時間以外，每逢單月第一週之週日 9:00~17:00 開放會內、外人士參訪，當天並提供午齋結緣。教內共修團體或道場，得另申請其餘時間作團體參訪，務請事先與常住確定日期，以便安排常住菩薩接引導覽，亦免妨礙常住菩薩之日常作息及修行。

桃園正覺講堂（第一、第二講堂）：桃園市介壽路 286、288 號 10 樓（陽明運動公園對面）電話：03-3749363（請於共修時聯繫，或與台北聯繫）

禪淨班：週一晚上班、週三晚上班、週四晚上班、週五晚上班。

進階班：週六上午班、週五晚上班。

佛藏經詳解：平實導師講解。每週二晚上，以台北正覺講堂所錄 DVD 放映；歡迎會外學人共同聽講，不需出示身分證件。

新竹正覺講堂 新竹市東光路 55 號二樓之一　電話 03-5724297（晚上）

第一講堂：

禪淨班：週一晚上班、週五晚上班、週六上午班。

進階班：週三晚上班、週四晚上班（由禪淨班結業後轉入共修）。

佛藏經詳解：平實導師講解。每週二晚上，以台北正覺講堂所錄 DVD 放映。歡迎會外學人共同聽講，不需出示身分證件。

第二講堂：

禪淨班：週三晚上班、週四晚上班。

佛藏經詳解：每週二晚上與第一講堂同時播放佛藏經詳解 DVD。

台中正覺講堂 04-23816090（晚上）

第一講堂 台中市南屯區五權西路二段 666 號 13 樓之四（國泰世華銀行樓上。鄰近縣市經第一高速公路前來者，由五權西路交流道可以快速到達，大樓旁有停車場，對面有素食館）。

禪淨班：週三晚上班、週四晚上班。

進階班：週一晚上班、週六上午班（由禪淨班結業後轉入共修）。

增上班：單週週末以台北增上班課程錄成 DVD 放映之，限已明心之會員參加。

佛藏經詳解：平實導師講解。每週二晚上，以台北正覺講堂所錄 DVD 放映。歡迎會外學人共同聽講，不需出示身分證件。

第二講堂 台中市南屯區五權西路二段 666 號 4 樓

禪淨班：週一晚上班、週三晚上班、週六上午班。

進階班：週五晚上班（由禪淨班結業後轉入共修）。

佛藏經詳解：每週二晚上與第一講堂同時播放佛藏經詳解 DVD。

第三講堂、第四講堂：台中市南屯區五權西路二段 666 號 4 樓。

嘉義正覺講堂 嘉義市友愛路 288 號八樓之一　電話：05-2318228

第一講堂：

禪淨班：週一晚上班、週四晚上班、週五晚上班。

進階班：週三晚上班（由禪淨班結業後轉入共修）。

佛藏經詳解：平實導師講解。每週二晚上，以台北正覺講堂所錄 DVD 放映。歡迎會外學人共同聽講，不需出示身分證件。

第二講堂 嘉義市友愛路 288 號八樓之二。

台南正覺講堂

第一講堂 台南市西門路四段 15 號 4 樓。06-2820541（晚上）

禪淨班：週一晚上班、週三晚上班、週四晚上班、週五晚上班、週六下午班。

增上班：單週週末下午，以台北增上班課程錄成 DVD 放映之，限已明心之會員參加。

佛藏經詳解：平實導師講解。每週二晚上，以台北正覺講堂所錄 DVD 放映。歡迎會外學人共同聽講，不需出示身分證件。

第二講堂　台南市西門路四段 15 號 3 樓。

佛藏經詳解：每週二晚上與第一講堂同時播放佛藏經詳解 DVD。

第三講堂　台南市西門路四段 15 號 3 樓。

進階班：週三晚上班、週四晚上班、週六上午班（由禪淨班結業後轉入共修）。

佛藏經詳解：每週二晚上與第一講堂同時播放佛藏經詳解 DVD。

高雄正覺講堂　高雄市新興區中正三路 45 號五樓 07-2234248（晚上）

第一講堂（五樓）：

禪淨班：週一晚上班、週三晚上班、週四晚上班、週五晚上班、週六上午班。

增上班：單週週末下午，以台北增上班課程錄成 DVD 放映之，限已明心之會員參加。

佛藏經詳解：平實導師講解。每週二晚上，以台北正覺講堂所錄 DVD 放映。歡迎會外學人共同聽講，不需出示身分證件。

第二講堂（四樓）：

進階班：週三晚上班、週四晚上班、週六上午班（由禪淨班結業後轉入共修）。

佛藏經詳解：每週二晚上與第一講堂同時播放佛藏經詳解 DVD。

第三講堂（三樓）：

進階班：週四晚上班（由禪淨班結業後轉入共修）。

香港正覺講堂　**☆已遷移新址☆**

九龍觀塘，成業街 10 號，電訊一代廣場 27 樓 E 室。

（觀塘地鐵站 B1 出口，步行約 4 分鐘）。電話：(852) 23262231

英文地址：Unit E, 27th Floor, TG Place, 10 Shing Yip Street, Kwun Tong, Kowloon

禪淨班：雙週六下午班 14:30-17:30，已經額滿。

雙週日下午班 14:30-17:30，2016 年 4 月底前尚可報名。

進階班：雙週五晚上班（由禪淨班結業後轉入共修）。

增上班：單週週末上午，以台北增上班課程錄成 DVD 放映之，限已明心之會員參加。

妙法蓮華經詳解：平實導師講解。雙週六 19:00-21:00，以台北正覺講堂所錄 DVD 放映；歡迎會外學人共同聽講，不需出示身分證件。

美國洛杉磯正覺講堂　☆已遷移新址☆

825 S. Lemon Ave Diamond Bar, CA 91798 U.S.A.
Tel. (909) 595-5222（請於週六 9:00~18:00 之間聯繫）
Cell. (626) 454-0607

禪淨班：每逢週末 15：30~17：30 上課。

進階班：每逢週末上午 10：00~12：00 上課。

佛藏經詳解：平實導師講解。每週六下午 13：00~15：00，以台北正覺講堂所錄 DVD 放映。歡迎各界人士共享第一義諦無上法益，不需報名。

二、招生公告　**本會台北講堂及全省各講堂，每逢四月、十月下旬開新班，每週共修一次**（每次二小時。開課日起三個月內仍可插班）；**但美國洛杉磯共修處之禪淨班得隨時插班共修。各班共修期間皆為二年半，欲參加者請向本會函索報名表**（各共修處皆於共修時間方有人執事，非共修時間請勿電詢或前來洽詢、請書），**或直接從本會官方網站**(http://www.enlighten.org.tw/newsflash/class)**或成佛之道網站下載報名表**。共修期滿時，若經報名禪三審核通過者，可參加四天三夜之禪三精進共修，有機會明心、取證如來藏，發起般若實相智慧，成為實義菩薩，脫離凡夫菩薩位。

三、新春禮佛祈福　農曆年假期間停止共修：自農曆新年前七天起停止共修與弘法，正月 8 日起回復共修、弘法事務。新春期間正月初一～初七 9.00～17.00 開放台北講堂、正月初一～初三開放新竹講堂、台中講堂、台南講堂、高雄講堂，以及大溪禪三道場（正覺祖師堂），方便會員供佛、祈福及會外人士請書。美國洛杉磯共修處之休假時間，請逕詢該共修處。

密宗四大派修雙身法，是外道性力派的邪法；又以生滅的識陰作為常住法，是常見外道，是假的藏傳佛教。

西藏覺囊巴以他空見弘揚第八識如來藏勝法，才是真藏傳佛教

佛教正覺同修會　弘法行事表　2014/08/19

1、**禪淨班**　以無相念佛及拜佛方式修習動中定力，實證一心不亂功夫。傳授解脫道正理及第一義諦佛法，以及參禪知見。共修期間：二年六個月。每逢四月、十月開新班，詳見招生公告表。

2、**《佛藏經》詳解**　平實導師主講。已於 2013/12/17 開講，歡迎已發成佛大願的菩薩種性學人，攜眷共同參與此殊勝法會聽講。詳解釋迦世尊於《佛藏經》中所開示的眞實義理，更爲今時後世佛子四眾，闡述 佛陀演說此經的本懷。眞實尋求佛菩提道的有緣佛子，親承聽聞如是勝妙開示，當能如實理解經中義理，亦能了知於大乘法中：如何是諸法實相？善知識、惡知識要如何簡擇？如何才是清淨持戒？如何才能清淨說法？於此末法之世，眾生五濁益重，不知佛、不解法、不識僧，唯見表相，不信眞實，貪著五欲，諸方大師不淨說法，各各將導大量徒眾趣入三塗，如是師徒俱堪憐憫。是故，平實導師以大慈悲心，用淺白易懂之語句，佐以實例、譬喻而爲演說，普令聞者易解佛意，皆得契入佛法正道，如實了知佛法大藏。每逢週二 18.50~20.50 開示，不限制聽講資格。會外人士需憑身分證件換證入內聽講（此是大樓管理處之安全規定，敬請見諒）。桃園、新竹、台中、台南、高雄等地講堂，亦於每週二晚上播放平實導師講經之 DVD，不必出示身分證件即可入內聽講，歡迎各地善信同霑法益。

有某道場專弘淨土法門數十年，於教導信徒研讀《佛藏經》時，往往告誡信徒曰：「後半部不許閱讀。」由此緣故坐令信徒失去提升念佛層次之機緣，師徒只能低品位往生淨土，令人深覺愚癡無智。由有多人建議故，平實導師開始宣講《佛藏經》，藉以轉易如是邪見，並提升念佛人之知見與往生品位。此經中，對於實相念佛多所著墨，亦指出念佛要點：以實相爲依，念佛者應依止淨戒、依止清淨僧寶，捨離違犯重戒之師僧，應受學清淨之法，遠離邪見。本經是現代佛門大法師所厭惡之經典：一者由於大法師們已全都落入意識境界而無法親證實相，故於此經中所說實相全無所知，都不樂有人聞此經名，以免讀後提出問疑時無法回答；二者現代大乘佛法地區，已經普被藏密喇嘛教滲透，許多有名之大法師們大多已曾或繼續在修練雙身法，都已失去聲聞戒體及菩薩戒體，成爲地獄種姓人，已非眞正出家之人，本質上只是身著僧衣而住在寺院中的世俗人。這些人對於此經都是讀不懂的，也是極爲厭惡的；他們尙不樂見此經之印行，何況流通與講解？今爲救護廣大學佛人，兼欲護持佛教血脈永續常傳，特選此經宣講之，主講者平實導師。

3、**瑜伽師地論**詳解　詳解論中所言凡夫地至佛地等 17 師之修證境界與理論，從凡夫地、聲聞地……宣演到諸地所證一切種智之眞實正理。由平實導師開講，每逢一、三、五週之週末晚上開示，僅限已明心之會員參加。

4、**精進禪三**　主三和尚：平實導師。於四天三夜中，以克勤圓悟大師及大慧宗杲之禪風，施設機鋒與小參、公案密意之開示，幫助會員剋期取證，親證不生不滅之眞實心——人人本有之如來藏。每年四月、十月各舉辦二個梯次；平實導師主持。僅限本會會員參加禪淨班共修期滿，報名審核通過者，方可參加。並選擇會中定力、慧力、福德三條件皆已具足之已明心會員，給以指引，令得眼見自己無形無相之佛性遍佈山河大地，眞實而無障礙，得以肉眼現觀世界身心悉皆如幻，具足成就如幻觀，圓滿十住菩薩之證境。

5、**阿含經**詳解　選擇重要之阿含部經典，依無餘涅槃之實際而加以詳解，令大眾得以現觀諸法緣起性空，亦復不墮斷滅見中，顯示經中所隱說之涅槃實際—如來藏—確實已於四阿含中隱說；令大眾得以聞後觀行，確實斷除我見乃至我執，證得**見到**眞現觀，乃至**身證**……等眞現觀；已得大乘或二乘見道者，亦可由此聞熏及聞後之觀行，除斷我所之貪著，成就慧解脫果。由平實導師詳解。不限制聽講資格。

6、**大法鼓經**詳解　詳解末法時代大乘佛法修行之道。佛教正法消毒妙藥塗於大鼓而以擊之，凡有眾生聞之者，一切邪見鉅毒悉皆消殞；此經即是大法鼓之正義，凡聞之者，所有邪見之毒悉皆滅除，見道不難；亦能發起菩薩無量功德，是故諸大菩薩遠從諸方佛土來此娑婆聞修此經。由平實導師詳解。不限制聽講資格。

7、**解深密經**詳解　重講本經之目的，在於令諸已悟之人明解大乘法道之成佛次第，以及悟後進修一切種智之內涵，確實證知三種自性性，並得據此證解七眞如、十眞如等正理。每逢週二 18.50~20.50 開示，由平實導師詳解。將於《大法鼓經》講畢後開講。不限制聽講資格。

8、**成唯識論**詳解　詳解一切種智眞實正理，詳細剖析一切種智之微細深妙廣大正理；並加以舉例說明，使已悟之會員深入體驗所證如來藏之微密行相；及證驗見分相分與所生一切法，皆由如來藏—阿賴耶識—直接或展轉而生，因此證知一切法無我，證知無餘涅槃之本際。將於增上班《瑜伽師地論》講畢後，由平實導師重講。僅限已明心之會員參加。

9、**精選如來藏系經典**詳解　精選如來藏系經典一部，詳細解說，以此完全印證會員所悟如來藏之眞實，得入不退轉住。另行擇期詳細解說之，由平實導師講解。僅限已明心之會員參加。

10、**禪門差別智**　藉禪宗公案之微細淆訛難知難解之處，加以宣說及剖析，以增進明心、見性之功德，啓發差別智，建立擇法眼。每月第一週日全天，由平實導師開示，僅限破參明心後，復又眼見佛性者參加（事冗暫停）。

11、**枯木禪**　先講智者大師的《小止觀》，後說《釋禪波羅蜜》，詳解四禪八定之修證理論與實修方法，細述一般學人修定之邪見與岔路，及對禪定證境之誤會，消除枉用功夫、浪費生命之現象。已悟般若者，可以藉此而實修初禪，進入大乘通教及聲聞教的三果心解脫境界，配合應有的大福德及後得無分別智、十無盡願，即可進入初地心中。親教師：平實導師。未來緣熟時將於大溪正覺寺開講。不限制聽講資格。

註：本會例行年假，自 2004 年起，改為每年農曆新年前七天開始停息弘法事務及共修課程，農曆正月 8 日回復所有共修及弘法事務。新春期間（每日 9.00~17.00）開放台北講堂，方便會員禮佛祈福及會外人士請書。大溪鎮的正覺祖師堂，開放參訪時間，詳見〈正覺電子報〉或成佛之道網站。本表得因時節因緣需要而隨時修改之，不另作通知。

佛教正覺同修會　贈閱書籍 目錄　　2015/09/29

1.**無相念佛**　平實導師著　回郵 10 元
2.**念佛三昧修學次第**　平實導師述著　回郵 25 元
3.**正法眼藏—護法集**　平實導師述著　回郵 35 元
4.**真假開悟簡易辨正法&佛子之省思**　平實導師著　回郵 3.5 元
5.**生命實相之辨正**　平實導師著　回郵 10 元
6.**如何契入念佛法門**（附：印順法師否定極樂世界）平實導師著　回郵 3.5 元
7.**平實書箋**—答元覽居士書　平實導師著　回郵 35 元
8.**三乘唯識**—如來藏系經律彙編　平實導師編　回郵 80 元
（精裝本　長 27 ㎝　寬 21 ㎝　高 7.5 ㎝　重 2.8 公斤）
9.**三時繫念全集**—修正本　回郵掛號 40 元（長 26.5 ㎝×寬 19 ㎝）
10.**明心與初地**　平實導師述　回郵 3.5 元
11.**邪見與佛法**　平實導師述著　回郵 20 元
12.**菩薩正道**—回應義雲高、釋性圓…等外道之邪見　正燦居士著　回郵 20 元
13.**甘露法雨**　平實導師述　回郵 20 元
14.**我與無我**　平實導師述　回郵 20 元
15.**學佛之心態**—修正錯誤之學佛心態始能與正法相應　孫正德老師著　回郵35元
附錄：平實導師著**《略說八、九識並存…等之過失》**
16.**大乘無我觀**—《悟前與悟後》別說　平實導師述著　回郵 20 元
17.**佛教之危機**—中國台灣地區現代佛教之真相（附錄：公案拈提六則）
平實導師著　回郵 25 元
18.**燈　影**—燈下黑（覆「求教後學」來函等）　平實導師著　回郵 35 元
19.**護法與毀法**—覆上平居士與徐恒志居士網站毀法二文
張正圜老師著　回郵 35 元
20.**淨土聖道**—兼評**選擇本願念佛**　正德老師著　**由正覺同修會購贈**　回郵25 元
21.**辨唯識性相**—對「紫蓮心海《辯唯識性相》書中否定阿賴耶識」之回應
正覺同修會 台南共修處法義組 著　回郵 25 元
22.**假如來藏**—對法蓮法師《如來藏與阿賴耶識》書中否定阿賴耶識之回應
正覺同修會 台南共修處法義組 著　回郵 35 元
23.**入不二門**—公案拈提集錦 第一輯（於平實導師公案拈提諸書中選錄約二十則，
合輯爲一冊流通之）平實導師著　回郵 20 元
24.**真假邪說**—西藏密宗索達吉喇嘛《破除邪說論》真是邪說
釋正安法師著　回郵 35 元
25.**真假開悟**—真如、如來藏、阿賴耶識間之關係　平實導師述著　回郵 35 元
26.**真假禪和**—辨正釋傳聖之謗法謬說　孫正德老師著　回郵 30 元

27.**眼見佛性**——駁慧廣法師眼見佛性的含義文中謬說

游正光老師著　回郵 25 元

28.**普門自在**——公案拈提集錦 第二輯（於平實導師公案拈提諸書中選錄約二十則，合輯為一冊流通之）平實導師著　回郵 25 元

29.**印順法師的悲哀**——以現代禪的質疑為線索　恒毓博士著　回郵 25 元

30.**識蘊真義**——現觀識蘊內涵、取證初果、親斷三縛結之具體行門。

——依《成唯識論》及《唯識述記》正義，略顯安慧《大乘廣五蘊論》之邪謬

平實導師著　回郵 35 元

31.**正覺電子報** 各期紙版本　免附回郵　每次最多函索三期或三本。

（已無存書之較早各期，不另增印贈閱）

32.**現代人應有的宗教觀**　蔡正禮老師 著　回郵 3.5 元

33.**遠惑趣道**——正覺電子報般若信箱問答錄　第一輯　回郵 20 元

34.**遠惑趣道**——正覺電子報般若信箱問答錄　第二輯　回郵 20 元

35.**確保您的權益**——器官捐贈應注意自我保護　游正光老師 著　回郵 10 元

36.**正覺教團電視弘法三乘菩提 DVD 光碟**（一）

由正覺教團多位親教師共同講述錄製 DVD 8 片，MP3 一片，共 9 片。有二大講題：一為「三乘菩提之意涵」，二為「學佛的正知見」。內容精闢，深入淺出，精彩絕倫，幫助大眾快速建立三乘法道的正知見，免被外道邪見所誤導。有志修學三乘佛法之學人不可不看。（製作工本費 100 元，回郵 25 元）

37.**正覺教團電視弘法 DVD 專輯**（二）

總有二大講題：一為「三乘菩提之念佛法門」，一為「學佛正知見（第二篇）」，由正覺教團多位親教師輪番講述，內容詳細闡述如何修學念佛法門、實證念佛三昧，以及學佛應具有的正確知見，可以幫助發願往生西方極樂淨土之學人，得以把握往生，更可令學人快速建立三乘法道的正知見，免於被外道邪見所誤導。有志修學三乘佛法之學人不可不看。（一套 17 片，工本費 160 元。回郵 35 元）

38.**佛藏經** 燙金精裝本　每冊回郵 20 元。正修佛法之道場欲大量索取者，請正式發函並蓋用大印寄來索取（2008.04.30 起開始敬贈）

39.**喇嘛性世界**——揭開假藏傳佛教譚崔瑜伽的面紗　張善思 等人合著

由正覺同修會購贈　回郵 20 元

40.**假藏傳佛教的神話**——性、謊言、喇嘛教　張正玄教授編著　回郵 20 元

由正覺同修會購贈　回郵 20 元

41.**隨 緣**——理隨緣與事隨緣　平實導師述　回郵 20 元。

42.**學佛的覺醒**　正枝居士 著　回郵 25 元

43.**導師之真實義**　蔡正禮老師 著　回郵 10 元

44.**淺談達賴喇嘛之雙身法**——兼論解讀「密續」之達文西密碼

吳明芷居士 著　回郵 10 元

45.**魔界轉世**　張正玄居士 著　回郵 10 元

46.**一貫道與開悟**　蔡正禮老師 著　回郵 10 元

47.**博愛**—愛盡天下女人　正覺教育基金會 編印　回郵 10 元

48.**意識虛妄經教彙編**—實證解脫道的關鍵經文　正覺同修會編印　回郵25 元

49.**邪箭囈語**—破斥藏密外道多識仁波切《破魔金剛箭雨論》之邪說

陸正元老師著　上、下冊回郵各 30 元

50.**真假沙門**—依 佛聖教闡釋佛教僧寶之定義

蔡正禮老師著　俟正覺電子報連載後結集出版

51.**真假禪宗**—藉評論釋性廣《印順導師對變質禪法之批判

及對禪宗之肯定》以顯示真假禪宗

附論一：凡夫知見 無助於佛法之信解行證

附論二：世間與出世間一切法皆從如來藏實際而生而顯

余正偉老師著　俟正覺電子報連載後結集出版　回郵未定

52.**假鋒虛焰金剛乘**—揭示顯密正理，兼破索達吉師徒《般若鋒兮金剛焰》。

釋正安 法師著　俟正覺電子報連載後結集出版

★ 上列贈書之郵資，係台灣本島地區郵資，大陸、港、澳地區及外國地區，請另計酌增（大陸、港、澳、國外地區之郵票不許通用）。尚未出版之書，請勿先寄來郵資，以免增加作業煩擾。

★ 本目錄若有變動，唯於後印之書籍及「成佛之道」網站上修正公佈之，不另行個別通知。

函索書籍請寄：佛教正覺同修會　103 台北市承德路 3 段 277 號 9 樓
台灣地區函索書籍者請附寄郵票，無時間購買郵票者可以等值現金抵用，但不接受郵政劃撥、支票、匯票。大陸地區得以人民幣計算，國外地區請以美元計算（請勿寄來當地郵票，在台灣地區不能使用）。欲以掛號寄遞者，請另附掛號郵資。

親自索閱：正覺同修會各共修處。　★請於共修時間前往取書，餘時無人在道場，請勿前往索取；共修時間與地點，詳見書末正覺同修會共修現況表（以近期之共修現況表爲準）。

註：正智出版社發售之局版書，請向各大書局購閱。若書局之書架上已經售出而無陳列者，請向書局櫃台指定洽購；若書局不便代購者，請於正覺同修會共修時間前往各共修處請購，正智出版社已派人於共修時間送書前往各共修處流通。 郵政劃撥購書及 大陸地區 購書，請詳別頁正智出版社發售書籍目錄最後頁之說明。

成佛之道 網站：http://www.a202.idv.tw　　正覺同修會已出版之結緣書籍，多已登載於 成佛之道 網站，若住外國、或住處遙遠，不便取得正覺同修會贈閱書籍者，可以從本網站閱讀及下載。　　書局版之《宗通與說通》亦已上網，台灣讀者可向書局洽購，售價 300 元。《狂密與眞密》第一輯~第四輯，亦於 2003.5.1.全部於本網站登載完畢；台灣地區讀者請向書局洽購，每輯約 400 頁，售價 300 元（網站下載紙張費用較貴，容易散失，難以保存，亦較不精美）。

＊＊假藏傳佛教修雙身法，非佛教＊＊

正智出版社 籌募弘法基金發售書籍目錄　2016/1/11

1.**宗門正眼**—公案拈提 第一輯 重拈　平實導師著　500 元
因重寫內容大幅度增加故，字體必須改小，並增為 576 頁 主文 546 頁。比初版更精彩、更有內容。初版《禪門摩尼寶聚》之讀者，可寄回本公司免費調換新版書。免附回郵，亦無截止期限。（2007 年起，每冊附贈本公司精製公案拈提〈超意境〉CD 一片。市售價格 280 元，多購多贈。）
2.**禪淨圓融**　平實導師著　200 元（第一版舊書可換新版書。）
3.**真實如來藏**　平實導師著　400 元
4.**禪—悟前與悟後**　平實導師著　上、下冊，每冊 250 元
5.**宗門法眼**—公案拈提 第二輯　平實導師著　500 元
（2007 年起，每冊附贈本公司精製公案拈提〈超意境〉CD 一片）
6.**楞伽經詳解**　平實導師著　全套共 10 輯　每輯 250 元
7.**宗門道眼**—公案拈提 第三輯　平實導師著　500 元
（2007 年起，每冊附贈本公司精製公案拈提〈超意境〉CD 一片）
8.**宗門血脈**—公案拈提 第四輯　平實導師著　500 元
（2007 年起，每冊附贈本公司精製公案拈提〈超意境〉CD 一片）
9.**宗通與說通**—成佛之道 平實導師著 主文 381 頁 全書 400 頁售價 300 元
10.**宗門正道**—公案拈提 第五輯　平實導師著　500 元
（2007 年起，每冊附贈本公司精製公案拈提〈超意境〉CD 一片）
11.**狂密與真密 一～四輯**　平實導師著　西藏密宗是人間最邪淫的宗教，本質不是佛教，只是披著佛教外衣的印度教性力派流毒的喇嘛教。此書中將西藏密宗密傳之男女雙身合修樂空雙運所有祕密與修法，毫無保留完全公開，並將全部喇嘛們所不知道的部分也一併公開。內容比大辣出版社喧騰一時的《西藏慾經》更詳細。並且函蓋藏密的所有祕密及其錯誤的中觀見、如來藏見……等，藏密的所有法義都在書中詳述、分析、辨正。每輯主文三百餘頁　每輯全書約 400 頁　售價每輯 300 元
12.**宗門正義**—公案拈提 第六輯　平實導師著　500 元
（2007 年起，每冊附贈本公司精製公案拈提〈超意境〉CD 一片）
13.**心經密意**—心經與解脫道、佛菩提道、祖師公案之關係與密意　平實導師述　300 元
14.**宗門密意**—公案拈提 第七輯　平實導師著　500 元
（2007 年起，每冊附贈本公司精製公案拈提〈超意境〉CD 一片）
15.**淨土聖道**—兼評「選擇本願念佛」　正德老師著　200 元
16.**起信論講記**　平實導師述著　共六輯　每輯三百餘頁　售價各 250 元
17.**優婆塞戒經講記**　平實導師述著 共八輯 每輯三百餘頁 售價各 250 元
18.**真假活佛**—略論附佛外道盧勝彥之邪說（對前岳靈犀網站主張「盧勝彥是證悟者」之修正）　正犀居士（岳靈犀）著　流通價 140 元
19.**阿含正義**—唯識學探源　平實導師著　共七輯　每輯 300 元

20.**超意境** CD 以平實導師公案拈提書中超越意境之頌詞，加上曲風優美的旋律，錄成令人嚮往的超意境歌曲，其中包括正覺發願文及平實導師親自譜成的黃梅調歌曲一首。詞曲雋永，殊堪翫味，可供學禪者吟詠，有助於見道。內附設計精美的彩色小冊，解說每一首詞的背景本事。每片 280 元。【每購買公案拈提書籍一冊，即贈送一片。】

21.**菩薩底憂鬱** CD 將菩薩情懷及禪宗公案寫成新詞，並製作成超越意境的優美歌曲。 1.主題曲〈菩薩底憂鬱〉，描述地後菩薩能離三界生死而迴向繼續生在人間，但因尚未斷盡習氣種子而有極深沈之憂鬱，非三賢位菩薩及二乘聖者所知，此憂鬱在七地滿心位方才斷盡；本曲之詞中所說義理極深，昔來所未曾見；此曲係以優美的情歌風格寫詞及作曲，聞者得以激發嚮往諸地菩薩境界之大心，詞、曲都非常優美，難得一見；其中勝妙義理之解說，已印在附贈之彩色小冊中。 2.以各輯公案拈提中直示禪門入處之頌文，作成各種不同曲風之超意境歌曲，值得玩味、參究；聆聽公案拈提之優美歌曲時，請同時閱讀內附之印刷精美說明小冊，可以領會超越三界的證悟境界；未悟者可以因此引發求悟之意向及疑情，眞發菩提心而邁向求悟之途，乃至因此眞實悟入般若，成眞菩薩。 3.正覺總持咒新曲，總持佛法大意；總持咒之義理，已加以解說並印在隨附之小冊中。本 CD 共有十首歌曲，長達 63 分鐘。每盒各附贈二張購書優惠券。每片 280 元。

22.**禪意無限** CD 平實導師以公案拈提書中偈頌寫成不同風格曲子，與他人所寫不同風格曲子共同錄製出版，幫助參禪人進入禪門超越意識之境界。盒中附贈彩色印製的精美解說小冊，以供聆聽時閱讀，令參禪人得以發起參禪之疑情，即有機會證悟本來面目而發起實相智慧，實證大乘菩提般若，能如實證知般若經中的眞實意。本 CD 共有十首歌曲，長達 69 分鐘，每盒各附贈二張購書優惠券。每片 280 元。

23.**我的菩提路**第一輯　釋悟圓、釋善藏等人合著　售價 300 元

24.**我的菩提路**第二輯　郭正益、張志成等人合著　售價 300 元

25.**鈍鳥與靈龜**—考證後代凡夫對大慧宗杲禪師的無根誹謗。
平實導師著 共 458 頁 售價 350 元

26.**維摩詰經講記** 平實導師述 共六輯 每輯三百餘頁 售價各 250 元

27.**真假外道**—破劉東亮、杜大威、釋證嚴常見外道見 正光老師著 200 元

28.**勝鬘經講記**—兼論印順《勝鬘經講記》對於《勝鬘經》之誤解。
平實導師述　共六輯　每輯三百餘頁　售價250 元

29.**楞嚴經講記** 平實導師述 共 **15** 輯，每輯三百餘頁 售價 300 元

30.**明心與眼見佛性**—駁慧廣〈蕭氏「眼見佛性」與「明心」之非〉文中謬說
正光老師著　共 448 頁　售價 300 元

31.**見性與看話頭** 黃正倖老師 著，本書是禪宗參禪的方法論。
內文 375 頁，全書 416 頁，售價 300 元。

32.**達賴真面目**—玩盡天下女人 白正偉老師 等著 中英對照彩色精裝大本 800 元

33.**喇嘛性世界**—揭開假藏傳佛教譚崔瑜伽的面紗　張善思 等人著　200元
34.**假藏傳佛教的神話**—性、謊言、喇嘛教　正玄教授編著　200元
35.**金剛經宗通**　平實導師述　共九輯　每輯售價250元。
36.**空行母**—性別、身分定位，以及藏傳佛教。
珍妮·坎貝爾著 呂艾倫 中譯 售價250元
37.**末代達賴**—性交教主的悲歌　張善思、呂艾倫、辛燕編著 售價250元
38.**霧峰無霧**—給哥哥的信　辨正釋印順對佛法的無量誤解
游宗明 老師著　售價250元
39.**第七意識與第八意識？**—穿越時空「超意識」
平實導師述　每冊300元
40.**黯淡的達賴**—失去光彩的諾貝爾和平獎
正覺教育基金會編著　每冊250元
41.**童女迦葉考**—論呂凱文〈佛教輪迴思想的論述分析〉之謬。
平實導師 著 定價180元
42.**人間佛教**—實證者必定不悖三乘菩提
平實導師 述，定價400元
43.**實相經宗通**　平實導師述　共八輯　每輯250元
44.**真心告訴您(一)**—達賴喇嘛在幹什麼？
正覺教育基金會編著　售價250元
45.**中觀金鑑**—詳述應成派中觀的起源與其破法本質
孫正德老師著　分爲上、中、下三冊，每冊250元
46.**佛法入門**—迅速進入三乘佛法大門，消除久學佛法漫無方向之窘境。
○○居士著　將於正覺電子報連載後出版。售價250元
47.**藏傳佛教要義**—《狂密與真密》之簡體字版　平實導師 著 上、下冊
僅在大陸流通　每冊300元
48.**法華經講義**　平實導師述　共二十五輯　每輯300元
已於2015/05/31起開始出版，每二個月出版一輯
49.**西藏「活佛轉世」制度**—附佛、造神、世俗法
許正豐、張正玄老師合著　定價150元
50.**廣論三部曲**　郭正益老師著　定價150元
51.**真心告訴您(二)**—達賴喇嘛是佛教僧侶嗎？
—補祝達賴喇嘛八十大壽
正覺教育基金會編著　售價300元
52.**廣論之平議**—宗喀巴《菩提道次第廣論》之平議　正雄居士著
約二或三輯　俟正覺電子報連載後結集出版　書價未定
53.**末法導護**—對印順法師中心思想之綜合判攝　正慶老師著　書價未定
54.**菩薩學處**—菩薩四攝六度之要義　陸正元老師著　出版日期未定。
55.**八識規矩頌**詳解　○○居士 註解　出版日期另訂　書價未定。

56.**印度佛教史**—法義與考證。依法義史實評論印順《印度佛教思想史、佛教史地考論》之謬說　正偉老師著　出版日期未定　書價未定

57.**中國佛教史**—依中國佛教正法史實而論。○○老師 著　書價未定。

58.**中論正義**—釋龍樹菩薩《中論》頌正理。
孫正德老師著　出版日期未定　書價未定

59.**中觀正義**—註解平實導師《中論正義頌》。
○○法師（居士）著　出版日期未定　書價未定

60.**佛藏經講記**　平實導師述　出版日期未定　書價未定

61.**阿含經講記**—將選錄四阿含中數部重要經典全經講解之，講後整理出版。
平實導師述　約二輯　每輯300元　出版日期未定

62.**寶積經講記**　平實導師述　每輯三百餘頁 優惠價300元 出版日期未定

63.**解深密經講記**　平實導師述 約四輯　將於重講後整理出版

64.**成唯識論略解**　平實導師著　五～六輯　每輯300元　出版日期未定

65.**修習止觀坐禪法要講記**　平實導師述　每輯三百餘頁
將於正覺寺建成後重講、以講記逐輯出版　出版日期未定

66.**無門關**—《無門關》公案拈提　平實導師著　出版日期未定

67.**中觀再論**—兼述印順《中觀今論》謬誤之平議。正光老師著 出版日期未定

68.**輪迴與超度**—佛教超度法會之真義。
○○法師（居士）著　出版日期未定　書價未定

69.**《釋摩訶衍論》平議**—對偽稱龍樹所造《釋摩訶衍論》之平議
○○法師（居士）著　出版日期未定　書價未定

70.**正覺發願文**註解—以真實大願為因 得證菩提
正德老師著　出版日期未定　書價未定

71.**正覺總持咒**—佛法之總持　正圜老師著　出版日期未定　書價未定

72.**涅槃**—論四種涅槃　平實導師著　出版日期未定　書價未定

73.**三自性**—依四食、五蘊、十二因緣、十八界法，說三性三無性。
作者未定　出版日期未定

74.**道品**—從三自性說大小乘三十七道品　作者未定　出版日期未定

75.**大乘緣起觀**—依四聖諦七真如現觀十二緣起 作者未定　出版日期未定

76.**三德**—論解脫德、法身德、般若德。　作者未定　出版日期未定

77.**真假如來藏**—對印順《如來藏之研究》謬說之平議　作者未定 出版日期未定

78.**大乘道次第**　作者未定　出版日期未定　書價未定

79.**四緣**—依如來藏故有四緣。　作者未定　出版日期未定

80.**空之探究**—印順《空之探究》謬誤之平議　作者未定 出版日期未定

81.**十法義**—論阿含經中十法之正義　作者未定　出版日期未定

82.**外道見**—論述外道六十二見　作者未定　出版日期未定

正智出版社有限公司 書籍介紹

禪淨圓融：言淨土諸祖所未曾言，示諸宗祖師所未曾示；禪淨圓融，另闢成佛捷徑，兼顧自力他力，闡釋淨土門之速行易行道，亦同時揭櫫聖教門之速行易行道；令廣大淨土行者得免緩行難證之苦，亦令聖道門行者得以藉著淨土速行道而加快成佛之時劫。乃前無古人之超勝見地，非一般弘揚禪淨法門典籍也，先讀爲快。平實導師著200元。

宗門正眼——公案拈提第一輯：繼承克勤圜悟大師碧巖錄宗旨之禪門鉅作。先則舉示當代大法師之邪說，消弭當代禪門大師鄉愿之心態，摧破當今禪門「世俗禪」之妄談；次則旁通教法，表顯宗門正理；繼以道之次第，消弭古今狂禪；後藉言語及文字機鋒，直示宗門入處。悲智雙運，禪味十足，數百年來難得一睹之禪門鉅著也。平實導師著　500元（原初版書《禪門摩尼寶聚》，改版後補充爲五百餘頁新書，總計多達二十四萬字，內容更精彩，並改名爲《宗門正眼》，讀者原購初版《禪門摩尼寶聚》皆可寄回本公司免費換新，免附回郵，亦無截止期限）（2007年起，凡購買公案拈提第一輯至第七輯，每購一輯皆贈送本公司精製公案拈提〈超意境〉CD一片，市售價格280元，多購多贈）。

禪—悟前與悟後：本書能建立學人悟道之信心與正確知見，圓滿具足而有次第地詳述禪悟之功夫與禪悟之內容，指陳參禪中細微淆訛之處，能使學人明自眞心、見自本性。若未能悟入，亦能以正確知見辨別古今中外一切大師究係眞悟？或屬錯悟？便有能力揀擇，捨名師而選明師，後時必有悟道之緣。一旦悟道，遲者七次人天往返，便出三界，速者一生取辦。學人欲求開悟者，不可不讀。　平實導師著。上、下冊共500元，單冊250元。

真實如來藏：如來藏眞實存在，乃宇宙萬有之本體，並非印順法師、達賴喇嘛等人所說之「唯有名相、無此心體」。如來藏是涅槃之本際，是一切有智之人竭盡心智、不斷探索而不能得之生命實相；是古今中外許多大師自以爲悟而當面錯過之生命實相。如來藏即是阿賴耶識，乃是一切有情本自具足、不生不滅之眞實心。當代中外大師於此書出版之前所未能言者，作者於本書中盡情流露、詳細闡釋。眞悟者讀之，必能增益悟境、智慧增上；錯悟者讀之，必能檢討自己之錯誤，免犯大妄語業；未悟者讀之，能知參禪之理路，亦能以之檢查一切名師是否眞悟。此書是一切哲學家、宗教家、學佛者及欲昇華心智之人必讀之鉅著。　平實導師著　售價400元。

宗門法眼—**公案拈提**第二輯：列舉實例，闡釋土城廣欽老和尚之悟處；並直示這位不識字的老和尚妙智橫生之根由，繼而剖析禪宗歷代大德之開悟公案，解析當代密宗高僧卡盧仁波切之錯悟證據，並例舉當代顯宗高僧、大居士之錯悟證據（凡健在者，爲免影響其名聞利養，皆隱其名）。藉辨正當代名師之邪見，向廣大佛子指陳禪悟之正道，彰顯宗門法眼。悲勇兼出，強捋虎鬚；慈智雙運，巧探驪龍；摩尼寶珠在手，直示宗門入處，禪味十足；若非大悟徹底，不能爲之。禪門精奇人物，允宜人手一冊，供作參究及悟後印證之圭臬。本書於2008年4月改版，增寫為大約500頁篇幅，以利學人研讀參究時更易悟入宗門正法，以前所購初版首刷及初版二刷舊書，皆可免費換取新書。平實導師著 500元（2007年起，凡購買公案拈提第一輯至第七輯，每購一輯皆贈送本公司精製公案拈提〈超意境〉CD一片，市售價格280元，多購多贈）。

宗門道眼—**公案拈提**第三輯：繼宗門法眼之後，再以金剛之作略、慈悲之胸懷、犀利之筆觸，舉示寒山、拾得、布袋三大士之悟處，消弭當代錯悟者對於寒山大士……等之誤會及誹謗。亦舉出民初以來與虛雲和尚齊名之蜀郡鹽亭袁煥仙夫子——南懷瑾老師之師，其「悟處」何在？並蒐羅許多眞悟祖師之證悟公案，顯示禪宗歷代祖師之睿智，指陳部分祖師、奧修及當代顯密大師之謬悟，作爲殷鑑，幫助禪子建立及修正參禪之方向及知見。假使讀者閱此書已，一時尚未能悟，亦可一面加功用行，一面以此宗門道眼辨別眞假善知識，避開錯誤之印證及歧路，可免大妄語業之長劫慘痛果報。欲修禪宗之禪者，務請細讀。平實導師著 售價500元（2007年起，凡購買公案拈提第一輯至第七輯，每購一輯皆贈送本公司精製公案拈提〈超意境〉CD一片，市售價格280元，多購多贈）。

楞伽經詳解：本經是禪宗見道者印證所悟眞僞之根本經典，亦是禪宗見道者悟後起修之依據經典；故達摩祖師於印證二祖慧可大師之後，將此經典連同佛缽祖衣一併交付二祖，令其依此經典佛示金言、進入修道位，修學一切種智。由此可知此經對於眞悟之人修學佛道，是非常重要之一部經典。此經能破外道邪說，亦破佛門中錯悟名師之謬說，亦破禪宗部分祖師之狂禪：不讀經典、一向主張「一悟即成究竟佛」之謬執。並開示愚夫所行禪、觀察義禪、攀緣如禪、如來禪等差別，令行者對於三乘禪法差異有所分辨；亦糾正禪宗祖師古來對於如來禪之誤解，嗣後可免以訛傳訛之弊。此經亦是法相唯識宗之根本經典，禪者悟後欲修一切種智而入初地者，必須詳讀。　平實導師著，全套共十輯，已全部出版完畢，每輯主文約320頁，每冊約352頁，定價250元。

宗門血脈—**公案拈提第四輯**：末法怪象—許多修行人自以爲悟，每將無念靈知認作眞實；崇尚二乘法諸師及其徒眾，則將**外於如來藏之緣起性空**—無因論之無常空、斷滅空、一切法空—錯認爲 佛所說之般若空性。這兩種現象已於當今海峽兩岸及美加地區顯密大師之中普遍存在；人人自以爲悟，心高氣壯，便敢寫書解釋祖師證悟之公案，大多出於意識思惟所得，言不及義，錯誤百出，因此誤導廣大佛子同陷大妄語之地獄業中而不能自知。彼等書中所說之悟處，其實處處違背第一義經典之聖言量。彼等諸人不論是否身披袈裟，都非佛法宗門血脈，或雖有禪宗法脈之傳承，亦只徒具形式；猶如螟蛉，非眞血脈，未悟得根本眞實故。禪子欲知佛、祖之眞血脈者，請讀此書，便知分曉。平實導師著，主文452頁，全書464頁，定價500元（2007年起，凡購買公案拈提第一輯至第七輯，每購一輯皆贈送本公司精製公案拈提〈超意境〉CD一片，市售價格280元，多購多贈）。

宗通與說通：古今中外，錯誤之人如麻似粟，每以常見外道所說之靈知心，認作眞心；或妄想虛空之勝性能量爲眞如，或錯認物質四大元素藉冥性（靈知心本體）能成就吾人色身及知覺，或認初禪至四禪中之了知心爲不生不滅之涅槃心。此等皆非通宗者之見地。復有錯悟之人一向主張「宗門與教門不相干」，此即尚未通達宗門之人也。其實宗門與教門互通不二，宗門所證者乃是眞如與佛性，教門所說者乃說宗門證悟之眞如佛性，故教門與宗門不二。本書作者以宗教二門互通之見地，細說「宗通與說通」，從初見道至悟後起修之道、細說分明；並將諸宗諸派在整體佛教中之地位與次第，加以明確之教判，學人讀之即可了知佛法之梗概也。欲擇明師學法之前，允宜先讀。平實導師著，主文共381頁，全書392頁，只售成本價300元。

宗門正道—**公案拈提**第五輯：修學大乘佛法有二果須證解脫果及大菩提果。二乘人不證大菩提果，唯證解脫果；此果之智慧，名爲聲聞菩提、緣覺菩提。大乘佛子所證二果之菩提果爲佛菩提，故名大菩提果，其慧名爲一切種智函蓋二乘解脫果。然此大乘二果修證，須經由禪宗之宗門證悟方能相應。而宗門證悟極難，自古已然；其所以難者，咎在古今佛教界普遍存在三種邪見：1.以修定認作佛法，2.以無因論之緣起性空—否定涅槃本際如來藏以後之一切法空作爲佛法，3.以常見外道邪見（離語言妄念之靈知性）作爲佛法。如是邪見，或因自身正見未立所致，或因邪師之邪教導所致，或因無始劫來虛妄熏習所致。若不破除此三種邪見，永劫不悟宗門眞義、不入大乘正道，唯能外門廣修菩薩行。平實導師於此書中，有極爲詳細之說明，有志佛子欲摧邪見、入於內門修菩薩行者，當閱此書。主文共496頁，全書512頁。售價500元（2007年起，凡購買公案拈提第一輯至第七輯，每購一輯皆贈送本公司精製公案拈提〈超意境〉CD一片，市售價格280元，多購多贈）。

狂密與真密：密教之修學，皆由有相之觀行法門而入，其最終目標仍不離顯教經典所說第一義諦之修證；若離顯教第一義經典、或違背顯教第一義經典，即非佛教。西藏密教之觀行法，如灌頂、觀想、遷識法、寶瓶氣、大聖歡喜雙身修法、喜金剛、無上瑜伽、大樂光明、樂空雙運等，皆是印度教**兩性生生不息**思想之轉化，**自始至終**皆以**如何能運用交合淫樂之法達到全身受樂**爲其中心思想，純屬欲界五欲的貪愛，不能令人超出欲界輪迴，更不能令人斷除我見；何況大乘之明心與見性，更無論矣！故密宗之法絕非佛法也。而其明光大手印、大圓滿法教，又皆同以常見外道所說**離語言妄念之無念靈知心**錯認爲佛地之眞如，不能直指不生不滅之眞如。西藏密宗所有法王與徒眾，都尚未開頂門眼，不能辨別眞僞，以**依人不依法、依密續不依經典**故，不肯將其上師喇嘛所說對照第一義經典，純依密續之藏密祖師所說爲準，因此而誇大其證德與證量，動輒謂彼祖師上師爲究竟佛、爲地上菩薩；如今台海兩岸亦有自謂其師證量高於 釋迦文佛者，然觀其師所述，猶未見道，仍在觀行即佛階段，尚未到禪宗相似即佛、分證即佛階位，竟敢標榜爲究竟佛及地上法王，誑惑初機學人。凡此怪象皆是狂密，不同於眞密之修行者。近年狂密盛行，密宗行者被誤導者極眾，動輒自謂已證佛地眞如，自視爲究竟佛，陷於大妄語業中而不知自省，反謗顯宗眞修實證者之證量粗淺；或如義雲高與釋性圓…等人，於報紙上公然誹謗眞實證道者爲「騙子、無道人、人妖、癩蛤蟆…」等，造下誹謗大乘勝義僧之大惡業；或以外道法中有爲有作之甘露、魔術……等法，誑騙初機學人，狂言彼外道法爲眞佛法。如是怪象，在西藏密宗及附藏密之外道中，不一而足，舉之不盡，學人宜應愼思明辨，以免上當後又犯毀破菩薩戒之重罪。密宗學人若欲遠離邪知邪見者，請閱此書，即能了知密宗之邪謬，從此遠離邪見與邪修，轉入眞正之佛道。

平實導師著 共四輯 每輯約400頁（主文約340頁）每輯售價300元。

宗門正義—公案拈提第六輯：佛教有六大危機，乃是藏密化、世俗化、膚淺化、學術化、宗門密意失傳、悟後進修諸地之次第混淆；其中尤以宗門密意之失傳，爲當代佛教最大之危機。由宗門密意失傳故，易令世尊本懷普被錯解，易令世尊正法被轉易爲外道法，以及加以淺化、世俗化，是故宗門密意之廣泛弘傳與具緣佛弟子，極爲重要。然而欲令宗門密意之廣泛弘傳予具緣之佛弟子者，必須同時配合錯誤知見之解析、普令佛弟子知之，然後輔以公案解析之直示入處，方能令具緣之佛弟子悟入。而此二者，皆須以公案拈提之方式爲之，方易成其功、竟其業，是故平實導師續作宗門正義一書，以利學人。全書500餘頁，售價500元（2007年起，凡購買公案拈提第一輯至第七輯，每購一輯皆贈送本公司精製公案拈提〈超意境〉CD一片，市售價格280元，多購多贈）。

心經密意—心經與解脫道、佛菩提道、祖師公案之關係與密意。二乘菩提所證之解脫道，實依第八識心之斷除煩惱障現行而立解脫之名；大乘菩提所證之佛菩提道，實依親證第八識如來藏之涅槃性、清淨自性、及其中道性而立般若之名；禪宗祖師公案所證之眞心，即是此第八識如來藏；是故三乘佛法所修所證之三乘菩提，皆依此如來藏心而立名也。此第八識心，即是《心經》所說之心也。證得此如來藏已，即能漸入大乘佛菩提道，亦可因證知此心而了知二乘無學所不能知之無餘涅槃本際，是故《心經》之密意，與三乘佛菩提之關係極爲密切、不可分割，三乘佛法皆依此心而立名故。今者平實導師以其所證解脫道之無生智及佛菩提之般若種智，將《心經》與解脫道、佛菩提道、祖師公案之關係與密意，以演講之方式，用淺顯之語句和盤托出，發前人所未言，呈三乘菩提之眞義，令人藉此《心經密意》一舉而窺三乘菩提之堂奧，迥異諸方言不及義之說；欲求眞實佛智者、不可不讀！主文317頁，連同跋文及序文…等共384頁，售價300元。

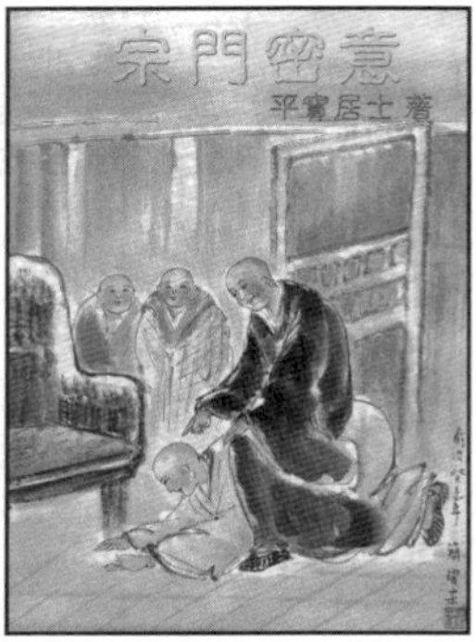

宗門密意—公案拈提第七輯：佛教之世俗化，將導致學人以信仰作爲學佛，則將以感應及世間法之庇祐，作爲學佛之主要目標，不能了知學佛之主要目標爲親證三乘菩提。大乘菩提則以般若實相智慧爲主要修習目標，以二乘菩提解脫道爲附帶修習之標的；是故學習大乘法者，應以禪宗之證悟爲要務，能親入大乘菩提之實相般若智慧中故，般若實相智慧非二乘聖人所能知故。此書則以台灣世俗化佛教之三大法師，說法似是而非之實例，配合眞悟祖師之公案解析，提示證悟般若之關節，令學人易得悟入。平實導師著，全書五百餘頁，售價500元（2007年起，凡購買公案拈提第一輯至第七輯，每購一輯皆贈送本公司精製公案拈提〈超意境〉CD一片，市售價格280元，多購多贈）。

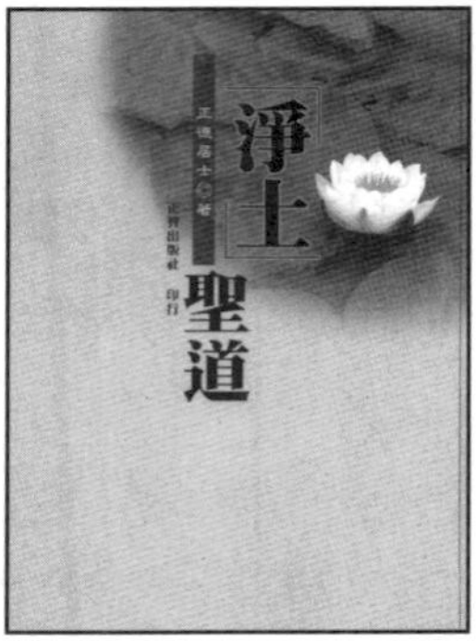

淨土聖道—兼評日本本願念佛：佛法甚深極廣，般若玄微，非諸二乘聖僧所能知之，一切凡夫更無論矣！所謂一切證量皆歸淨土是也！是故大乘法中「聖道之淨土、淨土之聖道」，其義甚深，難可了知；乃至眞悟之人，初心亦難知也。今有正德老師眞實證悟後，復能深探淨土與聖道之緊密關係，憐憫眾生之誤會淨土實義，亦欲利益廣大淨土行人同入聖道，同獲淨土中之聖道門要義，乃振奮心神、書以成文，今得刊行天下。主文279頁，連同序文等共301頁，總有十一萬六千餘字，正德老師著，成本價200元。

起信論講記：詳解大乘起信論**心生滅門**與**心眞如門**之眞實意旨，消除以往大師與學人對起信論所說**心生滅門**之誤解，由是而得了知眞心如來藏之非常非斷中道正理；亦因此一講解，令此論以往隱晦而被誤解之眞實義，得以如實顯示，令大乘佛菩提道之正理得以顯揚光大；初機學者亦可藉此正論所顯示之法義，對大乘法理生起正信，從此得以眞發菩提心，眞入大乘法中修學，世世常修菩薩正行。平實導師演述，共六輯，都已出版，每輯三百餘頁，售價各250元。

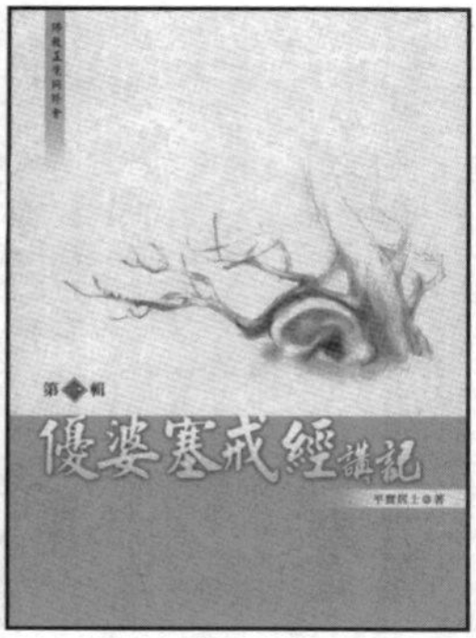

優婆塞戒經講記：本經詳述在家菩薩修學大乘佛法，應如何受持菩薩戒？對人間善行應如何看待？對三寶應如何護持？應如何正確地修集此世後世證法之福德？應如何修集後世「行菩薩道之資糧」？並詳述第一義諦之正義：五蘊非我非異我、自作自受、異作異受、不作不受……等深妙法義，乃是修學大乘佛法、行菩薩行之在家菩薩所應當了知者。出家菩薩今世或未來世登地已，捨報之後多數將如華嚴經中諸大菩薩，以在家菩薩身而修行菩薩行，故亦應以此經所述正理而修之，配合《楞伽經、解深密經、楞嚴經、華嚴經》等道次第正理，方得漸次成就佛道；故此經是一切大乘行者皆應證知之正法。平實導師講述，每輯三百餘頁，售價各250元；共八輯，已全部出版。

真假活佛——略論附佛外道盧勝彥之邪說：人人身中都有眞活佛，永生不滅而有大神用，但眾生都不了知，所以常被身外的西藏密宗假活佛籠罩欺瞞。本來就眞實存在的眞活佛，才是眞正的密宗無上密！諸那活佛因此而說禪宗是大密宗，但藏密的所有活佛都不知道、也不曾實證自身中的眞活佛。本書詳實宣示眞活佛的道理，舉證盧勝彥的「佛法」不是眞佛法，也顯示盧勝彥是假活佛，直接的闡釋第一義佛法見道的眞實正理。眞佛宗的所有上師與學人們，都應該詳細閱讀，包括盧勝彥個人在內。正犀居士著，優惠價140元。

阿含正義——唯識學探源：廣說四大部《阿含經》諸經中隱說之眞正義理，一一舉示佛陀本懷，令阿含時期初轉法輪根本經典之眞義，如實顯現於佛子眼前。並提示末法大師對於阿含眞義誤解之實例，一一比對之，證實唯識增上慧學確於原始佛法之阿含諸經中已隱覆密意而略說之，證實 世尊確於原始佛法中已曾密意而說第八識如來藏之總相；亦證實 世尊在四阿含中已說此藏識是名色十八界之因、之本—證明如來藏是能生萬法之根本心。佛子可據此修正以往受諸大師（譬如西藏密宗應成派中觀師：印順、昭慧、性廣、大願、達賴、宗喀巴、寂天、月稱、……等人）誤導之邪見，建立正見，轉入正道乃至親證初果而無困難；書中並詳說三果所證的**心解脫**，以及四果**慧解脫**的親證，都是如實可行的具體知見與行門。全書共七輯，已出版完畢。平實導師著，每輯三百餘頁，售價300元。

超意境CD：以平實導師公案拈提書中超越意境之頌詞，加上曲風優美的旋律，錄成令人嚮往的超意境歌曲，其中包括正覺發願文及平實導師親自譜成的黃梅調歌曲一首。詞曲雋永，殊堪翫味，可供學禪者吟詠，有助於見道。內附設計精美的彩色小冊，解說每一首詞的背景本事。每片280元。【每購買公案拈提書籍一冊，即贈送一片。】

鈍鳥與靈龜：鈍鳥及靈龜二物，被宗門證悟者說爲二種人：前者是精修禪定而無智慧者，也是以定爲禪的愚癡禪人；後者是或有禪定、或無禪定的宗門證悟者，凡已證悟者皆是靈龜。但後來被人虛造事實，用以嘲笑大慧宗杲禪師，說他雖是靈龜，卻不免被天童禪師預記「患背」痛苦而亡：「鈍鳥離巢易，靈龜脫殼難。」藉以貶低大慧宗杲的證量。同時將天童禪師實證如來藏的證量，曲解爲意識境界的離念靈知。自從大慧禪師入滅以後，錯悟凡夫對他的不實毀謗就一直存在著，不曾止息，並且捏造的假事實也隨著年月的增加而越來越多，終至編成「鈍鳥與靈龜」的假公案、假故事。本書是考證大慧與天童之間的不朽情誼，顯現這件假公案的虛妄不實；更見大慧宗杲面對惡勢力時的正直不阿，亦顯示大慧對天童禪師的至情深義，將使後人對大慧宗杲的誣謗至此而止，不再有人誤犯毀謗賢聖的惡業。書中亦舉證宗門的所悟確以第八識如來藏爲標的，詳讀之後必可改正以前被錯悟大師誤導的參禪知見，日後必定有助於實證禪宗的開悟境界，得階大乘眞見道位中，即是實證般若之賢聖。全書459頁，售價350元。

我的菩提路第一輯：凡夫及二乘聖人不能實證的佛菩提證悟，末法時代的今天仍然有人能得實證，由正覺同修會釋悟圓、釋善藏法師等二十餘位實證如來藏者所寫的見道報告，已爲當代學人見證宗門正法之絲縷不絕，證明大乘義學的法脈仍然存在，爲末法時代求悟般若之學人照耀出光明的坦途。由二十餘位大乘見道者所繕，敘述各種不同的學法、見道因緣與過程，參禪求悟者必讀。全書三百餘頁，售價300元。

我的菩提路第二輯：由郭正益老師等人合著，書中詳述彼等諸人歷經各處道場學法，一一修學而加以檢擇之不同過程以後，因閱讀正覺同修會、正智出版社書籍而發起抉擇分，轉入正覺同修會中修學；乃至學法及見道之過程，都一一詳述之。其中張志成等人係由前現代禪轉進正覺同修會，張志成原爲現代禪副宗長，以前未閱本會書籍時，曾被人藉其名義著文評論 平實導師（詳見《宗通與說通》辨正及《眼見佛性》書末附錄…等）；後因偶然接觸正覺同修會書籍，深覺以前聽人評論平實導師之語不實，於是投入極多時間閱讀本會書籍、深入思辨，詳細探索中觀與唯識之關聯與異同，認爲正覺之法義方是正法，深覺相應；亦解開多年來對佛法的迷雲，確定應依八識論正理修學方是正法。乃不顧面子，毅然前往正覺同修會面見平實導師懺悔，並正式學法求悟。今已與其同修王美伶（亦爲前現代禪傳法老師），同樣證悟如來藏而證得法界實相，生起實相般若眞智。此書中尙有七年來本會第一位眼見佛性者之見性報告一篇，一同供養大乘佛弟子。全書四百頁，售價300元。

維摩詰經講記：本經係 世尊在世時，由等覺菩薩維摩詰居士藉疾病而演說之大乘菩提無上妙義，所說函蓋甚廣，然極簡略，是故今時諸方大師與學人讀之悉皆錯解，何況能知其中隱含之深妙正義，是故普遍無法爲人解說；若強爲人說，則成依文解義而有諸多過失。今由平實導師公開宣講之後，詳實解釋其中密意，令維摩詰菩薩所說大乘不可思議解脫之深妙正法得以正確宣流於人間，利益當代學人及與諸方大師。書中詳實演述大乘佛法深妙不共二乘之智慧境界，顯示諸法之中絕待之實相境界，建立大乘菩薩妙道於永遠不敗不壞之地，以此成就護法偉功，欲冀永利娑婆人天。已經宣講圓滿整理成書流通，以利諸方大師及諸學人。全書共六輯，每輯三百餘頁，售價各250元。

菩薩底憂鬱CD將菩薩情懷及禪宗公案寫成新詞，並製作成超越意境的優美歌曲。1.主題曲〈菩薩底憂鬱〉，描述地後菩薩能離三界生死而迴向繼續生在人間，但因尚未斷盡習氣種子而有極深沈之憂鬱，非三賢位菩薩及二乘聖者所知，此憂鬱在七地滿心位方才斷盡；本曲之詞中所說義理極深，昔來所未曾見；此曲係以優美的情歌風格寫詞及作曲，聞者得以激發嚮往諸地菩薩境界之大心，詞、曲都非常優美，難得一見；其中勝妙義理之解說，已印在附贈之彩色小冊中。2.以各輯公案拈提中直示禪門入處之頌文，作成各種不同曲風之超意境歌曲，值得玩味、參究；聆聽公案拈提之優美歌曲時，請同時閱讀內附之印刷精美說明小冊，可以領會超越三界的證悟境界；未悟者可以因此引發求悟之意向及疑情，眞發菩提心而邁向求悟之途，乃至因此眞實悟入般若，成眞菩薩。3.正覺總持咒新曲，總持佛法大意；總持咒之義理，已加以解說並印在隨附之小冊中。本CD共有十首歌曲，長達63分鐘，附贈二張購書優惠券。每片280元。

勝鬘經講記：如來藏爲三乘菩提之所依，若離如來藏心體及其含藏之一切種子，即無三界有情及一切世間法，亦無二乘菩提緣起性空之出世間法；本經詳說無始無明、一念無明皆依如來藏而有之正理，藉著詳解煩惱障與所知障間之關係，令學人深入了知二乘菩提與佛菩提相異之妙理；聞後即可了知佛菩提之特勝處及三乘修道之方向與原理，邁向攝受正法而速成佛道的境界中。平實導師講述，共六輯，每輯三百餘頁，售價各250元。

楞嚴經講記：楞嚴經係密教部之重要經典，亦是顯教中普受重視之經典；經中宣說明心與見性之內涵極爲詳細，將一切法都會歸如來藏及佛性——妙眞如性；亦闡釋佛菩提道修學過程中之種種魔境，以及外道誤會涅槃之狀況，旁及三界世間之起源。然因言句深澀難解，法義亦復深妙寬廣，學人讀之普難通達，是故讀者大多誤會，不能如實理解佛所說之明心與見性內涵，亦因是故多有悟錯之人引爲開悟之證言，成就大妄語罪。今由平實導師詳細講解之後，整理成文，以易讀易懂之語體文刊行天下，以利學人。全書十五輯，全部出版完畢。每輯三百餘頁，售價每輯300元。

明心與眼見佛性：本書細述明心與眼見佛性之異同，同時顯示了中國禪宗破初參明心與重關眼見佛性二關之間的關聯；書中又藉法義辨正而旁述其他許多勝妙法義，讀後必能遠離佛門長久以來積非成是的錯誤知見，令讀者在佛法的實證上有極大助益。也藉慧廣法師的謬論來教導佛門學人回歸正知正見，遠離古今禪門錯悟者所墮的意識境界，非唯有助於斷我見，也對未來的開悟明心實證第八識如來藏有所助益，是故學禪者都應細讀之。 游正光老師著　共448頁

售價300元。

見性與看話頭：黃正倖老師的《見性與看話頭》於《正覺電子報》連載完畢，今結集出版。書中詳說禪宗看話頭的詳細方法，並細說看話頭與眼見佛性的關係，以及眼見佛性者求見佛性前必須具備的條件。本書是禪宗實修者追求明心開悟時參禪的方法書，也是求見佛性者作功夫時必讀的方法書，內容兼顧眼見佛性的理論與實修之方法，是依實修之體驗配合理論而詳述，條理分明而且極為詳實、周全、深入。本書內文

375頁，全書416頁，售價300元。

禪意無限CD平實導師以公案拈提書中偈頌寫成不同風格曲子，與他人所寫不同風格曲子共同錄製出版，幫助參禪人進入禪門超越意識之境界。盒中附贈彩色印製的精美解說小冊，以供聆聽時閱讀，令參禪人得以發起參禪之疑情，即有機會證悟本來面目，實證大乘菩提般若。本CD共有十首歌曲，長達69分鐘，每盒各附贈二張購書優惠券。每片280元。

金剛經宗通：三界唯心，萬法唯識，是成佛之修證內容，是諸地菩薩之所修；般若則是成佛之道（實證三界唯心、萬法唯識）的入門，若未證悟實相般若，即無成佛之可能，必將永在外門廣行菩薩六度，永在凡夫位中。然而實相般若的發起，全賴實證萬法的實相；若欲證知萬法的眞相，則必須探究萬法之所從來，則須實證自心如來—金剛心如來藏，然後現觀這個金剛心的金剛性、眞實性、如如性、清淨性、涅槃性、能生萬法的自性性、本住性，名爲證眞如；進而現觀三界六道唯是此金剛心所成，人間萬法須藉八識心王和合運作方能現起。如是實證《華嚴經》的「三界唯心、萬法唯識」以後，由此等現觀而發起實相般若智慧，繼續進修第十住位的如幻觀、第十行位的陽焰觀、第十迴向位的如夢觀，再生起增上意樂而勇發十無盡願，方能滿足三賢位的實證，轉入初地；自知成佛之道而無偏倚，從此按部就班、次第進修乃至成佛。第八識自心如來是般若智慧之所依，般若智慧的修證則要從實證金剛心自心如來開始；《金剛經》則是解說自心如來之經典，是一切三賢位菩薩所應進修之實相般若經典。這一套書，是將平實導師宣講的《金剛經宗通》內容，整理成文字而流通之；書中所說義理，迥異古今諸家依文解義之說，指出大乘見道方向與理路，有益於禪宗學人求開悟見道，及轉入內門廣修六度萬行。講述完畢後結集出版，總共9輯，每輯約三百餘頁，售價各250元。

真假外道：本書具體舉證佛門中的常見外道知見實例，並加以教證及理證上的辨正，幫助讀者輕鬆而快速的了知常見外道的錯誤知見，進而遠離佛門內外的常見外道知見，因此即能改正修學方向而快速實證佛法。游正光老師著。成本價200元。

空行母——性別、身分定位，以及藏傳佛教：本書作者爲蘇格蘭哲學家，因爲嚮往佛教深妙的哲學內涵，於是進入當年盛行於歐美的假藏傳佛教密宗，擔任卡盧仁波切的翻譯工作多年以後，被邀請成爲卡盧的空行母（又名佛母、明妃），開始了她在密宗裡的實修過程；後來發覺在密宗雙身法中的修行，其實無法使自己成佛，也發覺密宗對女性岐視而處處貶抑，並剝奪女性在雙身法中擔任一半角色時應有的身分定位。當她發覺自己只是雙身法中被喇嘛利用的工具，沒有獲得絲毫應有的尊重與基本定位時，發現了密宗的父權社會控制女性的本質；於是作者傷心地離開了卡盧仁波切與密宗，但是卻被恐嚇不許講出她在密宗裡的經歷，也不許她說出自己對密宗的教義與教制下對女性剝削的本質，否則將被咒殺死亡。後來她去加拿大定居，十餘年後方才擺脫這個恐嚇陰影，下定決心將親身經歷的實情及觀察到的事實寫下來並且出版，公諸於世。出版之後，她被流亡的達賴集團人士大力攻訐，誣指她爲精神狀態失常、說謊……等。但有智之士並未被達賴集團的政治操作及各國政府政治運作吹捧達賴的表相所欺，使她的書銷售無阻而又再版。正智出版社鑑於作者此書是親身經歷的事實，所說具有針對「藏傳佛教」而作學術研究的價值，也有使人認清假藏傳佛教剝削佛母、明妃的男性本位實質，因此洽請作者同意中譯而出版於華人地區。珍妮·坎貝爾女士著，呂艾倫 中譯，每冊250元。

霧峰無霧—給哥哥的信：本書作者藉兄弟之間信件往來論義，略述佛法大義；並以多篇短文辨義，舉出釋印順對佛法的無量誤解證據，並一一給予簡單而清晰的辨正，令人一讀即知。久讀、多讀之後即能認清楚釋印順的六識論見解，與眞實佛法之牴觸是多麼嚴重；於是在久讀、多讀之後，於不知不覺之間提升了對佛法的極深入理解，正知正見就在不知不覺間建立起來了。當三乘佛法的正知見建立起來之後，對於三乘菩提的見道條件便將隨之具足，於是聲聞解脫道的見道也就水到渠成；接著大乘見道的因緣也將次第成熟，未來自然也會有親見大乘菩提之道的因緣，悟入大乘實相般若也將自然成功，自能通達般若系列諸經而成實義菩薩。作者居住於南投縣霧峰鄉，自喻見道之後不復再見霧峰之霧，故鄉原野美景一一明見，於是立此書名爲《霧峰無霧》；讀者若欲撥霧見月，可以此書爲緣。游宗明　老師著　售價250元。

假藏傳佛教的神話—性、謊言、喇嘛教：本書編著者是由一首名叫「阿姊鼓」的歌曲爲緣起，展開了序幕，揭開假藏傳佛教—喇嘛教—的神秘面紗。其重點是蒐集、摘錄網路上質疑「喇嘛教」的帖子，以揭穿「假藏傳佛教的神話」爲主題，串聯成書，並附加彩色插圖以及說明，讓讀者們瞭解西藏密宗及相關人事如何被操作爲「神話」的過程，以及神話背後的眞相。作者：張正玄教授。售價200元。

達賴真面目—**玩盡天下女人**：假使您不想戴綠帽子，請記得詳細閱讀此書；假使您不想讓好朋友戴綠帽子，請您將此書介紹給您的好朋友。假使您想保護家中的女性，也想要保護好朋友的女眷，請記得將此書送給家中的女性和好友的女眷都來閱讀。本書爲印刷精美的大本彩色中英對照精裝本，爲您揭開達賴喇嘛的眞面目，內容精彩不容錯過，爲利益社會大眾，特別以優惠價格嘉惠所有讀者。編著者：白志偉等。大開版雪銅紙彩色精裝本。售價800元。

喇嘛性世界—**揭開假藏傳佛教譚崔瑜伽的面紗**：這個世界中的喇嘛，號稱來自世外桃源的香格里拉，穿著或紅或黃的喇嘛長袍，散布於我們的身邊傳教灌頂，吸引了無數的人嚮往學習；這些喇嘛虔誠地爲大眾祈福，手中拿著寶杵（金剛）與寶鈴（蓮花），口中唸著咒語：「嗡．嘛呢．叭咪．吽……」，咒語的意思是說：「我至誠歸命金剛杵上的寶珠伸向蓮花寶穴之中」！「喇嘛性世界」是什麼樣的「世界」呢？本書將爲您呈現喇嘛世界的面貌。當您發現眞相以後，您將會唸：「噢！喇嘛．性．世界，譚崔性交嘛！」作者：張善思、呂艾倫。售價200元。

末代達賴——性交教主的悲歌：簡介從藏傳僞佛教（喇嘛教）的修行核心——性力派男女雙修，探討達賴喇嘛及藏傳僞佛教的修行內涵。書中引用外國知名學者著作、世界各地新聞報導，包含：歷代達賴喇嘛的祕史、達賴六世修雙身法的事蹟，以及《時輪續》中的性交灌頂儀式……等；達賴喇嘛書中開示的雙修法、達賴喇嘛的黑暗政治手段；達賴喇嘛所領導的寺院爆發喇嘛性侵兒童；新聞報導《西藏生死書》作者索甲仁波切性侵女信徒、澳洲喇嘛秋達公開道歉、美國最大假藏傳佛教組織領導人邱陽創巴仁波切的性氾濫，等等事件背後眞相的揭露。作者：張善思、呂艾倫、辛燕。售價250元。

第七意識與第八意識？——穿越時空「超意識」　「三界唯心，萬法唯識」是佛教中應該實證的聖教，也是《華嚴經》中明載而可以實證的法界實相。唯心者，三界一切境界、一切諸法唯是一心所成就，即是每一個有情的第八識如來藏，不是意識心。唯識者，即是人類各各都具足的八識心王——眼識、耳鼻舌身意識、意根、阿賴耶識，第八阿賴耶識又名如來藏，人類五陰相應的萬法，莫不由八識心王共同運作而成就，故說萬法唯識。依聖教量及現量、比量，都可以證明意識是二法因緣生，是由第八識藉意根與法塵二法爲因緣而出生，又是夜夜斷滅不存之生滅心，即無可能反過來出生第七識意根、第八識如來藏，當知不可能從生滅性的意識心中，細分出恆審思量的第七識意根，更無可能細分出恆而不審的第八識如來藏。本書是將演講內容整理成文字，細說如是內容，並已在〈正覺電子報〉連載完畢，今彙集成書以廣流通，欲幫助佛門有緣人斷除意識我見，跳脫於識陰之外而取證聲聞初果；嗣後修學禪宗時即得不墮外道神我之中，得以求證第八識金剛心而發起般若實智。平實導師 述，每冊300元。

黯淡的達賴—失去光彩的諾貝爾和平獎：本書舉出很多證據與論述，詳述達賴喇嘛不爲世人所知的一面，顯示達賴喇嘛並不是眞正的和平使者，而是假借諾貝爾和平獎的光環來欺騙世人；透過本書的說明與舉證，讀者可以更清楚的瞭解，達賴喇嘛是結合暴力、黑暗、淫欲於喇嘛教裡的集團首領，其政治行爲與宗教主張，早已讓諾貝爾和平獎的光環染污了。本書由財團法人正覺教育基金會寫作、編輯，由正覺出版社印行，每冊250元。

人間佛教—實證者必定不悖三乘菩提：「大乘非佛說」的講法似乎流傳已久，卻只是日本人企圖擺脫中國正統佛教的影響，而在明治維新時期才開始提出來的說法；台灣佛教、大陸佛教的淺學無智之人，由於未曾實證佛法而迷信日本人錯誤的學術考證，錯認爲這些別有用心的日本佛學考證的講法爲天竺佛教的眞實歷史；甚至還有更激進的反對佛教者提出「釋迦牟尼佛並非眞實存在，只是後人捏造的假歷史人物」，竟然也有少數人願意跟著「學術」的假光環而信受不疑，於是開始有一些佛教界人士造作了反對中國佛教而推崇南洋小乘佛教的行爲，使佛教的信仰者難以檢擇，導致一般大陸人士開始轉入基督教的盲目迷信中。在這些佛教及外教人士之中，也就有一分人根據此邪說而大聲主張「大乘非佛說」的謬論，這些人以「人間佛教」的名義來抵制中國正統佛教，公然宣稱中國的大乘佛教是由聲聞部派佛教的凡夫僧所創造出來的。這樣的說法流傳於台灣及大陸佛教界凡夫僧之中已久，卻非眞正的佛教歷史中曾經發生過的事，只是繼承六識論的聲聞法中凡夫僧依自己的意識境界立場，純憑臆想而編造出來的妄想說法，卻已經影響許多無智之凡夫僧俗信受不移。本書則是從佛教的經藏法義實質及實證的現量內涵本質立論，證明大乘佛法本是佛說，是從《阿含正義》尚未說過的不同面向來討論「人間佛教」的議題，證明「大乘眞佛說」。閱讀本書可以斷除六識論邪見，迴入三乘菩提正道發起實證的因緣；也能斷除禪宗學人學禪時普遍存在之錯誤知見，對於建立參禪時的正知見有很深的著墨。平實導師 述，內文488頁，全書528頁，定價400元。

童女迦葉考——論呂凱文〈佛教輪迴思想的論述分析〉之謬　童女迦葉是佛世率領五百大比丘遊行於人間的歷史事實，是以童貞行而依止菩薩戒弘化於人間的大菩薩，不依別解脫戒（聲聞戒）來弘化於人間。這是大乘佛教與聲聞佛教同時存在於佛世的歷史明證，證明大乘佛教不是從聲聞法中分裂出來的部派佛教的產物，卻是聲聞佛教分裂出來的部派佛教聲聞凡夫僧所不樂見的史實；於是古今聲聞法中的凡夫都欲加以扭曲而作詭說，更是末法時代高聲大呼「大乘非佛說」的六識論聲聞凡夫極力想要扭曲的佛教史實之一，於是想方設法扭曲迦葉菩薩爲聲聞僧，以及扭曲迦葉童女爲比丘僧等荒謬不實之論著便陸續出現，古時聲聞僧寫作的《分別功德論》是最具體之事例，現代之代表作則是呂凱文先生的〈佛教輪迴思想的論述分析〉論文。鑑於如是假藉學術考證以籠罩大眾之不實謬論，未來仍將繼續造作及流竄於佛教界，繼續扼殺大乘佛教學人法身慧命，必須舉證辨正之，遂成此書。平實導師　著，每冊180元。

中觀金鑑——詳述應成派中觀的起源與其破法本質　學佛人往往迷於中觀學派之不同學說，被應成派與自續派所迷惑；修學般若中觀二十年後自以爲實證般若中觀了，卻仍不曾入門，甫聞實證般若中觀者之所說，則茫無所知，迷惑不解；隨後信心盡失，不知如何實證佛法；凡此，皆因惑於這二派中觀學說所致。自續派中觀所說同於常見，以意識境界立爲第八識如來藏之境界，應成派所說則同於斷見，但又同立意識爲常住法，故亦具足斷常二見。今者孫正德老師有鑑於此，乃將起源於密宗的應成派中觀學說，追本溯源，詳考其來源之外，亦一一舉證其立論內容，詳加辨正，令密宗雙身法祖師以識陰境界而造之應成派中觀學說本質，詳細呈現於學人眼前，令其維護雙身法之目的無所遁形。若欲遠離密宗此二大派中觀謬說，欲於三乘菩提有所進道者，允宜具足閱讀並細加思惟，反覆讀之以後將可捨棄邪道返歸正道，則於般若之實證即有可能，證後自能現觀如來藏之中道境界而成就中觀。本書分上、中、下三冊，每冊250元，已全部出版完畢。

實相經宗通：學佛之目的在於實證一切法界背後之實相，禪宗稱之爲本來面目或本地風光，佛菩提道中稱之爲實相法界；此實相法界即是金剛藏，又名佛法之祕密藏，即是能生有情五陰、十八界及宇宙萬有（山河大地、諸天、三惡道世間）的第八識如來藏，又名阿賴耶識心，即是禪宗祖師所說的眞如心，此心即是三界萬有背後的實相。證得此第八識心時，自能瞭解般若諸經中隱說的種種密意，即得發起實相般若——實相智慧。每見學佛人修學佛法二十年後仍對實相般若茫然無知，亦不知如何入門，茫無所趣；更因不知三乘菩提的互異互同，是故越是久學者對佛法越覺茫然，都肇因於尚未瞭解佛法的全貌，亦未瞭解佛法的修證內容即是第八識心所致。本書對於修學佛法者所應實證的實相境界提出明確解析，並提示趣入佛菩提道的入手處，有心親證實相般若的佛法實修者，宜詳讀之，於佛菩提道之實證即有下手處。平實導師述著，共八輯，全部出版完畢，每輯成本價250元。

真心告訴您（一）——達賴喇嘛在幹什麼？ 這是一本報導篇章的選集，更是「破邪顯正」的暮鼓晨鐘。「破邪」是戳破假象，說明達賴喇嘛及其所率領的密宗四大派法王、喇嘛們，弘傳的佛法是仿冒的佛法；他們是假藏傳佛教，是坦特羅（譚崔性交）外道法和藏地崇奉鬼神的苯教混合成的「喇嘛教」，推廣的是以所謂「無上瑜伽」的男女雙身法冒充佛法的假佛教，詐財騙色誤導眾生，常常造成信徒家庭破碎、家中兒少失怙的嚴重後果。「顯正」是揭櫫眞相，指出眞正的藏傳佛教只有一個，就是覺囊巴，傳的是 釋迦牟尼佛演繹的第八識如來藏妙法，稱爲他空見大中觀。正覺教育基金會即以此古今輝映的如來藏正法正知見，在眞心新聞網中逐次報導出來，將箇中原委「眞心告訴您」，如今結集成書，與想要知道密宗眞相的您分享。售價250元。

真心告訴您（二）——達賴喇嘛是佛教僧侶嗎？補祝達賴喇嘛八十大壽：這是一本針對當今達賴喇嘛所領導的喇嘛教，冒用佛教名相、於師徒間或師兄姊間，實修男女邪淫，而從佛法三乘菩提的現量與聖教量，揭發其謊言與邪術，證明達賴及其喇嘛教是仿冒佛教的外道，是「假藏傳佛教」。藏密四大派教義雖有「八識論」與「六識論」的表面差異，然其實修之內容，皆共許「無上瑜伽」四部灌頂為究竟「成佛」之法門，也就是共以男女雙修之邪淫法為「即身成佛」之密要，雖美其名曰「欲貪為道」之「金剛乘」，並誇稱其成就超越於（應身佛）釋迦牟尼佛所傳之顯教般若乘之上；然詳考其理論，則或以意識離念時之粗細心為第八識如來藏，或以中脈裡的明點為第八識如來藏，或如宗喀巴與達賴堅決主張第六意識為常恆不變之眞心者，分別墮於外道之常見與斷見中；全然違背 佛說能生五蘊之如來藏的實質。售價300元。

西藏「活佛轉世」制度——附佛、造神、世俗法：歷來關於喇嘛教活佛轉世的研究，多針對歷史及文化兩部分，於其所以成立的理論基礎，較少系統化的探討。尤其是此制度是否依據「佛法」而施設？是否合乎佛法眞實義？現有的文獻大多含糊其詞，或人云亦云，不曾有明確的闡釋與如實的見解。因此本文先從活佛轉世的由來，探索此制度的起源、背景與功能，並進而從活佛的尋訪與認證之過程，發掘活佛轉世的特徵，以確認「活佛轉世」在佛法中應具足何種果德。定價150元。

法華經講義：此書爲平實導師始從2009/7/21演述至2014/1/14之講經錄音整理所成。世尊一代時教，總分五時三教，即是華嚴時、聲聞緣覺教、般若教、種智唯識教、法華時；依此五時三教區分爲藏、通、別、圓四教。本經是最後一時的圓教經典，圓滿收攝一切法教於本經中，是故最後的圓教聖訓中，特地指出無有三乘菩提，其實唯有一佛乘；皆因眾生愚迷故，方便區分爲三乘菩提以助眾生證道。世尊於此經中特地說明如來示現於人間的唯一大事因緣，便是爲有緣眾生「開、示、悟、入」諸佛的所知所見——第八識如來藏妙眞如心，並於諸品中隱說「妙法蓮花」如來藏心的密意。然因此經所說甚深難解，眞義隱晦，古來難得有人能窺堂奧；平實導師以知如是密意故，特爲末法佛門四眾演述《妙法蓮華經》中各品蘊含之密意，使古來未曾被古德註解出來的「此經」密意，如實顯示於當代學人眼前。乃至〈藥王菩薩本事品〉、〈妙音菩薩品〉、〈觀世音菩薩普門品〉、〈普賢菩薩勸發品〉中的微細密意，亦皆一併詳述之，開前人所未曾言之密意，示前人所未見之妙法。最後乃至以〈法華大意〉而總其成，全經妙旨貫通始終，而依佛旨圓攝於一心如來藏妙心，厥爲曠古未有之大說也。平實導師述　已於2015/05/31起開始出版，每二個月出版一輯，共有25輯。每輯300元。

解深密經講記：本經係　世尊晚年第三轉法輪，宣說地上菩薩所應熏修之唯識正義經典，經中所說義理乃是大乘一切種智增上慧學，以阿陀那識—如來藏—阿賴耶識爲主體。禪宗之證悟者，若欲修證初地無生法忍乃至八地無生法忍者，必須修學《楞伽經、解深密經》所說之八識心王一切種智；此二經所說正法，方是眞正成佛之道；印順法師否定第八識如來藏之後所說萬法緣起性空之法，是以誤會後之二乘解脫道取代大乘眞正成佛之道，尚且不符二乘解脫道正理，亦已墮於斷滅見中，不可謂爲成佛之道也。平實導師曾於本會郭故理事長往生時，於喪宅中從首七開始宣講，於每一七各宣講三小時，至第十七而快速略講圓滿，作爲郭老之往生佛事功德，迴向郭老早證八地、速返娑婆住持正法。茲爲今時後世學人故，將擇期重講《解深密經》，以淺顯之語句講畢後，將會整理成文，用供證悟者進道；亦令諸方未悟者，據此經中佛語正義，修正邪見，依之速能入道。平實導師述著，全書輯數未定，每輯三百餘頁，將於未來重講完畢後逐輯出版。

佛法入門：學佛人往往修學二十年後仍不知如何入門，茫無所入漫無方向，不知如何實證佛法；更因不知三乘菩提的互異互同之處，導致越是久學者越覺茫然，都是肇因於尚未瞭解佛法的全貌所致。本書對於佛法的全貌提出明確的輪廓，並說明三乘菩提的異同處，讀後即可輕易瞭解佛法全貌，數日內即可明瞭三乘菩提入門方向與下手處。○○菩薩著　出版日期未定。

阿含經講記—小乘解脫道之修證：數百年來，南傳佛法所說證果之不實，所說解脫道之虛妄，所弘解脫道法義之世俗化，皆已少人知之；從南洋傳入台灣與大陸之後，所說法義虛謬之事，亦復少人知之；今時台灣全島印順系統之法師居士，多不知南傳佛法數百年來所說解脫道之義理已然偏斜、已然世俗化、已非眞正之二乘解脫正道，猶極力推崇與弘揚。彼等南傳佛法近代所謂之證果者多非眞實證果者，譬如阿迦曼、葛印卡、帕奧禪師、一行禪師……等人，悉皆未斷我見故。近年更有台灣南部大願法師，高抬南傳佛法之二乘修證行門爲「捷徑究竟解脫之道」者，然而南傳佛法縱使眞修實證，得成阿羅漢，至高唯是二乘菩提解脫之道，絕非究竟解脫，無餘涅槃中之實際尚未得證故，法界之實相尚未了知故，習氣種子待除故，一切種智未實證故，焉得謂爲「究竟解脫」？即使南傳佛法近代眞有實證之阿羅漢，尚且不及三賢位中之七住明心菩薩本來自性清淨涅槃智慧境界，則不能知此賢位菩薩所證之無餘涅槃實際，仍非大乘佛法中之見道者，何況普未實證聲聞果乃至未斷我見之人？謬充證果已屬逾越，更何況是誤會二乘菩提之後，以未斷我見之凡夫知見所說之二乘菩提解脫偏斜法道，焉可高抬爲「究竟解脫」？而且自稱「捷徑之道」？又妄言解脫之道即是成佛之道，完全否定般若實智、否定三乘菩提所依之如來藏心體，此理大大不通也！平實導師爲令修學二乘菩提欲證解脫果者，普得迴入二乘菩提正見、正道中，是故選錄四阿含諸經中，對於二乘解脫道法義有具足圓滿說明之經典，預定未來十年內將會加以詳細講解，令學佛人得以了知二乘解脫道之修證理路與行門，庶免被人誤導之後，未證言證，干犯道禁，成大妄語，欲升反墮。本書首重斷除我見，以助行者斷除我見而實證初果爲著眼之目標，若能根據此書內容，配合平實導師所著《識蘊眞義》《阿含正義》內涵而作實地觀行，實證初果非爲難事，行者可以藉此三書自行確認聲聞初果爲實際可得現觀成就之事。此書中除依二乘經典所說加以宣示外，亦依斷除我見等之證量，及大乘法中道種智之證量，對於意識心之體性加以細述，令諸二乘學人必定得斷我見、常見，免除三縛結之繫縛。次則宣示斷除我執之理，欲令升進而得薄貪瞋痴，乃至斷五下分結…等。平實導師述，共二冊，每冊三百餘頁。每輯300元。

修習止觀坐禪法要講記：修學四禪八定之人，往往錯會禪定之修學知見，欲以無止盡之坐禪而證禪定境界，卻不知修除性障之行門才是修證四禪八定不可或缺之要素，故智者大師云「性障初禪」；性障不除，初禪永不現前，云何修證二禪等？又：行者學定，若唯知數息，而不解六妙門之方便善巧者，欲求一心入定，未到地定極難可得，智者大師名之爲「事障未來」：障礙未到地定之修證。又禪定之修證，不可違背二乘菩提及第一義法，否則縱使具足四禪八定，亦不能實證涅槃而出三界。此諸知見，智者大師於《修習止觀坐禪法要》中皆有闡釋。作者平實導師以其第一義之見地及禪定之實證證量，曾加以詳細解析。將俟正覺寺竣工啓用後重講，不限制聽講者資格；講後將以語體文整理出版。欲修習世間定及增上定之學者，宜細讀之。平實導師述著。

★聲明★

本社於2015/01/01開始調整本目錄中部分書籍之售價，以因應各項成本的持續增加。

＊喇嘛教修外道雙身法，墮識陰境界，非佛教＊

＊弘揚如來藏他空見的覺囊派才是真正藏傳佛教＊

總經銷： 飛鴻 國際行銷股份有限公司

231 新北市新店區中正路 501 之 9 號 2 樓

Tel.02－82186688（五線代表號） Fax.02-82186458、82186459

零售：1.**全台連鎖經銷書局**：

三民書局、誠品書局、何嘉仁書店

敦煌書店、紀伊國屋、金石堂書局、建宏書局

2.**台北市**：佛化人生 羅斯福路 3 段 325 號 6 樓之 4　台電大樓對面

3.**新北市**：春大地書店 **蘆洲**中正路 117 號　明達書局 三重五華街 129 號

4.**桃園市縣**：誠品書局 **桃園市**中正路 20 號遠東百貨地下室一樓

金石堂 **桃園市**大同路 24 號　金石堂 **桃園**八德市介壽路 1 段 987 號

諾貝爾圖書城 **桃園市**中正路 56 號地下室　巧巧屋書局 **蘆竹**南崁路 263 號

墊腳石文化書店 **中壢市**中正路 89 號　來電書局 **大溪**慈湖路 30 號

御書堂 **龍潭**中正路 123 號

5.**新竹市縣**：大學書局 **新竹**建功路 10 號　誠品書局 **新竹**東區信義街 68 號

誠品書局 **新竹**東區中央路 229 號 5 樓　誠品書局 **新竹**東區力行二路 3 號

墊腳石文化書店 **新竹**中正路 38 號　金典文化 **竹北**中正西路 47 號

展書堂 **竹東**長春路 3 段 36 號

6.**苗栗市縣**：萬花筒書局**苗栗市**府東路 73 號　展書堂 **竹南**民權街 49-2 號

7.**台中市**：　**瑞成**書局、各大連鎖書店。

詠春書局 **台中市**永春東路 884 號　文春書局 **霧峰**中正路 1087 號

8.**彰化市縣**：心泉佛教流通處 **彰化市**南瑤路 286 號

員林鎮：墊腳石圖書文化廣場 中山路 2 段 49 號（04-8338485）

9.**台南市**：博大書局　**新營**三民路 128 號

藝美書局 **善化**中山路 436 號　宏欣書局 **佳里**光復路 214 號

10.**高雄市**：各大連鎖書店、**瑞成**書局

政大書城 **三民區**明仁路 161 號　政大書城 **苓雅區**光華路 148-83 號

明儀書局 **三民區**明福街 2 號　明儀書局 三多四路 63 號

青年書局 青年一路 141 號

11.**宜蘭縣市**：金隆書局　宜蘭市中山路 3 段 43 號

宋太太梅鋪　羅東鎮中正北路 101 號（039-534909）

12.**台東市**：東普佛教文物流通處 台東市博愛路 282 號

13.**其餘鄉鎮市經銷書局**：請電詢總經銷**飛鴻**公司。

14.**大陸地區請洽**：

香港：樂文書店

旺角店 :香港九龍旺角西洋菜街 62 號 3 樓

電話 : (852) 2390 3723　email: luckwinbooks@gmail.com

銅鑼灣店 :香港銅鑼灣駱克道 506 號 2 樓

電話 : (852) 2881 1150　email: luckwinbs@gmail.com

廈門：廈門外圖臺灣書店有限公司

地址：廈門市思明區湖濱南路809號 廈門外圖書城3樓 郵編：361004

電話：0592-5061658（臺灣地區請撥打 86-592-5061658）

E-mail：JKB118＠188.COM

15.**美國：世界日報圖書部**：紐約圖書部　電話 7187468889#6262

洛杉磯圖書部　電話 3232616972#202

16.**國內外地區網路購書：**

正智出版社 書香園地　http://books.enlighten.org.tw/

（書籍簡介、直接聯結下列網路書局購書）

三民 網路書局　http://www.Sanmin.com.tw

誠品 網路書局　http://www.eslitebooks.com

博客來 網路書局　http://www.books.com.tw

金石堂 網路書局　http://www.kingstone.com.tw

飛鴻 網路書局　http://fh6688.com.tw

附註：1.請儘量向各經銷書局購買：郵政劃撥需要十天才能寄到（本公司在您劃撥後第四天才能接到劃撥單，次日寄出後第四天您才能收到書籍，此八天中一定會遇到週休二日，是故共需十天才能收到書籍）若想要早日收到書籍者，請劃撥完畢後，將劃撥收據貼在紙上，旁邊寫上您的姓名、住址、郵區、電話、買書詳細內容，直接傳真到本公司 02-28344822，並來電 02-28316727、28327495 確認是否已收到您的傳眞，即可提前收到書籍。 **2**.因台灣每月皆有五十餘種宗教類書籍上架，書局書架空間有限，故唯有新書方有機會上架，通常每次只能有一本新書上架；本公司出版新書，大多上架不久便已售出，若書局未再叫貨補充者，書架上即無新書陳列，則請直接向書局櫃台訂購。 **3**.若書局不便代購時，可於晚上共修時間向正覺同修會各共修處請購（共修時間及地點，詳閱**共修現況表**。每年例行年假期間請勿前往請書，年假期間請見共修現況表）。 **4**.郵購：郵政劃撥帳號 19068241。 **5**.正覺同修會會員購書都以八折計價（戶籍台北市者爲一般會員，外縣市爲護持會員）都可獲得優待，欲一次購買全部書籍者，可以考慮入會，節省書費。入會費一千元（第一年初加入時才需要繳），年費二千元。**6.尚未出版之書籍，請勿預先郵寄書款與本公司，謝謝您！** **7**.若欲一次購齊本公司書籍，或同時取得正覺同修會贈閱之全部書籍者，請於正覺同修會共修時間，親到各共修處請購及索取；**台北市讀者**請洽：103 台北市承德路三段 267 號 10 樓（捷運淡水線 圓山站旁）請書時間：週一至週五爲 18.00~21.00，第一、三、五週週六爲 10.00~21.00，雙週之週六爲 10.00~18.00 請購處專線電話：25957295-分機 14（於請書時間方有人接聽）。

敬告大陸讀者：

大陸讀者購書、索書捷徑（尚未在大陸出版的書籍，以下二個途徑都可以購得，電子書另包括結緣書籍）：

1.**廈門外國圖書公司**：廈門市思明區湖濱南路 809 號 廈門外圖書城 3F
　郵編：361004　電話：0592-5061658　網址：JKB118＠188.COM

2.**電子書**：正智出版社有限公司及正覺同修會在台灣印行的各種局版書、結緣書，已有『**正覺電子書**』陸續上線中，提供讀者於手機、平板電腦上購書、下載、閱讀正智出版社、正覺同修會及正覺教育基金會所出版之電子書，詳細訊息敬請參閱『正覺電子書』專頁：http://books.enlighten.org.tw/ebook

關於平實導師的書訊，請上網查閱：

成佛之道　http://www.a202.idv.tw

正智出版社 書香園地　http://books.enlighten.org.tw/

中國網採訪佛教正覺同修會、正覺教育基金會訊息：

http://big5.china.com.cn/gate/big5/fangtan.china.com.cn/2014-06/19/content_32714638.htm

http://pinpai.china.com.cn/

★ 正智出版社有限公司售書之稅後盈餘，全部捐助財團法人正覺寺籌備處、佛教正覺同修會、正覺教育基金會，供作弘法及購建道場之用；懇請諸方大德支持，功德無量。

★ 聲　明 ★

本社於 2015/01/01 開始調整本目錄中部分書籍之售價，以因應各項成本的持續增加。

＊ 喇嘛教修外道雙身法、墮識陰境界，非佛教 ＊

＊ 弘揚如來藏他空見的覺囊派才是真正藏傳佛教 ＊

售後服務—換書啓事（免附回郵）　2012/09/24

《楞嚴經講記》第 14 輯初版首刷本免費調換新書啓事：本講記第 14 輯出版前因 平實導師諸事繁忙，未將之重新閱讀而只改正校對時發現的錯別字，故未能發覺十年前所說法義有部分錯誤，於第 15 輯付印前重閱時才發覺第 14 輯中有部分錯誤尚未改正。今已重新審閱修改並已重印完成，煩請所有讀者將以前所購第 14 輯初版首刷本，寄回本社免費換新（初版二刷本無錯誤），本社將於寄回新書時同時附上您寄書回來換新時所付的郵資，並在此向所有讀者致上最誠懇的歉意。

《心經密意》初版書免費調換二版新書啓事：本書係演講錄音整理成書，講時因時間所限，省略部分段落未講。後於再版時補寫增加 13 頁，維持原價流通之。茲爲顧及初版讀者權益，自 2003/9/30 開始免費調換新書，原有初版一刷、二刷書籍，皆可寄來本來公司換書。

《宗門法眼》已經增寫改版爲 464 頁新書，2008 年 6 月中旬出版。讀者原有初版之第一刷、第二刷書本，都可以寄回本社免費調換改版新書。改版後之公案及錯悟事例維持不變，但將內容加以增說，較改版前更具有廣度與深度，將更能助益讀者參究實相。

換書者**免附回郵**，亦無截止期限；舊書請寄：111 台北郵政 73-151 號信箱 或 103 台北市承德路三段 267 號 10 樓 正智出版社有限公司。舊書若有塗鴨、殘缺、破損者，仍可換取新書；但缺頁之舊書至少應仍有五分之三頁數，方可換書。所有讀者不必顧念本公司是否有盈餘之問題，都請踴躍寄來換書；本公司成立之目的不是營利，只要能眞實利益學人，即已達到成立及運作之目的。若以郵寄方式換書者，免附回郵；並於寄回新書時，由本社附上您寄來書籍時耗用的郵資。造成您不便之處，再次致上萬分的歉意。

正智出版社有限公司 啓

國家圖書館出版品預行編目資料

實相經宗通／平實導師述. -- 初版. -- 臺北市：
正智, 2014.01 -
冊；　公分

ISBN 978-986-6431-68-5（第1輯：平裝）
ISBN 978-986-6431-78-4（第2輯：平裝）
ISBN 978-986-6431-79-1（第3輯：平裝）
ISBN 978-986-6431-90-6（第4輯：平裝）
ISBN 978-986-5655-00-6（第5輯：平裝）
ISBN 978-986-5655-06-8（第6輯：平裝）
ISBN 978-986-5655-16-7（第7輯：平裝）
ISBN 978-986-5655-31-0（第8輯：平裝）

1.般若部

221.44　　102027143

實相經宗通——第八輯

著述者：平實導師
音文轉換：劉惠莉
校對：章乃鈞 陳介源 孫淑貞 傅素嫻 王美伶
出版者：正智出版社有限公司
電話：〇二 28327495 28316727（白天）
傳眞：〇二 28344822
111台北郵政73-151號信箱
郵政劃撥帳號：一九〇六八二四一
正覺講堂：總機〇二 25957295（夜間）
總經銷：飛鴻國際行銷股份有限公司
231新北市新店區中正路501-9號2樓
電話：〇二 82186688（五線代表號）
傳眞：〇二 82186458　82186459
初版首刷：二〇一五年三月三十一日 二千冊
初版三刷：二〇一六年三月 二千冊
定價：二五〇元